学术顾问：魏中林

高水平应用型大学产教融合研究

周二勇 等 著

北京理工大学出版社
BEIJING INSTITUTE OF TECHNOLOGY PRESS

内 容 简 介

本书围绕应用型大学产教融合相关工作展开论述，涵盖的内容范围广、要素全、观点新。此专著在撰写过程中遵循问题提出、问题分析、问题解决的基本框架，不仅梳理了产教融合与应用型大学的内在逻辑关联，而且全面阐述了产教融合全方位的建设内涵，是一部理论与实践相结合的研究性专著，可为应用型大学产教融合提供借鉴。全书围绕应用型大学地方性、服务性、融合性的特征，聚焦应用型大学高质量发展，探讨产教融合相关问题，提出了具有一定创新性的思路和方法，对应用型大学推进产教融合工作具有重要的现实意义。

图书在版编目(CIP)数据

高水平应用型大学产教融合研究 / 周二勇等著. -- 北京：北京理工大学出版社，2023. 9

ISBN 978-7-5763-2884-4

Ⅰ. ①高…　Ⅱ. ①周…　Ⅲ. ①高等学校-产学合作-研究-中国　Ⅳ. ①G649. 21

中国国家版本馆 CIP 数据核字(2023)第 175433 号

责任编辑：王晓莉　　**文案编辑**：王晓莉
责任校对：刘亚男　　**责任印制**：李志强

出版发行 / 北京理工大学出版社有限责任公司
社　　址 / 北京市丰台区四合庄路 6 号
邮　　编 / 100070
电　　话 / (010) 68914026（教材售后服务热线）
　　　　　(010) 68944437（课件资源服务热线）
网　　址 / http://www.bitpress.com.cn

版 印 次 / 2023 年 9 月第 1 版第 1 次印刷
印　　刷 / 三河市华骏印务包装有限公司
开　　本 / 787 mm×1092 mm　1/16
印　　张 / 11
字　　数 / 259 千字
定　　价 / 105. 00 元

序

党的二十大报告指出，教育、科技、人才是全面建设社会主义现代化国家的基础性、战略性支撑，强调深入实施科教兴国战略、人才强国战略、创新驱动发展战略，明确要求推进职普融通、产教融合、科教融汇。由此可以看出，产教融合不仅是我国高等教育发展的基本政策，而且已经上升为国家战略。换言之，产教融合将成为我国高等教育改革发展的新常态，更是我国高等教育实现分类发展、转型发展和内涵发展的必由之路。

一直以来，广东科技学院积极围绕应用型大学深化产教融合的相关问题展开研究工作，最终形成了这项成果。本书是广东科技学院继《粤港澳大湾区与新时代应用型高等教育》《高水平应用型本科专业建设：人才培养模式与评价体系研究》《高水平应用型大学要素研究》《高水平应用型大学课程建设研究》之后的第五项成果。一般认为，应用型大学的重点建设内容有：应用型学科专业“双师双能型”师资队伍、应用型人才培养模式、应用导向的功能平台、校企合作办学机制，加上目前正在推进中的“师资队伍建设研究”。这五方面大致覆盖了当前应用型大学研究的基本内容。

2015 年 10 月，教育部、国家发展改革委员会、财政部印发《关于引导部分地方普通本科高校向应用型转变的指导意见》，提出建立行业企业合作发展平台，建立学校、地方、行业、企业和社区共同参与的合作办学、合作治理机制。这是国家层面对地方性、应用型高校转型发展提出产教融合的重要方向性指引。2017 年 12 月，国务院办公厅印发《关于深化产教融合的若干意见》，首次明确了深化产教融合的政策内涵及制度框架，完善了顶层设计，将产教融合从职业教育延伸到以职业教育、高等教育为重点的整个教育体系，上升为国家教育改革和高水平人才培养整体制度安排，推动产教融合从发展理念向制度形态落地。2019 年 7 月 24 日，中央全面深化改革委员会第九次会议审议通过《国家产教融合建设试点实施方案》。当年 9 月，经国务院同意，国家发展改革委员会、教育部等 6 部门印发此方案，明确提出在全国统筹开展产教融合型城市、行业、企业建设试点，通过试点，在产教融合制度和模式创新上为全国提供可复制借鉴的经验。2020 年 7 月，教育部办公厅、工业和信息化部办公厅关于印发《现代产业学院建设指南（试行）》的通知，明确提出以立德树人为根本任务，以学生发展为中心，突破传统路径依赖，充分发挥产业优势，发挥企业重要教育主体作用，深化产教融合，推动高校探索现代产业学院建设模式。总而言之，关于产教融合的相关制度文件日趋完善，为应用型大学的产教融合提供了基本政策导向和根本遵循。

就产教融合推进的整体状态来看，一方面，伴随着这一系列政策导向，植根于自身发展的内在逻辑，我国应用型大学整体上不断推进产教融合的实践探索，形成了诸多有益的经验和模式；另一方面，产教融合存在不少问题、难点和痛点，整体效果并不能令人满意，所谓“融而不合、合而不深、深而不实、实而不强”的状况十分突出。究其原因，有以下四个方面问题：一是就产、教双方而言，两者利益诉求不同，内生动力不一。学校对产业企业需求迫切，而产业企业兴趣不大，多数合作流于形式，远不能形成利益共同体，自然难以深切。二是缺乏有效的合作机制。产教融合涉及政府、社会、企业、学校等多元主体，而不同主体各自在管理体制、运行机理、评价机制、合作模式等方面自成体系，制度和机制壁垒难以打破，有效合作和实际运行存在诸多或显或隐的障碍。三是产教融合缺乏有力的理论支撑。学术界研究多数聚焦合作模式、合作内容、融合机制等方面，而对产教融合的内在逻辑和运行机理等研究较少。四是产教融合缺乏有针对性的扎实研究。就学术本科、应用本科和职业本科而言，每一种类型的大学都有各自的办学特点与教育要求，专门针对应用型大学产教融合的整体性研究有待进一步深化。因此，应用型大学如何深化产教融合一直是高等教育界讨论的热点话题，值得深入研究。

正是以现实问题为逻辑起点，广东科技学院课题组启动了“应用型大学产教融合研究”专项工作，以问题为导向，遵循问题提出、问题分析、问题解决方案的基本框架，分11个模块探讨了应用型大学如何深化产教融合的有关问题，具体包括产教融合的起源与发展、产教融合的国际经验、产教融合视野下的应用型本科教育、产教融合与应用型人才培养模式、产教融合与应用型专业建设、产教融合与应用型课程建设、产教融合与现代产业学院、产教融合体制机制改革、产教融合背景下的“双师双能型”教师队伍建设、产教融合与产学研一体化构建、应用型大学文化与企业文化的双向融合。总体而言，以上内容涵盖了产教融合的方方面面，范围广、要素全，既有学理层面的分析阐述，又有实践层面的探索应用。

产教融合是产业与教育深度合作的重大战略，是应用型大学提高人才培养水平的重要举措，这项“高水平应用型大学产教融合研究”可以说是应时而动、顺势而为，本书着力从实证研究的视角，提出解决产教融合问题的思路方法，有助于推动应用型大学产教融合不断取得突破。概括来说，本书具有以下三个特征：第一，具有较好的系统性，不仅梳理了产教融合与应用型大学的内在逻辑关联，而且全面阐述了产教融合全方位的建设内涵，遵循了理论与实践相结合的原则，是一部关于应用型大学产教融合集约化研究的著作。第二，具有明确的针对性。围绕应用型大学“地方性、服务性、融合性”的特征，针对应用型大学内涵建设，探讨相关问题，提出创新性的思路和方法，为深化产教融合提供路径参考。第三，具有较强的探索性。围绕产教融合的内涵和外延，聚焦关键问题和目标任务，研究观点在代表性和普适性基础上，注重视角新颖，解决方案具有建设性，对应用型大学推进产教融合工作具有现实意义。

教育链、人才链、创新链、产业链“四链”融合是高等教育改革创新的重要方向，而产教融合更是应用型大学高质量、特色化发展的重要举措。本书一方面展示了广东科技学院深化产教融合，推进产学研用一体化、探索现代产业学院建设的生动实践；另一方面聚焦产教融合的底层逻辑和核心任务，通过理论与实践研究，为深化产教融合提供理论支撑、路径引导和政策调整依据。不仅从宏观视角构建了产教融合的框架图式，而且从中观和微观视角论述了产教融合的路径方法，对于应用型大学产教融合具有一定的借鉴和启发意义。当然，这部著作作为分工合作完成的成果，还显然存在着水平参差不齐的状况；各专题研究论述的深度尚显高低不平；材料与覆盖的范围也略不够宽广，这些均待日后完善。

广东科技学院自2018年以来，持续推进应用型大学系列研究，始终聚焦“应用型”这一中心，以一项研究一部著作的形式陆续开展。我在前部著作的序中提到“这部书是在南博集团刘东风董事长坚定持续的支持，主持者周二勇宏观组织和统筹，由南博研究院的研究者与广东科技学院相关教师通力合作而成其功。从确定选题到分工，从形成提纲到初稿，其间一年多来笔耕不辍，每月一次的汇报、交流、讨论均留下深刻印象，并由此形成上下结合、左右协同、分工落实、互相支撑的良好工作机制。其中，第二作者也即主要协调者的邱林润本身承担着繁重的教学行政工作，在整个过程中具体穿针引线、组织落实、不辞辛苦、始终如一，值得赞赏。南博研究院办公室主任刘佳敏认真细心保障安排，亦留下深刻印象”。这段话仍可移用为本书的形成状况。

时至今日，应用型大学“广科模式”研究已经成为广东科技学院的品牌研究项目之一，此研究的参与度非常高，截至目前有200多人次参与研究工作，营造了浓厚的应用型院校研究学术氛围。工作成效也是有目共睹的，获得上级部门的高度认可、兄弟院校的广泛好评及专家学者的积极关注，其中《高水平应用型本科专业建设：人才培养模式与评价体系研究》获得广东省教育评估协会第二届优秀成果特等奖，《高水平应用型大学要素研究》获得广东省高等教育学会第二届高等教育研究优秀成果二等奖。这些成果不仅加快了广东科技学院高水平应用型大学的建设进程，也在同类型院校产生了积极的借鉴作用，共同推动应用型本科教育高质量发展，而这正是我们的期待。是为序。

魏中林

2023年5月30日

前 言

《高水平应用型大学产教融合研究》这本书是广东科技学院联合南博研究院开展应用型大学系列研究的第五项成果。党的二十大报告明确指出“统筹职业教育、高等教育、继续教育协同创新，推进职普融通、产教融合、科教融汇，优化职业教育类型定位”，这为推进高等教育分类管理和高等学校综合改革，构建更加多元的高等教育体系提供了根本遵循。应用型大学作为一个层次、类别、水平多样的高等教育机构群体，成为当前高等院校研究关注的热点。

自 2018 年以来，广东科技学院联合南博研究院启动了应用型大学“广科模式”系列研究工作，先后完成了“粤港澳大湾区与新时代应用型高等教育”“高水平应用型本科专业建设：人才培养模式与评价体系研究”“高水平应用型大学要素研究”“高水平应用型大学课程建设研究”四项研究成果。在此期间，我们始终坚持“研究来源于实践，又用于指导实践”的原则，深入开展理论研究与实践探索，并对研究成果进行总结、梳理、提炼，形成系列研究著作，力求构建应用型大学建设的基本框架、实践路径，提出创新性的建设思路，助推应用型大学高质量发展。同时，应用型大学系列研究作为广东科技学院的品牌研究项目之一，营造了浓厚的学术氛围，形成了机制、锻炼了队伍、展示了前景，我们将持续推进。

众所周知，产教融合是应用型大学内涵建设的重要任务，也是其高质量发展的必由之路。本书由产教融合的起源与发展、产教融合的国际经验、产教融合视野下的应用型本科教育、产教融合与应用型人才培养模式、产教融合与应用型专业建设、产教融合与应用型课程建设、产教融合与现代产业学院、产教融合体制机制改革、产教融合背景下的“双师双能型”教师队伍建设、产教融合与产学研一体化构建、应用型大学文化与企业文化的双向融合，共十一章组成，从宏观和微观的视角、横向和纵向的维度探讨了产教融合相关问题，较好地回应了应用型大学的发展关切。诚然，本书还存在许多不足，研究论述的广度和深度有待提升，希望得到专家、学者宝贵的建议，并与教育同行一道不断丰富和完善应用型本科教育研究成果，这正是我们努力的目标。

在此，特别感谢南博集团刘东风董事长坚定有力的支持，特别感谢学术顾问魏中林教授专业细致的指导，还要衷心感谢广东科技学院邱林润、曾祥辉、高润泽、罗洛阳、胡国锋、肖捷、贾帆帆、丁文晖、严晓云、王丹、高丹、李磊、林燕、姜大柱、黎姿等老师对本书所做出的贡献。作为项目研究的宏观组织和统筹者，我更多的是为各位专家、老师做好服务工作，为持续推进应用型大学系列项目研究搭建平台和提供保障。值此书出版之际，写下这些文字，以表达深深的谢意。

周二勇

2023 年 4 月 20 日

目　录

第一章　产教融合的起源与发展 …… 1
一、产教融合的起源与发展背景 …… 1
二、产教融合发展现状与存在的问题 …… 6
三、产教融合的发展趋势 …… 10
第二章　产教融合的国际经验 …… 17
一、德国“双元制”教育模式 …… 17
二、英国“三明治”教育模式 …… 20
三、美国“CBE”教育模式 …… 22
四、日本“产学合作”教育模式 …… 24
第三章　产教融合视野下的应用型本科教育 …… 27
一、应用型本科产教融合内涵与基本特征 …… 27
二、应用型本科产教融合基本路径 …… 34
三、应用型本科产教融合与职业院校产教融合的异同 …… 41
第四章　产教融合与应用型人才培养模式 …… 48
一、产学结合应用型人才培养体系 …… 48
二、校企共建应用型人才培养平台 …… 50
三、产学结合应用型人才培养模式的创新与实践 …… 53
四、产教融合人才培养模式的发展趋势 …… 56
第五章　产教融合与应用型专业建设 …… 59
一、“四新”建设背景下的学科专业建设 …… 59
二、产教融合背景下的专业集群建设 …… 66
三、质量文化背景下的专业认证体系建设 …… 74
第六章　产教融合与应用型课程建设 …… 87
一、产教融合背景下的课程建设理论基础 …… 87
二、产教融合背景下的课程建设内容 …… 91
三、产教融合背景下的课程建设质量评价 …… 100
第七章　产教融合与现代产业学院 …… 108
一、现代产业学院协同育人的理论依据 …… 108
二、现代产业学院建设的现状 …… 110
三、现代产业学院的评价指标体系 …… 112

四、现代产业学院建设的瓶颈 …… 114
五、现代产业学院多方协同育人建设路径 …… 116
第八章 产教融合体制机制改革 …… 121
一、影响应用型本科高校产教融合的主要因素 …… 121
二、深化应用型本科高校产教融合体制机制改革的举措 …… 126
三、应用型本科高校产教融合体制机制改革实施的保障措施 …… 131
第九章 产教融合背景下的“双师双能型”教师队伍建设 …… 137
一、“双师双能型”教师队伍建设路径 …… 137
二、产教人才双向流动机制 …… 143
三、校企导师联合教学模式 …… 144
第十章 产教融合与产学研一体化构建 …… 147
一、应用型高校产学研合作模式 …… 147
二、产学研协同创新平台建设 …… 149
三、产学研合作评价与激励机制 …… 158
第十一章 应用型大学文化与企业文化的双向融合 …… 161
一、校园文化与企业文化的契合点 …… 161
二、校园文化与企业文化双向融合的意义 …… 163
三、校园文化与企业文化双向融合的途径探析 …… 164

第一章　产教融合的起源与发展

一、产教融合的起源与发展背景

（一）产教融合的概念与内涵

产教融合是由美国辛辛那提大学教授赫尔曼·施奈德发起的，最早于辛辛那提大学实施的美国合作教育。美国合作教育会议将“合作教育”解释为理论知识学习、职业技能培养和实际工作经验相结合的教学方式，其目的是让学生更好地在复杂多变的世界中生存和发展。[①] 这种教育理念直接影响美国高等教育的发展，为此后高校与相关行业的共同繁荣奠定了理论基础，也在高等工程教育中得到了深刻体现。1946 年，美国发表《合作教育宣言》，建议“理论学时与实际工作经历相结合，使课堂教学更加有效”。后来，美国哲学家、教育家德比提出实用主义教育思想，提倡“上中学”。1995 年，美国学者 Henry Etzkowitz（亨利·埃茨科威兹）和荷兰学者 L. A. Leydesdoff（莱德斯多夫）提出了国家创新体系的“大学-产业-政府”三重螺旋模式，对学校、政治、企业三者所扮演的角色及其关系进行了详细论述。[②]

严格来说，“产教融合”并不是一种全新的教育思想，而是深入“工学结合”这一概念而提出的，但至今也没有统一的概念。2015 年 7 月，教育部印发《关于深化职业教育教学改革全面提高人才培养质量的若干意见》，完善产教融合、协同育人机制，创新人才培养模式，构建教学标准体系，健全教学质量管理和保障制度，以增强学生就业创业能力为核心，加强思想道德、人文素养教育和技术技能培养，全面提高人才培养质量。因此，许多学者在这一思想的研究中，首先要对产教融合进行概念总结和内涵界定。陈年友等人首先对产教融合进行了说明，认为产教融合是产业与教育的深度合作，是提高人才培养质量与企业生产效率的业务上的互补与融合，提高人才培养质量与生产效率分别是产教融合的学校动力和企业动力。杨善江认为，产教融合是一种经济教育活动方式，是教育部门和产业部门依托各自优势，相互配合、相互整合，以协同育人为核心的主体内部各要素的高度融合。张振飞认为，产教融合是将生产与教育有机结合，整合教育资源，创新教育形式，从而达到提高教育质量的目的。王丹中等认为，产教融合是“生产性教育”与“教育性生产”的有机结合，是专业核心能力和专业生产技术的根本要求，是高等职业教育服务地方社会发展的本质要求。罗汝珍认为，产教融合是产学研“三位一体”的融合模式，

---

① 雷伟伟，袁占良．产教研合作教育在研究生培养中的探讨与实践［J］．高教论坛，2008（5）：211-217.

② 徐继宁．国家创新体系：英国产学研制度创新［J］．高等工程教育研究，2007（2）：35-39+71.

是一种新的社会组织形式，具有新的特质，必须具备随着教育和企业的多种功能和产业结构调整而变化的市场竞争力。

产教融合的基本要求有以下五个方面：第一，高校专业设置要与产业链（群）对接。高校专业设置要动态调整，随着产业发展不同阶段的变化而优化，其目的在于提高培养相关技术技能人才的能力，以适应区域产业高度发展的需要。第二，课程和教学内容要与职业标准相对应，高校要根据产业技术进步构建相关课程改革的相关机制，推进对教学内容的进一步深入改革，高等院校校内课程结构及具体课程内容要考虑多方面因素，不能在传统课程体系和内容上循规蹈矩。根据国家经济、社会、科技发展的现状，产教融合应将社会职业资格标准作为其重要组成部分，只有这样，才能培养出社会需要的人才。第三，要实现教学过程与生产过程的衔接。高校要构建培养应用型人才的教学体系，突破原有传统教学体系的空白，开展场景式、现场式、仿真式教学，同时开展职业道德、业务素养等方面的学习和训练。第四，高校颁发的毕业证书和学位证书应当对社会认证的职业资格证书具有包容性。前述产教融合的含义是将教育融合到生产、教学中，因此要求高校发行的毕业证书和学位证书不仅能展示学生的理论知识基础，而且能突出实践操作能力，这也是社会认证的职业资格证书所要求的。简而言之，要将技术技能等相关规范标准融入学校课程教学、实践教学之中。第五，终身学习要与高效学习衔接。产教融合意味着要进一步扩大高等教育体系的多样性和开放性。① 已经毕业的大学生也可以通过自己的职业规划、职业变化、社会职业需求变化，自主更新，提高自己的知识和技术，以适应当今社会经济的快速发展。

（二）产教融合的起源

我国产教结合思想萌芽于20世纪前后，张之洞、张謇、周学熙等在进行洋务运动的同时，本着“实业兴国、教育兴国”的理念开展了丰富的实业教育探索，倡导教育整合的教学方式，分别提出了“讲习与修炼兼顾”“实业与教育叠加使用”“工学并行”等教育思想②③。到民国初期，黄炎培、陶行知等教育家大力倡导“产教联合”，至此产教结合思想初步形成。此后，从“工作、生产、学习相结合”到“半工半读”，再到改革开放初期国家大力支持“积极发展办学产业，办好生产实习基地”，产教结合的教育思想不断发展演进。1995年，江苏省无锡市技工学校在探索提高学生实习质量中，提出“产教融合化”，指出要将专业教育与实际产品生产相结合，在生产中提高学生的质量意识、产品意识、时间观念和动手能力。但这里的“产教融合”概念过于狭窄，没有得到广泛应用。④ 2011年，教育部要求“促进产教深度合作”。这一概念逐渐演化为“产教融合”，相关研究也不断增多。受传统教育观念等因素的影响，我国高校在发展过程中具有强烈的共性，人才培养目标与社会需求不匹配。为了解决人才供求不平衡的问题，迎合产业转型升级的趋势，满足社会经济发展需求，国家开始重视地方普通本科院校转型问题，把办学思路放在服务地方经济、产教融合、积极引导向培养应用型人才等方面转变。产教融合不

① 贺星岳，等. 现代高职的产教融合范式［M］. 杭州：浙江大学出版社，2015.

② 刘超，唐国庆. 张之洞实业教育思想初探［J］. 职业教育研究，2007（1）：179.

③ 胡志国. 周学熙的职业人才思想及其实践［J］. 职业技术教育，2007（13）：80.

④ 巫伟钢. 加强系统化管理 不断提高生产实习教学质量-江苏无锡市技工学校［J］. 职业技能培训教学，1995（02）：14-15.

仅是职业教育发展的需要，也是地方普通本科院校转型发展的必然要求。

2015 年以后，国家对产教融合越来越重视，国家层面出台的相关政策明显增多，产教融合的发展由浅到深，逐渐成为各级政府、高校、产业界着力推进的重要工作。随着产教融合的推进，其发展由制度逐步向国家战略层面上升。推进应用型本科院校产教融合发展，是教育顺应时代发展的必然要求，从国家层面讲是贯彻落实党的路线方针政策的需要，从高校层面讲是培养高质量应用型人才的需要，从社会层面讲就是满足社会经济转型发展的需要。

十九大报告提出："完善职业教育培训体系，深化产教融合、校企合作。"2017 年 12 月，国务院办公厅发布《国务院办公厅关于深化产教融合的若干意见》，指出"深化产教融合，促进教育链、人才链与产业链、创新链有机衔接，是当前推进人力资源供给侧结构性改革的迫切要求，对新形势下全面提高教育质量、扩大就业创业、推动经济转型升级、培育经济发展新动能具有重要意义"。[①] 实践表明，实行校企合作、产教融合的教学模式是职业教育适应社会发展的重要战略选择，是提高教学质量的重要途径，了解产教融合的历史起源、操作方式和发展现状是创新职业教育办学模式的必要前提。

（三）国外产教融合的发展

1. 美国

过去美国高等教育一直受到欧洲特别是英国传统大学的影响，无法适应工业化和"西进运动"的新需求，严重阻碍了美国实用农业技术的普及和实用工农业机械化进程。这引起了美国社会的普遍不满，高等教育改革成为当时美国社会的共同呼声。1862 年，美国颁布了《莫里尔法案》，规定联邦政府根据每个州参加国会的议员人数每人分配 3 万英亩土地，并将从这些土地获得的收益按每个州设立至少一所农工学院（又称"赠地学院"）的方式分配，培养农工发展所需的专业人才。

《莫里尔法案》批准的机械与农业学院尚未全面建成，南北战争爆发，高等教育发展进一步受阻。南北战争结束后，美国高等教育有了很大发展，由此，高等教育与经济社会的联系更加紧密，为合作教育的萌芽提供了稳定的社会环境。南北战争后，美国开始了工业化进程。到 19 世纪末 20 世纪初，美国完成了产业革命，一跃成为世界经济大国。随着以电力广泛应用为标志的新工业革命的完成，美国在钢铁、航空、制造业等行业迅速发展，对新型应用型人才的需求越来越大。传统的"以知识为中心"的人才培养方式已不能满足社会的需要，政府和高校也在探索培养适合社会发展的应用型人才的方法。这使得大学教授能够直接参与州议会决策，为当地政府和居民做出实际贡献，成为大学直接服务社会的先驱。此外，产业革命结束后，世界各国加强了商业联系和交流，建立了以欧美列强为主导的资本主义世界体系。美国作为率先启动和完成工业革命的国家之一，其经济迅速发展，为合作教育的崛起奠定了坚实的经济基础。

2. 英国

英国产教融合的发展经历了三个阶段：学徒制、现代学徒制和学位学徒制。其中，学徒制要求校企各管理环节互补，现代学徒制以企业用工需求为核心，学位学徒制是企业与高校在更高层次上的深度融合。2012 年，英国发表《理查德见习制评论》，提出见习制度

① 陈新民．区域经济视野下的新建本科院校转型研究［M］．杭州：浙江大学出版社，2014.

方案。其核心是解决两个问题。一是使见习制度能够从规划、补贴、推广、评估等方面满足经济发展的需要，二是规划实施企业主导的学生制，提高学习者的胜任度，满足企业自身发展的需要。《理查德见习制评论》敦促用413种“现代见习制标准”取代传统的“见习框架模式”。此外，新的见习制标准每周都在增加。“现代学徒制”由企业领导的专业机构分专业编制，附课程评价计划，为学徒提供明确的职业发展路径。① 现行标准修订了相关内容，其中包括20%的“退出”培训、可测量的转移性技能、第三方独立机构负责的结业评估（EPA），旨在确认学生对某一专业的综合胜任能力。在这种体系下，见习早期被引入职业规划，企业可以见证学生见习的成长过程和对企业的忠诚度，为双方未来的合作奠定良好的基础。

3. 德国

行业企业对职业教育的积极深入参与，使德国的职业教育产教融合成为全球模仿的模式。企业方面，作为行业企业利益代表的雇主协会和行业协会等参与职业培训条例的制定和修订。此外，行业协会是德国企业方面职业教育和培训的主管机关，负责监督和管理职业培训过程，认证培训企业和人员资质，对培训过程进行咨询指导，组织职业资格考试，颁发职业资格证书。在培养过程中，大部分德国大中型企业开展了大量的教育和培训，深入参与职业教育人才培养过程。从这个意义上讲，行业企业积极参与了职业教育。传统上学校适应和配合行业企业需求的主动性不强，职业学校的任务不是培训而是进行传统意义上的教学，更多地传授理论知识，塑造一般的文化素养，学校课程也比较学科化，这种情况在1996年引入学习领域课程后发生了很大变化。在此课程理念下，职业学校课程强化了职业能力理念，以工作过程为导向，在教学过程中更注重行为导向，从而提高了德国职业学校配合行业企业的主动性。② 对于产教融合形式，在宏观制度方面实现了产业与教育体系的深度融合，特别是在教育标准方面的融合，但在中微观人才培养方面，校企双方实际上在很大程度上保持着教育教学方式上相互间的差异和分离，两者之间的合作有限。

4. 日本

第二次世界大战结束之后，随着日本经济的发展，“产学官”办学模式逐渐兴起。在政府的倡导和支持下，该模式渐渐发展成型。1958年通山县提出“产学协作教育制度”，并将这一模式作为促进产业合理化的重要手段之一正式纳入政府工作中。1981年成立了产学官三位一体的科研企业合作体制。1983年，为推动高校与企业的合作，又在文部省设立了研究协作室。1995年日本政府颁布了《科学技术基本法》，同时确定了“技术创新立国”的策略。通过制定一系列的法律法规和政策，在政府的推动与主导下，日本实现了企业与高校的深入合作。“产学官”模式的参与者主要是政府、高校和企业。政府调控研发资源，制定相关政策，提供好的合作环境并为高校和企业降低研究风险；大学转让研究成果给企业，使成果快速产业化；企业则需要更好地吸纳新的技术和创意。三者紧密结合，共同推进产业与教育的融合。③

---

① 初庆东．近代早期英国学徒制的发展［N］．中国社会科学报，2017-04-17.

② 吴全全．学习领域：职教课程内容重组的新尝试——德国职业教育课程改革的启示［J］．职教论坛，2004（18）：61-62.

③ 曹勇，秦玉萍．日本政府主导型产学官合作模式的形成过程、推进机制与实施效果［J］．自然辩证法，2011，5：91-98.

除了“产学官”模式的校企合作以外，企业教育也是日本产学合作的一大特色。企业教育分为两种：一种是企业实习模式，另一种是企业内教育模式。企业实习模式以解决问题和增强学生的工作体验为目的，通过组织学生去企业进行为期两周的短期实习或进行为期三个月的长期实习，使学生对实际工作过程有更深的认识，同时帮助学生更深入地理解理论知识。实行这种教育模式的有京都产业大学、大阪大学等学校，其具体措施在各学校存在差异。①

“产学官”模式和企业教育这两种“产教融合，校企合作”模式使日本工人的整体素质有了大幅度提高，增强了工作者的专业胜任能力，同时提高了在校学生适应社会的能力。与此同时，工作人员素质的提高和科学技术在生产中的运用也使日本的产品质量得到提高。“产学官”模式和企业内教育很好地使校内研究成果与企业生产需要相融合，有效地促进了日本产业结构的优化，引导了日本经济的转型，也带动了日本经济的高速发展。

（四）当前产业发展对人才培养的新要求

1. 政府政策人才培养要求

产教融合概念提出后，国家对产教融合的发展越来越重视，将其提高到国家战略的高度，要求企业参与办学，并提高其参与办学的程度，与高校合作成为教育人才培养的主体之一。对产教融合内涵的理解，学者们有不同的看法。有的学者认为，产教融合是教育与产业的相互融合与支持，两者形成相互关联的整体，学校集人才培养、科研、社会服务于一体。也有学者认为，产教融合是指行业企业与高校为实现资源共享、优势互补、互联互通等发展需求而构建的合作、关系和机制，其实质是通过利益共同体的构建实现生产与教育的融合。还有学者认为，产教融合是对现有实践的科学总结，也是校企合作的升级版和根本要求。

综上所述，根据国家政策文件，结合学者们已有的研究成果，产教融合为在一定的政策指导下，通过政府、高校、行业企业等参与主体构建资源共享、优势互补的利益发展共同体，形成教育与产业整合融合的框架，从而达到服务社会经济发展目的的人才培养目标。产教融合强调政府、高校、行业企业三者作为独立个体共同发力，为形成共同体而积极配合，它将从教育到就业的距离缩短，使三者有机融合，形成良性互动、共同发展、各自需要的利益局面。

2. 应用型本科院校的人才要求

应用型本科院校是在高等教育大众化进程中，地方普通本科院校转型发展的产物，其形成经历了从探索、扩展到深化阶段的漫长发展时期。1999 年郑国强提出“新应用型大学”的说法，论述了创建该类大学的必要性，并对该类大学的基本特点和创新实践方法进行了探究。2005 年北京联合大学根据学校的实际情况，结合地方经济的发展提出了“建设应用型大学”的办学理念，成为地方本科大学改革的先驱。2014 年 2 月国务院常务会议提出引导普通高校向应用型高校转型，自此推动地方普通高校向应用型转型成为我国高等教育领域的热点话题。

应用型本科院校转型主要是针对新建地方本科院校。有学者认为，该类院校在转型发展过程中，将自己的办学方针确定为应用型，应用型本科院校主要服务于地方，其事业发

---

① 孔令建．日本校企合作中人才培育模式研究综述［J］．无锡职业技术学院学报，2017，16（3）：4-6，11.

展、学科专业、人才培养模式都与地方产业有密切关系，这类大学与研究型大学、高职高专都不同。应用型本科院校的主要特点是：以应用型为办学定位，以培养应用型人才为目标，以服务地方发展为核心，以开发应用型科研为主。[①] 目前，在我国应用型本科院校人才培养过程中，学生们的知识结构往往滞后于社会经济发展的需要，许多高校在施教过程中不重视产教融合模式，不重视人才发展战略和人才规划战略，导致一些应届毕业生出现综合素质低下、职业意识缺乏、动手能力较差等现象。这些现象充分说明我国大多数应用型本科院校人才培养方式亟待改革创新。

二、产教融合发展现状与存在的问题

（一）产教融合发展现状

全国各省份都有一定数量的地方本科院校，经过长期的发展，部分院校已经拥有深厚的社会资源、良好的产业背景和鲜明的学校特色。广大地方本科院校在高校特色发展、内涵发展和转型发展的综合改革进程中积极对标行业产业发展需求，健全需求导向的人才培养结构调整机制，积极向应用型本科转型。应用型本科高校是相对于“以基础学科和应用学科为主，培养拔尖创新的研究人才”的研究型大学和以“培养在生产和服务一线或基层管理岗位从事具体操作性工作的技术性人才”的职业性技能型高等院校（高职高专）而言的。综合来看，应用型高校有三个主要特征：人才培养目标定位应用型，侧重科学知识和技术成果的应用，以服务地方经济和社会发展为办学导向。自 2017 年首次由国务院出台产教融合相关政策文件以来，各省陆续发布了关于深化产教融合的实施意见，基于各省经济社会发展和产业布局特点提出了具体发展举措。相关的扶持政策，从要求、发展目标、具体举措等方面为高校产教融合改革提供了方向，从强化区域统筹、企业主体参与、深化人才培养改革、强化保障支持等方面制定了相关政策，并对重点任务进行了具体分工。深化产教融合的培养模式逐渐在全国推广。许多学校打破传统产教融合形式，积极推行“引企入教”“引教入企”融合模式，在人才培养、技术创新、产品研发、成果转化等领域开展深度合作。尽管产教融合在应用型本科高校的发展中拥有许多的发展优势，但是在发展的过程中仍然存在很多问题。

（二）产教融合存在的问题

应用型大学深化产教融合，对我国人才培养、高等教育发展和产业结构优化升级具有重要意义，有利于解决我国高等教育面临的就业难、发展同质化等问题。然而，应用型大学产教融合的主体包括内部主体（应用型大学内部的学校管理者和师生）和外部主体（应用型大学外部的政府、企业、行业等组织及其人员），未必具有足够的动力来深化产教融合。许多应用型大学的产教融合推动困难或华而不实。具体来说，很多应用型大学的学校管理者、教师，甚至一些学生及其家长，都习惯了学术型教育和学术型人才的培养模式，对应用型大学产教融合的深化既没有理解也没有支持。在效益和评价标准的驱动下，应用型大学在发展中盲目追求成为“高、大、全”的综合性大学，一些学校管理者和教师不愿调整其学科设置，导致应用型大学学科设置趋同化，不适应区域产业发展。此外，应用型高校规模大、学科种类多、组织结构复杂、利益集团林立，无论是调整学科专业设

① 顾志良．应用型大学教育的改革实践与创新［M］. 北京：知识产权出版社，2009.

置，还是推进校企联合培训，都面临着诸多困难和成本压力。应用型大学大多是由专科学校、职业大学和独立学院合并、转制、提升而来，本科教育办学历史积累不足，办学资源有限，办学基础薄弱，对企业吸引力不强，企业参与产教融合的积极性不高。国家层面缺乏明确的顶层设计，政府在校企合作、联合办学、制定区域技能型人才发展规划等方面存在不足，许多校企合作关系的建立和维护主要依靠个人人脉和声誉，各主体间合作不太稳定。部分地方行业组织名存实亡，相关行业主管部门未能有效实施行业统筹管理职能，未能充分发挥行业在产教融合中的指导作用。

1. 宏观层面：产教融合深度不够

产教融合的目标是实现校企联合培养，培养能够适应社会经济发展需要的应用型人才。目前，高校、企业对产教融合的认识存在误区，仅将产教融合视为普通产教结合或校企合作，为应对上级政府的要求而敷衍，高校与企业的合作停留在表层，难以使产教深度融合。一些企业没有认识到产教融合的重要意义，作为应用型人才培养的重要主体，提供的资源通常以人力、财力等基础资源为主，其先进设备等高级资源尚未实现共享。

国家要求企业深入高校教学改革和人才培养过程，多渠道参与，促进产教融合发展。从目前的情况看，企业还没有参加高校人才培养方案的制定、教学改革、课程设计等活动，企业参与办学的主体地位还没有落实。高校的学科和专业建设依赖于高校自身的规划和建设，高校尚未与企业达成协议使其参与高校学科的专业建设规划。企业对行业发展、大学学科发展和专业建设没有给出建议和意见，没有达到帮助高校及时增加新兴专业、整合和废止需求度低的陈旧专业的目的。

优秀行业师资引进难。市场优秀力量难以进入高校内部进行专业教学活动，企业薪酬普遍高于高校薪酬，业内具有丰富实践教学经验的企业师资，均享有较高的薪酬待遇。业内优秀教师在薪酬水平下降较多的情况下，将削弱他们在高校就业的动力。如果高校以与企业同等待遇引进优秀的行业教师，其薪酬待遇如果高于同一职称水平的高校教师，容易引起高校教师的普遍不满，不利于教师队伍的稳定发展。此外，高校在人才招聘时对学历要求严格，在招聘要求中明确了应聘者的学历、学位要求，那些实践工作经验丰富的从业者，容易因学历或学位达不到高校要求而遭到拒绝。

外聘师资队伍不稳定。高校外聘师资通常以学期为招聘周期，招聘周期短，人员流动性大，师资队伍不稳定，不利于教学体系的持续更新。大学非聘任教师除学费外不享受该大学其他任何福利和待遇，薪酬待遇与本校教师相比非常低，非聘任教师的学费每学期发放，给付不及时，难以激发非聘任教师的工作热情。另外，非聘任教师由各教学部自行负责日常管理和考核，对非聘任教师没有严格细化的考核方法，同行的教学评价、学生的教学评价、督导组的教学评价考核过程流于形式，教学效果难以保证。

2. 微观层次：人才供给与产业需求背离

应用型本科院校为了培养应用型、技术技能型、实用型人才，需要培养学生的实际操作能力，为满足这一要求，学校需要确保提供实验实训条件。从当前的情况看，高校实验实训条件较前几年有所提高，校外实践基地取得了质与量的突破，但距离满足学生生产性实习实训还有一定距离。由于投资经费不足，一些仪器设备存在老化现象，部分仪器因维护维修不到位损坏严重。目前生产技术更新发展较快，仪器设备更新较慢，缺乏通用技术的先进性，无法满足生产性实训和新技术、新产品研发的需要。由于高校将众多仪器设备归属为固定资产，更新、淘汰所需程序繁杂，报废也不能外用，被淘汰仪器的拍卖价值极低。高校设备采购程序烦琐，必须经过严格的招标程序，设备招标采购周期较长，招标时填报的仪器参数、仪器功能等可能是当时技术最新、最先进的，但由于采购程序烦琐，购买周期较长，在此期间更先进的仪器设备已经走进市场了。

顶层设计不够完善。合理规划，有效推进资源合理配置，引领地方发展方向，是政府实现共同发展目标的重要路径。地方政府在统筹区域产业发展和高等教育发展时，没有建设合适的“桥梁”；地方政府在编制该区域一定期间内的发展规划时，没有加入产教融合发展的相关信息，也没有明确大学、企业合作领域以及双方的职责和权利。地方发展、教育发展、产业发展需要统筹，产教融合发展的方向和领域需要政府给予规划和引导。从当前的情况看，产业与教育双方联系不够紧密，没有建立产教融合持续发展的机制。

专业与产业间存在矛盾。产业结构与专业结构存在作用与反作用的关系。目前，高校专业设置与不断变化的社会需求配合不够充分，这使得高校人才培养的市场导向性不强。专业与产业之间存在的矛盾主要有两个：第一，区域产业发展需要与专业调整的矛盾，区域产业经济发展变化相对较快，高校不能及时适应专业的增设和裁减；第二，人才培养与产业需求不相适应的矛盾，高校人才培养需要三到四年甚至更长的时间，人才培养在这一时期内相对稳定，人才培养目标、人才培养方案都没有变动，由于经济形势的复杂性和多变性，产业发展调整速度较快，这加剧了人才培养与专业需求不相适应的矛盾。

3. 政策层面：保障政策细化

产教融合存在的问题，主要有政府组织管理缺失、经费短缺、合作模式单一、合作不深入、企业参与动力不足、双师型队伍建设滞后、质量保障体系和评价体系不健全等。产教融合同时面临着企业积极性有限，产教融合水平和深度不够，资源整合难，产教融合模式单一，政策支持体系不健全，产教融合动力不足，市场发育不好，产教融合壁垒重重等问题。我国应用型本科院校产教融合存在的问题主要是合作不稳定、融合渠道不贯通、合作模式单一、合作程度不深、合作对象选择有误、校企合作经费难以保障、双师型师资队伍建设滞后、质量保障体系和评价体系不足等。其实，产教融合在实际的运行中依然存在着政府与市场界限模糊、缺乏行业领导能力、缺乏企业作为育人主体的作用和责任、职业院校企业合作育人与研发的制度尚未完成、学生实习活动性质错误等问题。贺耀敏等人（2015）认为，产教融合不仅面临政府约束机制缺失、经费保障机制、质量保障与评价体系等管理机制问题，而且合作模式单一、合作内容不深、双师型师资队伍建设滞后、实践过程中“企业冷”、高校对企业吸引力不足等实践问题。

2014 年，国务院发布《国务院关于加快发展现代职业教育的决定》，要求加快现代职业教育体系建设，深化产教融合、校企合作，培养数以亿计的高素质劳动者和技术技能人才。国家大力支持产教融合的发展，在制定和实施产教融合促进政策方面，国家做了一定的努力。但实际情况是我国没有出台专门针对产教融合的法律法规，只是现有的法律、法规和政策在某些方面表现出国家支持产教融合的态度，但国家和地方政府没有出台相关优惠政策和文件，相关税收方面也没有公布资本等方面的支持，因此我国进行产教融合具有自发性和民间性。

产教融合的发展没有受到政策保障，主要体现在以下四个方面：一是企业、高校、行业协会代表非教育机构参与校企合作、产教融合的责任和义务不明显，缺乏参与产教融合的企业、高校、行业协会各自的权利，缺乏必要的监管和法律法规约束，没有充分保护多方面利益。二是政府没有出台奖惩机制，没有设定具体标准，没有对产教融合进行监督检查，没有合理设计各种奖励和惩罚措施，未设立荣誉奖。对实施校企合作效益好的高校、当地企业、研究机构、当地社区、个人、行业组织，没有一定的赞誉和资金奖励；对违反产教融合法律法规、政策的参与主体没有明确的规定处罚和处分。三是学生权益相关问题不能确定，对在企业实习的学生给予相关的报酬、补贴，对实习中遇到人身伤害如何处理，没有相关的规定。四是政府部门对支持产教融合的自觉不足。同时，产教融合过程中缺乏相关的法律法规约束，参与主体的法律责任和权利不规范，没有可依据性。

为实现产教融合发展资源的优化重组，需要系统分析参与产教融合的各主体所具备的资源优势，参与产教融合的各主体之间需要联合行动，才能实现资源的优化配置，最终达到互利互惠的目的。从目前产教融合发展的情况看，集体合作的协同管理环境尚未形成。

地方政府投入较低。教育发展无论是对国家经济社会发展，还是对促进社会公平都发挥着重要作用。稳定充足的经费支持是教育发展的重要保障。目前，地方政府对应用型本科院校产教融合发展的投入有限，产教融合项目投入水平低，投入方式比较单一，高校产教融合发展在学校基本建设、实验实训条件改善、新设专业建设、校企合作等各方面都需要大量资金支持，高校自身经费有限。由于企业短期内不能获得较大的效益，不愿投入大量经费开展深度合作，这些在一定程度上阻碍了产教融合发展的良性运行。

共享信息平台缺乏。计算机信息技术的快速发展，智能化、信息化的逐步普及，给人们的生活带来了便利。利用信息技术和信息资源为产教融合发展提供更好的服务，各地方政府要根据自身需要进行科学的规划和部署。当前，由于尚未建立第三方信息共享平台，依靠的还是校企双方互联互通或中介架桥等传统方式。由于缺乏共享信息平台，企业与高校在合作过程中，往往存在信息不对称现象，高校找不到形象好、匹配度高的合作企业，企业找不到适合自己发展需求的合作高校，高校与企业合作效率低、耗费时间长，严重阻碍了应用型本科院校产教融合发展的进程。

政府部门要在应用型本科高校产教融合发展中发挥功能，首要问题是政府部门的角色定位。为促进产教融合发展，国家出台了一系列政策文件，提出了许多支持深化产教融合发展的政策，政府部门应确定各项政策在实施时需要哪几个部门协同联动、主动出击。目前的困境是，地方政府没有充分发挥共同采购者在促进产教融合政策执行中的作用，没有确定应用型本科院校产教融合发展的形式和路径。[①] 各部门间合作模式不完善，缺乏相互间的合作协调，阻碍了中央政策的落实，地方政府没有充分的激励机制和创造优良的外部环境来激发企业参与的积极性。

---

① 王善迈. 公共财政框架下公共教育财政制度研究［M］. 北京：经济科学出版社，2012.

三、产教融合的发展趋势

（一）产教融合合作路径的深化

产教融合发展，既是产业转型升级的通道，也是教育形态变革的路径。2017 年 12 月，国务院办公厅正式发布《关于深化产教融合的若干意见》，将深化产教融合改革，定位为一项支持推进国家各项重大战略性教育改革和战略性人才智力创新开发、人才培养工作等的改革。2018 年，《广东省人民政府办公厅关于深化产教融合的实施意见》（粤府办〔2018〕40 号）公布。该意见鼓励广东省各市州属、各类高校积极通过进一步加强高端人才培养与应用型专业群建设，促进产教深度融合、产学研政联合、校企科研创新合作，大力实施并推进市属高校产学人才紧密对接创新工程。

随着广东省产教融合改革领域的逐步深入，一些难以解决的问题开始暴露。产教深度融合，是在国家现有教育交叉渗透、融合新理念基础上的另一种深化。两者融合的关系更为紧密，程度内涵层次更为全面广泛和加深，效度层次更为合理高效和显著，两者是一种深度交叉融合。这样的深度融合从其理论维度、技术实现的逻辑路径上来讲，主要表现在以下几个方面。

1. 将产教融合深化为“政行企校”的融合发展

政府、行业、企业、高校均是实施产学教高度融合过程的利益相关者，在深化产教融合的过程中，扮演着不同的角色，共同促进并影响整个职业教育系统的生存进步和科学发展。加强我国产教融合研究的支持力度和研究宽度，进一步广泛融合政府、学校、公司等各方的相关力量，将推进产教融合研究发展为“政产学研资”的深度融合研究。

在这一共同体中，产教融合显而易见的困境是行业与高校的融合生态不完善、相互需求错位、合作模式不稳定、运行机制不通畅等。政府的主导地位主要体现在为政产学等高等教育多元主体的“共治”提供共同遵从的规则与制度体系，避免主体多元而引发的治理失灵现象，完善教育政策决策、执行和评估机制，提升制度的权威性与协同功效，在产教融合共同体中，通过有力调控和高效协调优化融合生态、匹配相互需求、规范合作模式和运行机制。

2. 搭建校政、校行、校企平台，创新产教融合、校企合作机制

（1）搭建校政协同育人、协同创新平台

积极利用有关政府及政府相关部门联合提出的政策文件，支持并引导政府资金对协同育人的扶持，对创新平台的建设与应用；协调各方资源，促进校政协交流合作与协同育人的落地实施。探索通过委托企业合作开展“现代学徒制”实验项目试点，将教学及实验场所对接，实现学生实习实训与生产实验作业场所的对接。教学内容设计要求与相关职业标准对接，实践操作教学设计过程符合教学内容创意化流程，学生直接由合作项目企业导师手把手培训，按照现行劳动力市场要求和国家职业标准，学生全程参与实际工作项目，独立承担各项工作。

高校和政府应该多与地方企业开展合作，并申请获得企业项目资金支持，甚至鼓励企业与高校深度合作，企业按照项目尝试设立其他多种股权激励创投基金、配套引导基金等

各类风险基金，推动产学研合作联盟体系的快速建立。共同合作建立联合发展研究合作中心和合作科技中介机构，推动产教融合创新。打破行政组织壁垒，积极谋划打造国家产教融合战略联盟机制和政府各类基本公共服务信息平台。加快推进建立跨部门长期协调稳定互利的国际战略合作关系，促进跨境科技信息资本流动转移和高端科技成果交叉转化，为产教融合与创新融合提供坚强组织技术保障。①

（2）搭建校行协同育人、协同创新平台

高校充分发挥行业协会掌握标准、聚焦资源和牵引各方的优势，搭建校行协同育人、协同创新平台。人才培养创新的主要目标在于充分对接国家各个相关行业需求标准，深化创新实践教学改革，建立与完善支撑起与高校信息共享、互相学习融通、资源开放与共享的政府工作公开平台。校行协同构建项目共建机制与教学共享实践课程培训基地，鼓励行业协会中的企业参与实践项目的教学，让企业所需的实践能力在实践项目中进行培训与考核，实现学校实践教学认定考核标准与行业内部相关知识技能工种鉴定考核标准直接挂钩。同时，为高校各学科领域学生的专业教学及实践教育项目、教学操作过程提供最为真实直观、最有效的现场模拟培训环境，推进“双证书”制度体系建设，并进一步组织实施。校行协商合作共建资源共享实训技术示范推广中心，提升了相关专业人才培养的能力。

（3）搭建校企协同育人、协同创新平台

高等学校根据各地区企业特点，主动积极地与当地各类知名中小微型企业、大型科技企业、国际知名科技企业之间共同开展不同领域的全方位深度合作，搭建校企协同孵化育人、协同企业改革和创新培训等平台。具体方式：第一，校企共建产业学院，实施校企双主体协同育人。充分发挥国际知名企业的品牌、文化和资源优势，汇聚行业产业优势资源，校企共同制定产业学院人才培养方案，共同招生。第二，校企共建专业，提升学生职业能力。学校充分利用企业的生产技术、优质资源和管理模式，合作共建学科专业，打造与企业需求职业要求一致的教学内容和真实的企业实践环境，共建基于岗位能力和素质要求的培养方式及内容，共推课程体系与内容改革。第三，校企共建创新班，提升人才培养的针对性和适应性。把企业案例、标准和文化融入教学，培养出技术高、适应快、归属感强，深受用人单位欢迎的高素质应用型人才。

（4）搭建深化产教融合的路径

高校在加强产教融合、校企合作人才培养过程中，形成“共育人才、共享资源、共同投入、共同发展”的校企一体的协同育人新模式。从“四个共同”到“五个融合”，不断深化产教融合。校企共同负责确立企业培养育人目标，共同科学制定高校人才培养方案，实现大学人才培养规格体系与企业需求的有效融合；促进资源协同互补，共筑大学校企协同人才培养教学示范平台，实现本科教学环节与企业生产实际项目的高效融合；合作共建教学课程体系和专业实训室，实现知识学习方式与实践工作技能的深度融合；共建双师结构和教学研究型团队，实现高水平专业特长教师培养与高层次能工巧匠教育的融合并进；校企共同营造浓浓的职场氛围，实现传统校园文化内涵与新兴企业文化的融合。打造校企

---

① 谢志远，刘燕楠．深化产教融合推动职业教育技术革命——高职院校新技术应用人才发展战略思考［J］．中国高教研究，2018（3）：6.

协同合作育人机制，培育高素质技术技能人才，吸引多家国内外一流知名制造企业集团加盟，深入全面推进校企“五个融合”行动计划，实现校企深度协同合作育人、协同创新的目标①。

产教融合路径的深化不是一朝一夕能做到的，也不是任何一方单独努力能够完成的，需要政府、行业、企业、高校、科研机构等多方努力并在某一领域达成共识，产教共融，产学协同，共同培养符合行业标准、企业需求的高素质应用型人才。

（二）产教融合人才培养模式的多元化

随着教育行政部门提出对普通本科高校进行人才培养目标方向定位的转变，高校相关管理部门人员应当更加重视各类应用型高素质人才和创新创业型人才的培养，适应当前的时代背景。高校要实现产学研用有效结合，需要促进民办教育机构和地方经济发展，并且注重在自身教学实际工作环节中，深化与各有关部门的合作，打造产学研多边联合教学合作渠道，实现向“多元主体”方向的快速转变，提高教学及工作质量。在实际教学管理工作中，产教深度融合创新型人才培养实践平台的开发应用，能够持续强化学生的学习能力，不断提升学校教育工作质量，切实推动高校教学基础工作整体改革，完成适应新时代高职本科教学管理工作方向的重要转变。将实施产教融合作为高等学校推进本科教学改革工作的一项重要基础工作内容，提高应用型院校教师培养学生的能力，转变高等院校传统课程教学及人才培养模式，提升高校教学整体质量，主要措施有以下五点。

1. 建立多元化产教融合人才培养模式

高等院校坚持以加强产教融合教育为主线，协同推进特色专业群创新人才培养体系改革，加强推广现代学徒制，探索打破混合教育所有制，开展产学研创新项目班模式或与合作企业联合招生培养，建设产学研跨界招生培养等试点，多元化实施特色校企创新合作教育人才培养等模式，如图 1.1 所示。

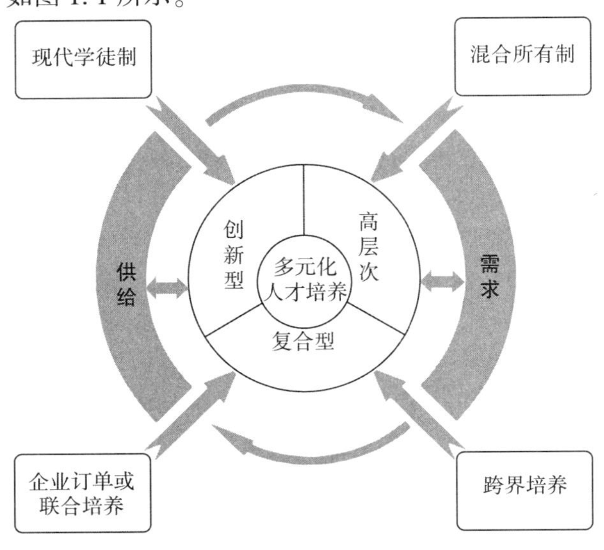

图 1.1　多元化产教融合人才培养模式

① 谢志远，刘燕楠．深化产教融合推动职业教育技术革命——高职院校新技术应用人才发展战略思考［J］．中国高教研究，2018（3）：6.

产教融合培养高素质应用型人才是我国应用型高校办学的主要方向，也是应用型高校可持续发展的需求。多元化合作的产教融合办学模式，是进一步提升学生素质和教学管理质量有效、便捷的途径。对于企业而言，通过开展产教融合，能够储备更多人才资源；对于学校而言，学习模式多元化使学生的学习目标更明确、效率更高，人才培养质量更好。因此，要真正从多方利益单位的发展和自身发展需要考虑，把握企业人才、技术、效益的关键处，充分挖掘校企合作创新的潜力，形成各方互惠互利的良性循环，为多元化产教融合的可持续发展提供不竭动力。

2. 建设多元化课程教学体系

我国教育部明确表示，高校专业教育还是要更加注重实践与技能并重，培养应用型学生面向实际行业岗位的实践工作能力。基于此高校课程体系建设应统筹合理科学安排，以快速提升人才竞争力。在现代社会生产力发展阶段以及各个行业的需求体系当中，人才培养能力是基础，高校应围绕增加学生的专业知识、提高学生的素质和专业能力，结合学生发展实际等情况，进行课程优化。通过整合设立多个不同功能模块构成综合课程体系，达到个性化教学的目的。我国现阶段开展的产教融合模式，重视多元化综合课程及教学组织体系改革，提升培养工作质量，营造多元的学习空间，致力于进一步提升学生的综合能力。

高等学校构建的课程教学新体系进程中，学校教师们需要在实践中系统结合所在院校学科特色及办学模式，结合社会需要改革各项具体课程，建设一套符合学校特色定位的教学模式与应用型人才培养课程体系，为专业创新人才培养和相关工作做出较为合理并相应较为规范完整的专业具体安排。现阶段所有高职院校教职工，应当切实重视“全面覆盖与定点突破”系列课程资源在实践教学中的使用，努力提高相关专业实际办学质量。一方面引导学生在实践培养中将学习到的知识灵活应用；另一方面增加学生的社会经验，进一步提升学生的基本素质，为产教融合人才培养工作做出相应的贡献。

3. 加强双师型师资队伍建设

为了提升复合型人才的培养率，高校要掌握一套符合自身教育模式的教育理念，不仅要具备扎实的理论基础，还要拥有经验丰富的师资队伍。对于师资队伍的建设，高校要深入贯彻“走出去”和“引进来”这两个关键点。学校要科学建设合理的奖励机制，调动教师参与社会实践活动的积极性，组织教师到校企合作单位中进行进修和挂职锻炼，丰富教师一线实践经验，让教师在实际工作中获得一手资料，从而在教学中充分应用。利用校企合作平台，结合丰富科学实践经验，将“走出去”和“引进来”教学理念充分结合，加强双师型教师队伍建设。

4. 强化线上线下混合式教学模式

随着信息技术的不断普及与推广应用，教学培训工作的技术发展方向日益明确，将向着现代化、智能化、数字化等方向发展。在高校网络教学建设中，教师还应注重结合“互联网+”，采用线上线下混合式教学模式，重视网络对现有传统教学思想工作理念的继承创新，不断探索深化网上教学实践工作的思想内涵，拓展新课程的教学组织工作，打破现有传统课程教学评价机制，进一步巩固提升新课程教学的工作质量，建立高效的教学管理网络，采用互联网先进教学技术理念，打破传统网络教学组织理念，重视多元化教学工作管理水平的提升。现阶段指导教师需要在具体教学活动中，使用多媒体、微课、慕课等新教学方法，进一步提升每个学生对教学内容的接收整合能力，传递其相应课程的理论知识，提升教学质量，将产学教互动融入应用型人才培养模式，及时发现在整体课程教学活动中普遍存在的新问题，借助互联网技术，及时全面掌握学生学习情况，引导学生日常学习中的交流，借助各种互联网资源平台，有效地充实自己，为其以后的职业发展打下坚实的基础。

5. 重视创新创业平台建设

随着实践创新项目教学和评价工作的进一步深入，教师需要重视校内实践创新课程教学、学生创业实践项目等的建设与考核工作，不断完善提高实践项目教学环节，鼓励学生在日常学习、培训与交流环节中，重视对本地就业及市场环境情况的调查，了解国家与地方出台的一系列招生就业扶持优惠政策，不断提升教师队伍的创业教育、创业实践教育及创新就业意识。高校必须切实重视和加强相应管理信息化技术平台项目的建设，为学生提供各项教育优质服务，帮助学生正确选择与未来创新发展目标要求相符的职业学习方向。①

总而言之，在新时代产教融合人才培养机制下，要重视对学生的引导，鼓励学生在学校与企业合作的项目中发挥重要作用，主动参与企业生产，不断提升自身能力。现阶段高校需要重视对课程体系的建设，重视对高职院校师资团队的培训工作，强化互联网教学方法，重视创新创业平台的建设。

（三）制度保障建设和国家政策的趋势

产教融合政策最早出现在 2014 年的《国务院关于加快发展现代职业教育的决定》中。随后，产教融合等相继被写入高校“双一流”平台建设、应用型高校发展转型战略等系列政策文件，成为国家着力推进优化应用型高等教育服务供给侧改革性结构、提高优质教育服务质量的重要支撑机制。

2017 年年底，国务院办公厅发布了《关于深化产教融合的若干意见》，意见指出，将加强产教融合作为促进国家现代教育制度和高层次人力资源制度开发的重要战略安排，这预示着产教融合除优化整个高等教育体系结构建设外，还可能成为提高人口素质结构、激发人才增长红利等的一个战略举措。

1. 产教融合的制度创新与国家战略

产教融合这个概念提出时，只被企业当作传统学校联合办学方式或传统企业员工内部培训制度中关于教学运作方式或教育培训合作的模式创新，当作是一个具体业务工作层面上的新现象或具体工作流程方法等，并未正式从企业综合性课程改革创新的战略高度充分认识。2014 年《国务院关于加快发展现代职业教育的决定》开始尝试用产教融合模式的全新理念去梳理、论证现代职业教育技能培训教育与区域经济社会发展目标之间的内在关系，定位类似于“推动校企协同育人”的总体战略与指向。随后，2019 年《国家职业教育改革实施方案》进一步明确，产教融合是涉及教育体制、经济体制、科技体制及人才体制等多领域的综合性改革，强调其对建设实体经济、科技创新、现代金融、人力资源协同发展等的重大意义。这意味着现阶段产教融合政策的战略定位已提升为由党委政府引领并牵动全社会教育、科技、人才、产业等领域变革的重大战略和改革举措，这赋予了产教融

① 谢志远，刘燕楠．深化产教融合推动职业教育技术革命——高职院校新技术应用人才发展战略思考［J］．中国高教研究，2018（3）：6.

合改革战略站位的新高度①。

产教融合政策创新制度的顶层设计，主要还是通过落实相关改革政策红利来进一步强化体制引导和制度引导，产教融合政策体制机制改革的落地运行离不开相关政策创新的内生驱动。因此，应从政策规划设计、发展定位到项目落地等的整体动态视角，审视学校产教系统的动态关联性因素，尤其应当分析学校教育管理与政策制度环境、经济社会发展等之间动态的逻辑联系，验证国家政策体系制定方案的政策科学性，剖析教育政策措施系统的运行逻辑过程与内部运作的机制，探究相关政策实施推行时的执行实效与既定政策目标预期绩效之间的差距，从而正确把握高校产教融合改革实践中遇到的各类实际问题，有效推动相关基础理论研究方法向全面科学化、系统性方向发展。国家产教融合政策如图 1. 2 所示。

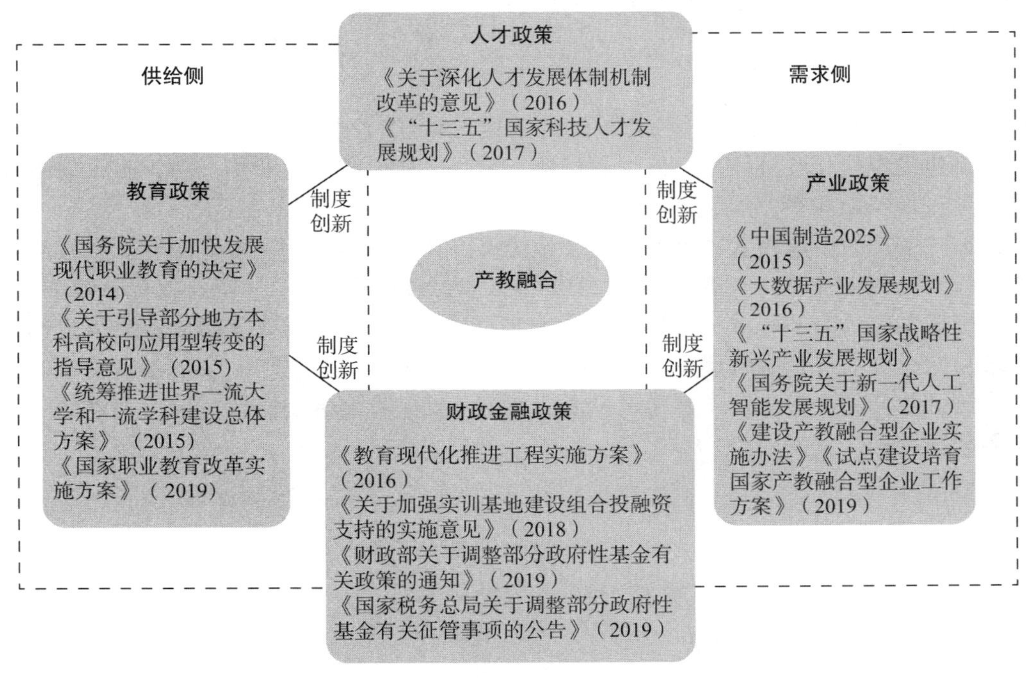

图 1. 2　国家产教融合政策

2. 产教融合的发展基础

十九大报告中关于“人才”“队伍”“人力资源”“人力资本”等关键词先后出现了 24 次，且并非单独出现在人才工作本身，而是嵌入五位一体总体布局和四个全面战略布局各项工作部署中。这证明发展战略与人才有紧密的相关性。

诸多中央重要政策报告指出，实现中国制造业的快速现代化，要坚持加快发展以推进实施三个供给侧人才结构等战略性改革为主线，推动并实现社会经济发展质量体系变革、效率方式体系变革、动力结构变革，三项主要关键结构性变革的主要内容都与全面提高科技人才水平高度相关，因此新一轮人才体系综合改革，同样也是当今最为核心、最为紧迫与关键的供给侧结构性改革，是我国推进建设现代产业新格局的重要举措，也是现代化经

① 魏丽，孙俊华. 基于知识图谱的产教融合热点及趋势研究［J］. 青岛大学师范学院学报，2020，8（5）：60-67.

济建设中的重要制度改革。正因如此，人才战略、职业教育模式转型成为推动实现产教融合新高度、全面融合的两个方面。国务院印发的《中国制造 2025》中有 41 处提到人才，并“鼓励企业与学校合作，培养制造业急需的科研人员、技术技能人才与复合型人才，深化相关领域工程博士、硕士专业学位研究生招生和培养模式改革，积极推进产学研结合”。

3. 产教融合的改革

产教融合的核心是突出企业的主体作用，强调高等教育职业院校以就业为导向进行产教融合的人才培养方式改革。2017 年年底，《国务院办公厅关于深化产教融合的若干意见》（以下简称意见）公布，这是教育部首次从学校层面正式公开提出的有关加强人才培养推进科产教高度互动融合的政策文件。因此这份文件成为产教融合最重要及最具指导价值的政策文件。

4. 产教融合的区域化发展

“产教融合是一项事关全局利在长远的关键改革。”产教融合的意义可以总结为三方面：一是建设现代化经济体系；二是赢得新一轮科技革命和产业变革优势；三是促进我国区域产业人口长期均衡发展。

区域式的产教融合模式也是院校和企业的重要合作模式之一。教育部职业教育与成人教育司印发的《职业教育与继续教育 2018 年工作要点》中提到，（职业教育与继续教育）需围绕服务国家战略和区域经济社会发展需求。下一步，国家发改委将落实党中央国务院的要求，通过开展产教融合建设试点，统筹推进产教融合改革工作。产教融合的目标是通过在全国部署开展产教融合城市建设试点，支持一批产教融合型企业。深化产教融合是将来高等教育结构调整的趋势。

第二章　产教融合的国际经验

产教融合是职业教育与应用型高等教育发展的重要趋势，如何将生产实际与学校教学相结合，成为国内外教育从业者与研究者共同关注的问题。西方国家对相关问题的研讨与实践起步较早，形成了一系列体系完备的职业教育模式，包括德国的“双元制”、英国的“三明治”、美国的“CBE”以及日本的“产学合作”等，都是当前较为成熟的产教融合发展模式，值得我们在探索的道路上加以借鉴。

一、德国“双元制”教育模式

（一）“双元制”模式的缘起与发展

德国“双元制”作为一种职教模式，对德国的高素质劳动者、高质量产品以及德国经济在国际上的持久竞争力等方面都有着重要作用。德国“双元制”作为第二次世界大战后德国经济腾飞的秘密武器，以及 2008 年经济危机后德国经济稳步增长的坚实平台，可以说其职业教育与德国实体经济并称德国国家核心竞争力的要素。[①]

所谓“双元制”（Dual Education System），就是企业作为“一元”，学校作为“另一元”，合作为“双元”，共同培养技能人才。早在中世纪的欧洲，各类同业工会已开始对从业者进行职业技能的培训，并逐步明确行业规定，形成了以师徒关系为核心的学徒制培养模式。19 世纪末期，随着工业革命的兴起，大机器工业替代了工场手工业。现代工业兴起推动了机器的广泛应用，社会对生产者的技能提出了新要求，传统学徒制已无法满足现代工业生产对技术工人的要求。因此，作为“另一元”的学校逐渐受到重视并发展起来。

工业革命结束后，德国的一些城市手工业学习场所被逐步改造为培训熟练技术工人的学校，并从 1920 年起命名为职业学校（Berufsschule），增强了与工厂用人需求的匹配度。1938 年后，德国正式全面实施义务职业教育制度，各类职业学校蓬勃发展。第二次世界大战后，由于经济复苏的迫切需要和社会失业率的持续上升，基于社会、政治和经济发展需求，“双元制”职业教育模式成为德国政府资助高素质技术工人的主要培训平台，并取得了巨大进展。1948 年，德国教育委员会在《对历史和现今的职业培训和职业学校教育的鉴定》中首次使用了“双元制”。1969 年，德国职业教育法将“双元制”进一步制度化和合法化。此后，德国政府在《青年劳动保护法》《职业教育促进法》和《实训教师资格条例》等各类法律条文中进一步强化了对“双元制”的制度保障。[②]

---

① 雷正光．德国“双元制”模式的三个层面及其可借鉴的若干经验［J］．外国教育资料，2000（1）：78-80.

② 郑向荣．德国“双元制”职业教育的历史、内涵、特点及问题［J］．理工高教研究，2003（3）：79-81.

应当说，“双元制”教育模式对德国的工业发展和经济腾飞起到了极为关键的作用，这种教育模式有着深厚的历史渊源，也是顺应时代发展需要的一种变革与创新，是一种面向未来的学习模式。因此，“双元制”对现代的职业教育思想产生了深刻的影响。德国职业教育改革专家托马斯·胡格教授（Thomas Hug）曾对“双元制”有过精辟的概括，他认为“与其称它为一种教育制度，不如称它为一种思想，是一种注重实践、技能为未来工作而学习的思想”，在这底层逻辑的指导下，德国“双元制”在课程时间分配、课程目标制定、教学方法甄选等方面都体现出强烈的实用性、综合性、岗位性、技能性。但我们不能忽视“双元制”自身的持续变革与发展，在借鉴和学习的同时要保持顺应时代的意识和因地制宜的考量。

（二）“双元制”模式在国内的研讨与实践

20 世纪 80 年代初，我国经贸考察团赴德国考察经济时留意到了“双元制”在培养技术工人方面的价值，向国务院提出了相关建议；教育部派赴德国巴伐利亚州考察教育的专家，也重点汇报了德国的职业教育。由此开启了中德两国的职业教育合作。1983 年，教育部与德国教课部签署教育合作协议，在国内启动了包括天津中德现代工业技术培训中心、南京建筑职教中心、湖北十堰汽车技工学校等在内的合作项目，并在 20 世纪 80 年代末期确定了苏州、无锡、常州、沈阳、沙市、芜湖六个德国“双元制”模式的试点城市。①

20 世纪 90 年代以来，我国先后与德国签署了多个合作项目，包括中德唐山农村职业教育合作项目、中德合作职业学校校长培训项目、中德职教师资进修项目、中德江西职业教育促进就业综合项目，开启了全面深入的中德职业教育合作。②

我国将培养高素质劳动者和技能人才作为职业教育与经济发展的重点工作，与此同时也开始对“双元制”进行本土化的尝试。2013 年，《中共中央关于全面深化改革若干重大问题的决定》明确提出，要“加快现代职业教育体系建设，深化产教融合、校企合作，培养高素质劳动者和技能型人才”③，对德国“双元制”职教模式的深入研究和中国本土化借鉴意义愈为显著。2014 年，《教育部关于开展现代学徒制度试点工作的意见》，提出“各地要积极开展‘招生即招工、入校即入企、校企联合培养’的现代学徒制试点”④，此为我国文件中第一次明确提出开展现代学徒制试点。

在国内现代学徒制探索中，江苏太仓打造了第一个中德企业合作基地，太仓“双元制”教育模式取得了较为瞩目的成果。目前，太仓职业教育已形成政府、企业、学校“三元”互动的职教模式。苏州工业园区职业技术学院作为一所国家示范性高职院校，通过借鉴新加坡、德国等先进理念，探索建立了 SAMSUNG 工科大学、BOSCH 定向班培养等多种“企业+学院”“双元制”人才培养模式，取得良好的育人成效。这种模式目前成为众多应用型本科高校开展产教融合的主要路径。

与此同时，德国“双元制”职业教育模式在本土化过程中遇到的困境和挑战也不容忽

① 中国教育发展战略学会. 教育发展战略 40 年回顾与展望［M］. 北京：首都师范大学出版社，2019：133-134.

② 李兴业，王淼. 中欧教育交流的发展［M］. 济南：山东教育出版社，2010：278-289.

③ 中共中央关于全面深化改革若干重大问题的决定［EB/OL］.（2013-11-15）［2023-06-05］.http://www.gov.cn/jrzg/2013-11/15/content_2528179.htm.

④ 教育部关于开展现代学徒制试点工作的意见［EB/OL］.（2014-08-25）［2023-06-05］.http://www.gov.cn/gongbao/content/2015/content_2806020.htm.

视。第一，本土化“土壤”贫瘠，体现为资金匮乏，法律保障体系不健全，大众受传统观念影响职业教育的口碑不佳，对其接受程度低，这容易导致生源“供给不足”及学生质量难以保障的局面；第二，面临市场冲击亟待转型升级的企业，这使得校企合作举步维艰；第三，为拓宽实习内容，需要较为充裕的复合型师资力量，以提高学生满足生产所需的技术能力。[①]

（三）“双元制”模式的主要特点与启示

“双元制”模式以能力为本位，旨在培养学生的职场竞争力、在工作中的解决问题能力和实操能力，以及个人基本素养[②]。

总体来看，“双元制”职业教育制度的特点可概括为：政府提供有力的财政与法律支持，并将职业教育纳入义务教育的范畴；理论与实践相结合，突出职业能力的培养；学校与企业相互合作，职业教育的目标与就业市场紧密接轨；职业教育接触面广，成为德国合格熟练劳动力的培养主体。[③]

我们可以从三个维度来理解“双元制”职业教育模式的内容。从法律维度来讲，“双元制”是企业与职业学校在各自必须遵循的法律基础上合作培养技能人才的职业教育模式；从经费维度讲，“双元制”是企业与国家各自分担职业教育经费并合作培养技术人才的职业教育模式；从教学维度来讲，“双元制”是在企业里进行职业实践，在职业学校里进行专业知识及普通文化知识学习，二者紧密结合培养技能人才的职业教育模式。[④]

尤其值得关注的是，德国“双元制”把职业知识分为三个层次，即引导行动的知识、解释行动的知识和反思性知识。因此，它培养的产业工人不仅具有熟练操作的能力，更具有通晓整个产业环节的综合能力。除此之外，德国“双元制”关注学生个体发展，注重学生素质的培养，无论在理论教学还是实训教学中，都体现了以学生为主体的思想，这种教学活动改变了传统教师与学生的地位，教师作为指导者和咨询者，为学生主动获取知识提供引导和支持，这既能够训练学生的专业技能，也能有效提升学生独立工作、创造、合作等能力。[⑤]

自中世纪的学徒制以来，德国“双元制”在时代和环境的挑战中不断变革，成为一个完善的职业教育制度。德国现行的“双元制”是由德国的职业教育法律体系、民族传统、教育理念和制度结构所塑造的，我们在借鉴和学习时应当以中国国情为前提。

一是我国职业教育应当以市场为导向，与时俱进，将全新的技术方法、生产模式引进专业课程，以适应经济和社会结构的发展变化，从而为企业转型升级服务。[⑥] 二是注重“双师”教师队伍的发展。教师是职业教育成功的关键因素，“双元制”的成功要求教师拥有扎实的理论基础和娴熟的操作技能，必须为师资队伍的建设提供有力保障。三是加强有效的校企合作，促进双元互补，重视发挥校企双方在职业教育中的重要作用。[⑦] 应当说，

---

① 沈佳宜，于博．德国应用科学大学“双元制”的模式、特点与发展趋势研究［J］．产业与科技论坛，2022，21（7）：103-104.

② 雷正光．德国“双元制”模式的三个层面及其可借鉴的若干经验［J］．外国教育资料，2000（1）：78-80.

③ 夏成满．德国“双元制”职业教育制度及其启示［J］．江苏高教，2005（1）：24-27.

④ 姜大源．德国“双元制”职业教育再解读［J］．中国职业技术教育，2013（33）：5-14.

⑤ 雷正光．德国“双元制”模式的三个层面及其可借鉴的若干经验［J］．外国教育资料，2000（1）：78-80.

⑥ 陈德泉．德国“双元制”职业教育的重新审视［J］．中国高教研究，2016（2）：92-96.

⑦ 魏晓锋，张敏珠，顾月琴．德国“双元制”职业教育模式的特点及启示［J］．国家教育行政学院学报，2010（1）：92-95+83.

“校企合作，产学结合”是德国“双元制”职业教育的核心理念，我们也应有计划地实现校企合作由浅层次向深层次过渡，促进职业学校和企业转型互为共生关系。[①] 四是“双元制”要融合理论教育和素质教育，实现“五育并举”，我们需要思考怎样更好地将理论知识和思想政治教育、品德教育、技能教育等内容融合，而不是简单地重视某一方，避免从一个极端走向另一个极端。

二、英国“三明治”教育模式

（一）“三明治”模式的缘起与发展

英国校企合作和职业教育形式多种多样，其中“三明治”（Sandwich Education）教育模式是发起最早、影响最深远的校企合作职业教育模式。之所以称之为“三明治”教育模式，是因其半工半读、工学交替的学习模式，如同夹心饼干一般，故而有此形象比喻。也有时被称为“夹心饼干”式。这种教育模式提倡“理论来源于实践又指导实践”的教育思想，在人才培养的过程中，致力于构建理论与实践相结合的良性循环培养结构。[②]

英国的工业革命起步较早，对产业工人的需求较大，但是相较于德国的“双元制”教育模式，英国的职业教育相对成熟较晚。直至20世纪初，随着英国社会对高素质的技术工人的需求不断增加，英国一些职业学校开始实施教育模式改革，如桑德兰技术学院（Sunderland Technical College）在1903年便提出了“三明治”教育，尝试采用理论与实践结合的培养模式，不过此举在当时并未得到产业界的普遍认可。“二战”后英国经济持续下滑，为恢复经济发展，降低失业率，各方都在努力展开尝试。1956年，英国政府发布《技术教育白皮书》（White Paper on Technical Education），提出发展高级水平的技术教育，推动发展工读交替课程，创办高级技术学院，也特别强调发展中、初级技术教育，形成了四个层次的技术教育结构，着重培养技术专家、技术员、熟练工人三类人才，同时强调技术教育还应培养学生广泛的适应能力，从整体上确立了英国的技术教育体系，奠定了“三明治”教育模式的发展基础。[③] 1959年12月，英国国家技术学位管理协会（NCTA）的《克罗瑟报告》（Crother Report）中对“三明治”教育模式提出了极高的评价，并将其正式列入技术学位文凭教育，成为“三明治”教育模式发展的重要里程碑。[④]

随着英国经济进入相对平稳发展的时期，产业界在1960年对人才提出更高的要求，主动开展与学校的育人合作，以期技术学校的毕业生可以更好地契合产业发展需求，为“三明治”教育模式提供了良好的发展土壤，英国政府也加强了对“三明治”教育模式的规范和支持。[⑤] 在20世纪70年代，“三明治”教育模式在英国得到长足发展，英国先后成立了“三明治教育大学管理协会”“三明治教育多科技术学院管理协会”“三明治教育与培训教育协会”等多个协会组织，有效地促进了全国性的交流与提升[⑥]。

20世纪80年代至90年代是“三明治”教育模式的成熟发展期。英国议会在1987年

① 陈德泉．德国“双元制”职业教育的重新审视［J］．中国高教研究，2016（2）：92-96.
② 姚启芳．国外产教融合校企合作模式综述［J］．现代商贸工业，2022，43（1）：67-69.
③ 顾明远．教育大辞典：比较教育［Z］．上海：上海教育出版社，1992：257.
④ 黄艳．产教融合的研究与实践［M］．北京：北京理工大学出版社，2019：43-44.
⑤ 刘娟，张炼．英国三明治教育发展历程及其政策举措分析［J］．现代教育科学，2012（1）：35-39.
⑥ 黄艳．产教融合的研究与实践［M］．北京：北京理工大学出版社，2019：45.

发布的《高等教育：迎接新挑战》（Higher Education：Meeting the Challenge）白皮书中，提出应当加强高等教育对经济发展的支持服务，并将强化产业界与高等院校的合作作为高等教育改革的重要目标之一。[①] 同年，英国政府还启动了“高等教育创业计划”，促进高校学生参与创业，对推动“三明治”教育形成了极好的补充。1988 年的《高等教育改革法》，则更加直接和有针对性地提出对高校课程进行改革，教学内容更加强调实践与应用。1991 年的《高等教育框架》白皮书中，政府还推动企业参与高等教育改革，强化校企合作关系。[②] 在20 世纪 90 年代英国政府一系列政策的推动下，“三明治”教育模式得到长足发展，并在 21 世纪进入了一个繁荣稳定的发展时期。当前，随着英国社会的发展对高级技术人才的需求日益增大，“三明治”模型已经很好地融入英国的高等教育体系当中，成为其重要的组成部分，在提升教学质量、提高毕业生就业率和加强校企合作等方面都取得了很大的成就，其发展历程也为我国高等教育发展起到了很好的启发作用。

（二）“三明治”模式在国内的研讨与实践

英国的“三明治”教育模式具有其自身的特点，不过国内对这种教育模式的关注度显然不如德国“双元制”那么高。20 世纪 80 年代末 90 年代初，我国有学者对“三明治”教育模式进行介绍，但是相应的讨论并不深入，直至 21 世纪初期，职业教育的育人模式改革研究方兴未艾，不少学者开始对不同国家的职业教育模式展开比较，从而对英国“三明治”教育模式的认知不断深化。

“三明治”教育模式的本质是将理论知识的学习与实践技能的提高有机结合。通过联合培养模式，结合学校和企业各自优势，以市场需求为导向，以专业培训为手段，以提高学生就业竞争力为宗旨，整合资源，更有针对性地培养社会所需的各类人才。但在学习和借鉴的过程中，我们也应该看到，英国政府对职业教育的高度重视、对多方参与中各主体责任的准确定位，以及充足的制度和财政保障，都是英国“三明治”教育模式成功的重要条件。[③]

政府、政策因素在“三明治”教育模式中所发挥的关键作用，一定程度上也为我国职业教育的发展带来重要的启示，以教育部为核心的相关行政机构，都更加注重职业教育改革和育人模式创新的顶层设计，其中教育部为贯彻落实《国家中长期教育改革和发展规划纲要（2010—2020 年）》和《国家中长期人才发展规划纲要（2010—2020 年）》而实施的重大改革项目——“卓越工程师教育培养计划”，一定程度上具有鲜明的政策引导色彩。

“三明治”教育模式可以为我们提供许多宝贵的推动行业企业深度参与人才培养过程的经验。一是“三明治”教育模式可以在高等工程教育中，实现校企联合培养人才机制的创新，以强化校企合作内容、推进校企合作深度、拓展校企合作广度为核心促进“卓越计划”。二是在重构课程体系和教学内容中，“三明治”教育模式突出的实践性和应用性为我国工程教育的课程设计转化提供了借鉴，从而增强学校的应变能力，更适应社会和经济发展需要。三是“三明治”教育模式中“理论-实践-理论”的人才培养模式启示教育回归工程，着力提高学生的工程素质和实践能力，把理论与实践相结合，全面提高综合素

① 何法江，李智忠，姚红光. 民航人才培养的校企深度合作机制研究［M］. 北京：国防工业出版社，2017：64.

② 黄艳. 产教融合的研究与实践［M］. 北京：北京理工大学出版社，2019：46.

③ 陈鹏磊，李郡. 英国职业教育协同育人模式的经验借鉴——基于“三明治”教育模式与现代学徒制模式［J］. 职业教育研究，2015（7）：84-87.

质。四是经费、政策、法律和资源的保障是“三明治”教育在每个时期都不可或缺的，“卓越计划”是一个涉及政府、高校、企业和社会的重大教育改革项目，因此需要获得更多的共同努力，深入推进并达到预期目标。①

（三）“三明治”模式的主要特点与启示

整体来看，重实践、重技能、重应用的英国“三明治”教育模式具有以下几个鲜明特点：一是“三明治”教育模式不只是采取理论学习与定岗实习交替进行的方式，而且学制可以根据专业人才培养的需求，灵活安排，可以采取2+2或3+1等形式，具有很强的灵活性；二是通过采取顶岗实习，赋予学生准员工的身份，不仅可以丰富学生的履历，而且可以让学生获得相应的报酬；三是政府深度参与，通过政策的引导，在校企合作中发挥着规范、监督、激励的作用，形成了良好的保障。②

基于上述特点，“三明治”教育模式具有以下三个重要的优势：第一，促进学生理论与实践相结合。工学交替、半工半读的教育模式加深了学生对专业理论的理解，学习理论指导实践，以此培养出高素质的理论实践一体化人才。第二，对接国家职业资格标准。“三明治”模式下培养的学生获得国家认可的职业资格证书，受到国家的质量监控，人才培养过程中测评贯穿始终，教学和培养的水平能够得到保障。第三，强化政府、学校、企业的合作。“三明治”教育模式的引入，使得原本较为独立的三个主体间的关系进一步拉近。政府发挥着引导和管理的作用，通过颁布法律、出台政策，给予学校、企业支持，从宏观层面营造良好的制度环境，保障“三明治”教育模式平稳运行，提升产教融合水平。

英国“三明治”教育模式是可以进行借鉴的。一方面，政府可以更为积极地参与到校企合作的过程中，在加大经费投入、提供制度保障、加强组织协调、统筹多方资源四个方面做好工作。③ 另一方面，高校应做好课程模块中理论与实训相结合的设置，合理安排课程学习、科学研究与社会实践，使理论和实践紧密结合。最后，校企间应通力合作，建设互动多赢的实践基地。④ 只有通过多方的努力，才能构建有效的校企合作平台。

三、美国“CBE”教育模式

（一）“CBE”模式的缘起与发展

美国作为教育大国，在教育思想、教育模式等方面走在世界前列，在产教融合方面最广为人知的经验则是“CBE”教育模式。CBE（Competency Based Education）指的是“以胜任力为基础的教育”，即是一种以岗位所需要的胜任能力为人才培养核心，注重学生实践能力培养的职业教育模式。⑤

19世纪末20世纪初，美国完成了从农业经济向工业经济的转变，社会化大生产对生产效率的要求催生了管理科学，同时工业化的进程催生了企业对提升员工生产效率的诉求，工作分析理论与教育培训的有机结合初步演变成“CBE”的人才培养模式。

---

① 彭熙伟，徐瑾，廖晓钟．英国高等教育“三明治”教育模式及启示［J］．高教论坛，2013（7）：126-129.

② 何法江，李智忠，姚红光．民航人才培养的校企深度合作机制研究［M］．北京：国防工业出版社，2017：67.

③ 刘娟，张炼．英国三明治教育发展历程及其政策举措分析［J］．现代教育科学，2012（1）：35-39.

④ 李广斌，王勇．建筑类学科专业学位研究生产学研联合培养路径研究——基于英国“三明治”教育模式的思考［J］．高等建筑教育，2017，26（4）：36-40.

⑤ 卢卓．基于CBE模式的地方本科高校应用型人才培养探索［J］．2021（24）：69-71.

20 世纪 50 年代美国产业结构中服务业的比重逐渐上升，美国逐渐从工业化向后工业化过渡，经济得到飞速发展的美国在此期间也迎来了“婴儿潮”。人口规模的扩大带动了教育的发展，长期的经济繁荣带来了社会结构的变化和观念的变革，青年学生与传统教师教学方式的矛盾越来越突出。60 年代中期，美国联邦教育署在百余份教师教育改革中，决定采用“能力为本”的教师教育范式并大面积推广，由此“CBE”模式开始普及。

20 世纪 80 年代以来，美国第三产业规模的扩大和层次的升级对从业者的数量与质量提出了双重要求，“CBE”教育和培训的理念成为北美盛行的提升人才培养层次的职业教育改革思潮。90 年代初，这一思潮经由加拿大传入中国。世界范围内的关注与应用将“CBE”培养模式推向新阶段。①

总的来说，“CBE”的理论强调能力为基础，重点是能力培养、能力训练。而“CBE”教育模式是一种以满足用人单位需求为目的，培养实践能力为主的职业教育，它以系统分析岗位角色活动为基点，强调学生在学习中的主导地位，核心是怎样使学生获得从事某一职业必需的能力。

（二）“CBE”模式在国内的研讨与实践

20 世纪 90 年代初，我国与加拿大启动职业技术合作项目（Canada-China College Linkage Program，CCCLP），由此将“CBE”正式引荐进入中国。② 原国家教委职教司正式决定在有条件的职业院校展开试点，至 1996 年第三轮合作项目结束，我国共有 29 所院校参与，并带动了国内 200 多所职业学校展开“CBE”试点，产生了广泛而持久的影响。③ 而在越来越丰富的研究和实践中，我国目前对能力本位教育的研究仍主要集中在职业教育如高职领域，相关研究的内容也暂未涉及学年学分制等根本性教育制度变革的内容。④

能力本位教育是对知识本位教育的超越。我国职业教育在以学科教学为中心的传统上形成知识本位教育，将认识客观世界作为教育目标，课堂注重传授经验、知识，忽略个体的主观能动性，导致学生学习了理论却无法在实践中应用。能力本位教育把影响教学活动的个体的内在品质（能力）作为教育目标，教学中心指向受教育者，从而提升职业能力和效率。显然，后者让职业教育更适应市场经济的需要。⑤

总的来说，“CBE”教育模式的科学性在于它打破了传统的公共课教学模式，强调以岗位所需职业能力的培养为核心，保证提升岗位实践能力的目标顺利实现。⑥ 但“CBE”的人才培养模式与产业结构是相互影响、相互促进的关系。产业结构调整对培养模式不断提出新要求，培养模式的变革和完善也会促进产业结构的优化升级。因此，我国要结合本国实际构建具有中国特色的人才培养模式，从产业结构需要和社会转型背景出发，进行成

---

① 张学英，王璐．产业结构调整视角下的美国 CBE 人才培养模式探析［J］．职教论坛，2012（21）：93-96.

② 龚芸，李可，徐江．职业教育集团背景下高职人才培养模式研究［M］．北京：冶金工业出版社，2020：84.

③ 方华明．从 STW 到 CBE——美国州立大学校长 Roberta Corrigan 谈美国职业教育特点与发展［J］．教育与职业，2006（1）：94-96.

④ 程新奎，张瑾．美国能力本位教育的新发展及其对我国远程开放教育的启示［J］．中国远程教育，2021（12）：28-37.

⑤ 陈庆合，侯金柱，李忠．论能力本位教育与职业能力的形成［J］．职教论坛，2003（16）：4-7.

⑥ 庞世俊，姜广坤，王庆江．“能力本位”教育理念对职业教育的理论意义与实践启示［J］．中国大学教学，2010（10）：21-23.

熟的借鉴和学习应用。

（三）“CBE”模式的主要特点与启示

“CBE”模式与传统的教学方式相比，具有目标明确，针对性、实践性和职业性强的特点，最大限度地使学生具备从事某一特定职业所必需的能力。“CBE”教学模式主要特征如下。

第一，课程目标以职业能力为本位。这要求学生在学习中具备从事某一职业所必需的职业技能或是获得从业执照，即学校培养出来的学生必须能够满足职业岗位需求。在“CBE”模式下，综合能力分项下的每一项能力又由不同的专项能力构成，专项能力包含知识、态度、经验和反馈四个方面。这使得能力培养的目标直观具体，具有很强的实用性。第二，个性化教学，课程设置以市场需求为准则，时间和方式更加灵活。区别于传统的职业教育模式，“CBE”模式通过 DACUM（Develop a Curriculum，课程开发）职业分析，重视企业和一线工人的观点，将用人单位和市场需求作为重点，组织相关教学人员归纳总结各项职业所需能力，并进行专业的授课计划制订。与此同时，学校根据学生入学时的 DACUM 测试成绩决定学生是否免修。学生也可根据测试结果确定个人学习内容、进度，并且进行相应的课程选择。“CBE”模式的教学不局限于课室内，可以在户外，实训室，甚至在贴近生产环境的场所进行。另外，“CBE”模式的教材多种多样，可以是各种书籍、录影带、讲义，甚至不需要教材。第三，以学生为中心的教学过程。“CBE”模式强调以学生为中心，利用信息化手段和各种多媒体资源，教师作为引导者和主持人，改变传统“满堂灌”的形式，让学生在教学过程中承担更多的责任。第四，将行业标准和要求作为学生的考核标准，及时进行有效的教学评价。在“CBE”模式中，评价手段多元化，分数不再是唯一参考条件，而是通过专业的职业能力评价体系，根据能力标准进行评价。此评价体系由学生和老师协商，产业界参与制订，这不仅能够反映特定职业角色的要求，且学生通过考核后，成绩得到行业内认可。这保证了每个教学环节后都能够得到反馈，能全面有效地评价学生解决实际问题的能力。

结合我国当前亟待完成从“制造业大国”向“制造业强国”转变、亟待进行产业结构调整且技能型人才稀缺的情况，“CBE”的人才培养模式为我国技能型人才培养带来了新的视角和启发：第一，应将产业需求作为人才培养模式选择的基点。我国仍处于第二产业为主导、第三产业稳步发展的阶段，在借鉴学习中要根据本国或地区的发展特点进行各种培养模式研究。第二，应汲取“CBE”的人才培养模式精华进行本土化研究与探索。“CBE”教育模式具有效率高、针对性强的特点，但它同时有很强的行为主义，一定程度上忽视了从业者的心理特点和智力因素。所以，我国在技能型人才培养过程中，除了专注专业硬技能培养，还要重视职业素养的培养，① 为社会主义现代化建设培养德智体美劳全面发展的建设者。

四、日本“产学合作”教育模式

（一）“产学合作”模式的缘起与发展

日本的“产学合作”教育模式有很强烈的官方色彩，因此在日本“产学合作”有时

① 张学英，王璐．产业结构调整视角下的美国 CBE 人才培养模式探析［J］．职教论坛，2012（21）：93-96.

也称为“产学官合作”，还常常等同于“产学研合作”。

所谓产学（官）合作，“产”是指产业界，作为经济责任的主体，具有对创新奉献负责的功能；“学”是指大学和公共研究机构，具有提供和创造学术源泉的功能；“官”是指政府，具有对创新及其研究开发乃至产学合作成果的支援功能。① 总的来说，日本的“产学合作”模式，即是“通过大学及产业两个不同领域所属成员的相互合作，提高大学及产业潜能的过程”，② 所强调的是以大学为主体的育人合作。

自20世纪50年代起，日本经济进入恢复期并逐步进入高速增长期。日本政府决心改变过度依赖技术进口和人才引进的现状，改变仅靠引进技术后加以模仿的局面，提出振兴本国教育科学技术。1951年，政府颁布第一部比较全面的职业教育法——《产业教育振兴法》。同时，日本产业界在探寻同学校建立更加紧密的关系道路上不断努力。其中，在《论适应新时期需要的技术教育》一文中，产业界建议要加强与大学在技术教育方面的合作。20世纪60年代初，日本通过《国民收入倍增计划》特别将教育规划纳入经济计划中，其中提到“今后至关重要的是推动产学合作”“强化学校教育与职业训练的联系”，这也标志着日本“产学合作”的最终确立。

值得一提的是，如英国等欧洲国家一样，日本的“产学合作”一直都有着官方的身影，得到了一系列的法律法规保驾护航。除了前述的《产业教育振兴法》等以外，日本政府出台有1986年的《研究交流促进法》、1995年的《科学技术基本法》、1998年的《大学技术转让促进法》、1999年的《雇佣-能力开发机构法》以及2006年的《中小型企业劳动力确保法》，都是旨在通过法律来推动高校参与研究开发，促进研究成果转化，以及鼓励企业参与人才培养。

（二）“产学合作”模式在国内的研讨与实践

我国自改革开放以来，随着与各个国家的交流不断深入，经济部门和教育部门对“产学合作”都保持着一定的关注。邻国日本的“产学”模式，对我们具有借鉴意义。早在20世纪80年代已有学者对日本的“产学合作”模式进行了介绍和研讨，③ 并指出这是日本落实“技术立国”、改善科技体制的重要举措④。

我国的“产学合作”实践历程，可以说经历了初步合作、新形式探索、新型合作机制和国家战略支持四个阶段。1985年，为适应市场需求和解决经费不足问题，我国部分大学开始创办企业，这是产学研合作的启蒙时期。1992年，国家经贸委、国家教委、中国科学院联合组织产学研工程，推动我国科技创新能力的提升。1999年，《中共中央国务院关于加强技术创新，发展高科技，实现产业化的决定》明确提出探索新型产学研合作机制，“培育一批知识和智力密集、具有市场竞争优势的高新技术企业和企业集团，使产学研更加紧密地结合”。2006召开的全国科技大会提出建立以企业、市场为导向的产学研结合的创新体系，从而把产学研合作提升到国家战略高度。⑤

① 时临云，张宏武．日本产学研合作的体制、政策及其对我国的启示［J］．改革与战略，2010，26（11）：175-179.

② 青木昌彦，原山优子．产学合作的发展方向［J］．技术经济与管理研究，2005（4）：8-9.

③ 王林，淑莲．日本产学官合作体制的发展历程［J］．中外科技信息，1988（1）：59-62+53.

④ 冯昭奎．日本的“技术立国”方针简析［J］．日本问题，1985（1）：37-41.

⑤ 时临云，张宏武，侯晓飞，等．中国和日本产学研一体化机制和政策的比较研究［J］．科学经济社会，2010，28（4）：36-40.

我国在“产学合作”的探索过程中，也面临着一定问题。一是信息技术交流平台仍需要加强产学研的深度合作。二是应建立更完善的促进技术成果转化的机制，减少产学研合作的形式化问题。三是产学研三方在合作过程中的权益保障机制有待完善，包括操作规定、履行监管、社会信用体系等。四是政府应加强对产学研合作政策的环境建设，包括提出政策方向、制定实施细则等。①

总的来说，我国高等教育通过产学合作，能够促进学校与产业界互动，提升教育的应用水平，从而促进产业升级优化。“产学合作”是职业教育或应用型高等教育的必由之路，我们要稳稳扎根国情，以区域经济发展要求和市场变化为出发点，从课程体系和教师建设出发，准确定位人才培养目标，以就业为导向，培养高素质应用型人才。

（三）“产学合作”模式的主要特点与启示

日本的“产学合作”模式受到美国的合作教育影响，但是在实际推行中，其特点同德国的“双元制”教育模式相似，均包含中等教育和高等教育层面。“产学合作”中，教学阶段分为高中阶段和大学阶段，大学阶段“产学合作”的主要合作方式为研究资助或捐赠、委托研究、共建研究中心、人员相互交流等。

其特点如下：第一，企业可以投资办学，产业界的企业、工厂可以向大学提供资金支持，也可以通过设立奖学金等方式投资学校。第二，大学教师和企业职工交流密切。在“产教合作”框架下，日本大学的教师可以到企业担任顾问，企业选派技术人员到大学进行培训。资深的技术专家也可到大学担任兼职教师，传授产业界的最新技术和信息。双方相互渗透，共同研究解决技术问题。第三，共建研究中心，开发合作项目。企业与学校双方共同建设研究中心，研究成果由企业支付报酬并将成果转化为实际生产。20 世纪 70 年代开始，校企共同建设高新技术园区，目的是实现产学研一体化。第四，企业成为学生的实践基地。企业为学生提供实习实践场地，使学生可以在真实的生产环境中体验操作，提高解决实际问题的能力。

从日本的“产学合作”教育模式中，我们能够获得机制层面和政策层面的操作启示。第一，加快应用型本科教育或高等职业教育的持续协调健康发展，结合区域特色建设当地高等职业教育的最高学府，② 推动建设对接地方经济社会发展的应用型本科高校。第二，完善体制机制和法规政策，包括设立大学和企业共同运行的研究中心、成立知识财产管理部门等，③ 通过产业学院等机构，促进校企之间的合作，深化产教融合。第三，创新高等职业教育和应用型本科人才培养模式，从区域特色和优势出发，创造合作契机，积极探索产学研合作新形式，尤其是要强化与地方性产业的融合。

此外，基于日本等国家的成功教育经验，我们不能忽视“产学合作”中政府的作用，不只要出台一系列政策文件为产教融合保驾护航，而且应当对开展产学合作创新探索的高校和企业提供支持与便利，同时可以推动建立半官方半民间性质的协会、机构组织，发挥中间桥梁作用，搭建产学合作的交流平台。

---

① 郭琳．日本“产官学合作”对我国高职教育发展的启示［J］．辽宁教育研究，2008（9）：106-108.

② 时临云，张宏武，侯晓飞，等．中国和日本产学研一体化机制和政策的比较研究［J］．科学经济社会，2010，28（4）：36-40.

③ 郭琳．日本“产官学合作”对我国高职教育发展的启示［J］．辽宁教育研究，2008（9）：106-108.

第三章　产教融合视野下的应用型本科教育

一、应用型本科产教融合内涵与基本特征

自 2019 年开始，中国高等教育毛入学率超过 50%，这意味着我国高等教育迈入普及化阶段。随着高等教育普及化时代的到来，院校类型呈现多样化、分类型的发展态势，应用型本科作为有别于研究型大学和职业院校的全新分支，已发展成我国高等教育体系中的重要组成部分。从理论和实践角度深入研究并探讨应用型本科教育不同于其他高等教育类型的内涵和特征，是当前高水平应用型大学产教融合研究中非常重要的课题之一，也是高等教育普及化背景下推进教育类型多样化发展和建设高等教育强国的重要论题。

（一）应用型本科教育的内涵

参照中国知网 CNKI 数据库，第一次提出“应用型本科”的学者是龚震伟，该论文发表在《江南论坛》1998 年第 3 期，题为《应用型本科应重视创造性培养》。而“应用型本科教育”的研究在我国学术界并不很长，在中国知网以“应用型本科教育”为关键词检索，最早可追溯到 2001 年。二十多年来，众多学者针对“应用型本科教育”内涵，从不同角度，提出了不同见解。结合中国知网数据库，引用频次较多、代表性的观点如表 3.1 所示。

表 3.1　“应用型本科教育”内涵代表性观点

年份	学者	观点
2008 年	陈小虎	应用型本科教育是我国高等教育系统不可或缺的构成部分，是与传统学科教育体系相对应的应用教育体系。应用型本科教育从办学机制和人才培养模式上应高度重视产教融合，要与企业开展深层联合①
2008 年	史秋衡等	应用型本科教育是在我国高等教育发展进程中形成的教育类型，其不同于学术型本科教育和技术型教育，它致力于培养知识、能力和素质综合发展，面向生产、建设、服务和管理等一线的高级应用型人才②
2012 年	王金本等	应用型本科教育同传统本科相比，要特别强调其办学过程中的“地方性、应用型、开放式”③

① 陈小虎．“应用型本科教育”：内涵解析及其人才培养体系建构［J］．江苏高教，2008（1）：86-88.

② 史秋衡，王爱萍．应用型本科教育的基本特征［J］．教育发展研究，2008（21）：34-37.

③ 王金本，李艳峰．根基·内涵·定位：应用型本科教育反思的三个维度［J］．宜宾学院学报，2012，12（11）：1-5.

续表

年份	学者	观点
2016 年	高明	应用型本科教育属于本科层次的职业教育，发展应用型本科教育是适应当前经济发展“新常态”和服务“中国制造 2025”的必然要求，同时也是深入贯彻国家高等教育政策、推进教育结构战略性调整以及发展并建设现代职业教育体系的重要举措①
2018 年	陈小虎等	要深入研究并明确应用型本科教育的内涵，要综合概念所具有的客观性、内涵性、概括性等基本属性，循着客观事物产生、成长、成熟的基本规律来进行逻辑上的推演②

上述学者观点的相似性在于，都强调了应用型本科教育与传统本科教育的本质区别，强调了应用型本科人才培养目标不同于其他高等教育人才培养的特殊性。结合众多学者对应用型本科教育内涵的界定，并参考孟猛和宗美娟在著作《应用型本科高校教育教学理论与实践》中的对于应用型本科教育内涵的界定，本书认为需要从高等教育层级定位、人才培养途径以及人才培养的目标和要求三个维度出发，厘清应用型本科教育不同于其他高等教育类型的独特属性和内涵。

首先，从高等教育层级定位的维度来看，其属于本科层次的高等教育，这种教育类型和研究型高等教育是并行的，区别仅在于应用型本科教育更加突出人才培养的职业导向和应用导向，也就是该类型高校除去理论教学外，其特殊性体现在实践教学体系的构建上。同时，应用型本科教育也不同于培养技术技能型人才的高职高专、职业大学等职业院校。

其次，应用型本科教育定位于为区域和行业培养复合型应用型高级专门人才。这里的应用型指学生毕业后具备能够满足企业生产、服务和运营管理等需要的专业技能；而复合型则指学校培养的应用型人才，能够适应社会、经济和产业结构的发展变化，在具备良好职业素养的同时，拥有健全的职业理想和职业韧性，拥有终身学习和持续进步的职业态度。因此，复合型和应用型高级人才从本质上属于具备通才基础的专才教育结晶，该类人才一方面要具备深厚的理论知识素养，同时要熟悉理论在实践层面的应用，还要具备适应技术革新和社会变革的能力。

最后，应用型本科教育强调对学生职业能力的培养。作为和研究型本科教育并行的高等教育分支，研究型高校需培养学生未来从事科学研发所必需的科研素养，而应用型本科重在培养学生未来进入职场必须具备的职业技能，当然，应用型本科学生同样可以继续深造研究生，但该类研究生有别于学术型研究生，研究的重点不是理论和技术本身，而在于理论和技术如何在企业生产、服务和管理实践中应用。因此，应用型本科教育必须将学历教育和职业能力有效结合起来，让学生在获得学历的同时，拥有深厚的行业实践能力和应用能力，成为能够满足区域产业发展所需要的高质量人才。

总之，应用型本科教育作为高等教育的重要分支，其自身所具备的职业、应用和行业属性，都说明产教融合在其人才培养和教学质量提升中的重要性。应用型本科院校在办学和发

① 高明．应用型本科教育的内涵、发展依据与实现模式［J］．教育与职业，2016（14）：12-15.

② 陈小虎，黄洋，冯年华．应用型本科的基本问题、内涵与定义［J］．金陵科技学院学报（社会科学版），2018，32（4）：1-5+28.

展过程中，势必要深入和企业的交流和发展，探寻适宜的产教融合路径、管理机制等。

（二）产教融合的内涵

1. 产教融合主要研究机构

“产教融合”的理念最早源于高等职业院校，源自对职业院校人才培养方案特点的概括，目前已经扩展并融合到各层级的教育体系中。在中国知网以“产教融合”为关键词进行检索发现，最早的研究发表于 2007 年，文献来源于江苏两所职业院校；2007—2013 年间，产教融合相关研究较少；自 2013 年起，产教融合相关研究快速上涨，中国知网相关文献数量的年度趋势如图 3. 1 所示。

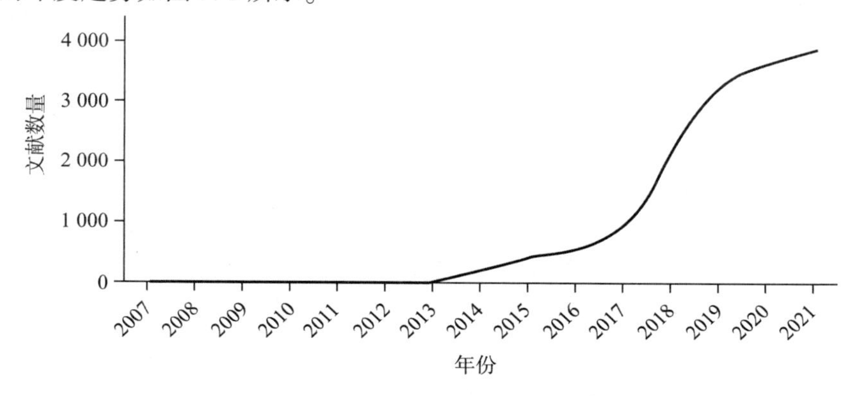

图 3. 1　CNKI“产假融合”2007—2021 年度文献数量

基于中国知网数据库分析可知，“产教融合”研究机构主要来自各职业院校，其中，文献数量排名前 10 的机构如图 3. 2 所示。其中，江苏农牧科技职业学院、江苏联合职业技术学院、常州机电职业技术学院、广东轻工职业技术学院、苏州工业职业技术学院、常州纺织服装技术学院为职业院校，而天津职业技术师范大学、常熟理工学院、天津职业大学、广东科技学院为应用型本科院校。由此可见，虽然产教融合的概念最早在高职院校发起，但目前应用型本科院校也是产教融合的研究主体。

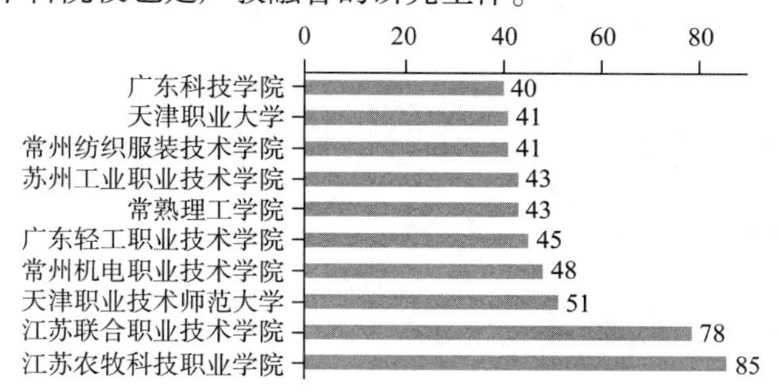

图 3. 2　CNKI“产教融合”2007—2022 年度主要研究机构

2. 产教融合的多维理解

最早提出产教融合理念的一是江苏无锡市技工学校。该校在办学过程中，结合高职人才培养的独特之处，对原有的人才培养方案和教学理念进行了革新，并通过持续不断地改革、创新与探索得出了一个重要结论：“千方百计寻求能够与生产实习联系起来的产品，以提高学生产教融合的产品意识、时间观念及动手能力。”该校提到的产品就指学生的实习，虽然从概念的范围和层次上来说，这个相关构想所涉及的面相对狭窄，但这确实是中国职业教育首次提出的关于产教融合的说法。产教融合理念耦合了高等教育的要求和人才培养要求，已发展成各个层次人才培养中的重要组成部分。就产教融合的内涵来看，结合中国知网 CNKI 数据库，其中引用量较多、代表性的观点如表 3.2 所示。

表 3.2 “产教融合内涵”代表性观点

年份	学者	观点
2010 年	周劲松等	产教融合中的“产教”有两层含义，第一层次的产教分别代表产业（行业企业）和教育（指学校教育），其体现的是办学的理念和体制的构建；第二层级的含义指“生产与教学”，强调了通过生产和教学的融合，实现对教学模式以及教学方法的改革①
2014 年	杨善江	产教融合需要高等教育部门和产业部门在整合优势资源的基础上，将服务地方经济转型、满足行业企业需求作为出发点，通过校企合作，实现教育系统和产业系统的协同优化②
2014 年	秦斌	产教融合是产教双方从各自发展的角度同时双向发力，通过双向的资源整合而达成的合作。产教融合的内涵层次显然高于校企合作③
2015 年	曹丹	产教融合要通过高等院校的教学过程和企业生产过程的深度对接，实现高等院校教育教学与企业的生产运营、高等院校科研与企业技术开发、高校社会服务与企业的经营管理成为一个整体④
2017 年	陈星	产教融合要借助校企互动来实现生产和教育的一体化，通过将企业的生产和高等院校的教育教学合作对接，实现高等教育与企业生产、学生技能提升以及科技研发、社会服务和企业的经营管理深度融合⑤
2018 年	李永生等	产教融合是以对接产业的发展需求为先导，以全面培养技术技能人才为基础，通过强化实践教育，打破藩篱分割，开展协作育人⑥
2020 年	汤正华等	深层次的产教融合应将教育链、人才链与产业链、创新链四链形成有机衔接，实现产教相互融通、相互协同和相互促进⑦

3. 应用型本科产教融合内涵

上述学者从不同视角和维度界定了产教融合的内涵，其观点的相似性均说明要实现产业和学校的互动，但也强调了产教融合和校企合作的区别。本书结合上述学者的研究成

① 周劲松，温宇．区域职业教育产教结合的政策需求与机制创新［J］．职业技术教育，2010，31（10）：45-48.

② 杨善江．产教融合：产业深度转型下现代职业教育发展的必由之路［J］．教育与职业，2014（33）：8-10.

③ 秦斌．产教深度融合是现代职业教育发展的重要方向［N］．广西日报，2014-08-05（011）.

④ 曹丹．从“校企合作”到“产教融合”——应用型本科高校推进产教深度融合的困惑与思考［J］．天中学刊，2015，30（1）：133-138.

⑤ 陈星．应用型高校产教融合动力研究［D］．重庆：西南大学，2017.

⑥ 李永生，牛增辉．论产教融合及其深化内容［J］．北京教育（高教），2018（5）：19-22.

⑦ 汤正华，谢金楼．应用型本科院校产教融合的探索与实践［J］．高等工程教育研究，2020（5）：123-128.

果，在应用型本科产教融合框架下，从以下三个方面界定了产教融合的内涵：在人才培养方面，产教融合要实现高校应用型人才和企业高素质员工培养的融合；在科学技术研究方面，应用型本科和企业之间要在相关协议的约束下，共同开展技术研发并推进研究成果转化；在行业经济发展方面，应用型本科和企业要共同推进国家产业、传统行业的升级转型，促进高新技术产业的快速发展并推动企业技术进步。应用型本科院校需要从以下五个角度开展产教融合。

（1）应用型本科院校的专业结构要能够和所在区域的行业结构对接

应用型本科院校的专业应当紧跟区域产业的发展和改革进行动态调整、更新；在专业设置论证时，要邀请行业人员参与，以保证应用型人才培养能够适应区域产业发展和升级的需求。

（2）应用型人才培养方案设计与职业标准对接

应用型本科院校应在学科理论支持基础上，根据产业和岗位需求不断优化人才培养方案，改变以知识理论体系为核心的课程设置，并在落实人才培养方案的课程教学环节，结合行业的发展现状，把职业标准作为教学内容和教学评价的重要组成部分，培养能够满足产业发展和企业需要的应用型人才。

（3）应用型本科院校教学过程与企业生产过程对接

应用型本科院校应当结合学科理论和企业经营需求，搭建包含学科理论知识和企业实践应用的综合人才培养课程体系，在开展教学活动的过程中，要积极和企业沟通，利用企业真实的生产、服务和管理现场，在真实情景中开展实践教学活动，让学生在掌握学科理论知识的同时，熟悉理论在实践中的应用。

（4）应用型本科院校学生获取的学位学历证书，应具备职业资格属性

应用型本科的产教融合要求企业的生产过程与学校的教育教学相结合，要求学生在学校习得的知识要能够满足职业发展的需要。这就要求应用型本科院校在人才培养方案制订、课程教学计划制订、具体课程教学内容制订过程中，明确专业所对应的职业分布以及具体的职业能力要求，根据职业的标准将教学内容细化为不同的教学单元。总之，应用型本科院校要通过产教融合，将职业的标准和职业的技术规范内化到教学过程中。

（5）通过产教融合实现公民终身教育

产教融合一方面要求高校引入企业的资源，让学生在真实的职业环境中接受教育，同时企业需要引入高校的教学资源，为已经进入职业体系的人员提供教育培训。

应用型本科院校的产教融合需要产教双方就各自的优势资源进行互补，产业系统和教育系统持续交流、融合，能够满足双方需求，获得共赢。

（三）应用型本科产教融合的基本特征

应用型本科院校深入开展产教融合的目的是在双方持续的深度合作中，借助各自优势资源，通过提升应用型人才培养质量满足企业对高质量人力资源的需求，并最终通过教育系统和产业系统的优质互动实现区域经济转型升级。一方面，企业可以借助高校提供的高质量的应用型人力资源实现生产力的提升，提高企业整体效益；另一方面，应用型本科院校可以依托企业提供的真实生产和经营活动，开展不同类型的实践教学，提升学生的专业应用能力，保证人才培养的质量，实现应用型人才供需有效匹配。而要想合作范围更广、合作水平更高、合作层次更深，必须厘清产教融合特征。目前，中国知网针对产教融合特

点研究，引用量较多代表性观点如表 3. 3 所示。

表 3. 3　产教融合特点代表性观点

年份	学者	观点
2014 年	罗汝珍	产教融的特征可以概括为多功能复合型、多主体管理、需求导向以及产业化等几个方面①
2014 年	杨善江	产教融合具有“双主体”性、跨界性、互利性、动态性、知识性和层次性六个特征②
2020 年	张伟肖	产教融合一方面具有与职业教育类似的特点，即职业性、技术性、终身性、开放性和知识性五个特点③
2019 年	王喜苗	产教融合的主要特征包括四个方面，一是专业群与产业群的融合性衔接；二是要构建政府、高校、行业和企业合作体制机制；三是人、财、物、智的全维度资源共享；四是产学研培等多个领域共生协同发展④
2021 年	阮秋玲	产教融合的本质特征包括产教融合是供给侧结构性改革与人才培养衔接的本质需要；产教融合是人才供需主体形成长效合作机制的本质需要；产教融合是“双师制”创新推进工匠人才建设的本质需要⑤
2021 年	刘波等	结合耦合理论，作者认为产教融合是针对技术技能人才培养的教育合作体系，因此具有合作系统完整性、合作内容关联性、合作模式多样性以及合作机制协调性、导向性、一致性和动态性等特征⑥

结合上述学者的观点，本书结合应用型本科教育和应用型人才培养相关理论，从双主体性、互利性、动态性和知识性四个方面界定应用型本科院校产教融合的特点。

1. 双主体性

应用型本科院校产教融合是产业和院校“产教双主体”的相互配合和作用。企业的核心任务是产品研发、生产制造和新技术开发，应用型本科院校的核心任务是高水平应用型人才培养，双方在产教融合过程中各自占据不同的位置，两者配合共同参与并提高应用型人才培养的质量。此外，产教融合涉及多方利益相关者，在合作中涉及组织主体地位的确认，这是应用型本科院校产教融合成功推进的关键点之一。回顾产教融合发展的历史进程，深层次产教融合活动的主要障碍是合作过程中没有明确产业和学校各自的权利、义务和责任关系，低层次校企合作的主体仅仅是学校，企业只是被动参与，如果企业不能从合作中受益，结果往往是无疾而终。目前，产教融合的主体发生了很大变化，已经从学校转移到了企业和行业，这种变化既与当前的社会发展有关，也与教育的进步有关。

基于此，在产教融合系统中，应用型本科院校、企业、行业协会和政府等都要找准自

① 罗汝珍. 市场经济背景下高等职业教育产教融合机制研究［J］. 教育与职业，2014（21）：8-11.

② 杨善江. 产教融合：产业深度转型下现代职业教育发展的必由之路［J］. 教育与职业，2014（33）：8-10.

③ 张伟肖. 职业教育产教融合动力机制研究［D］. 石家庄：河北师范大学，2020.

④ 王喜苗. 当前高职教育产教融合的内涵与特征分析［J］. 湖北开放职业学院学报，2019，32（15）：24-26.

⑤ 阮秋玲. 产教融合人才培养的本质特征、实施路径及保障措施［J］. 老字号品牌营销，2021（1）：119-120.

⑥ 刘波，欧阳恩剑. 职业教育产教融合的本质、特征与价值取向——基于耦合理论的视角［J］. 职教论坛，2021，37（8）：60-67.

己的位置并清晰界定各自的权利义务关系，清楚行为应该要承担的法律责任。应用型本科院校、企业、政府、行业协会等分工合作、共同管理，一方面可以让企业由被动参与到主动规划，从而强化其责任意识，发挥其主人翁精神；另一方面也可以让产教融合的管理工作更为有效、合法、有序，避免由于管理活动混乱阻碍产教融合发展。

应用型本科院校产教融合必须突破学校单方面主动合作的障碍，要构建产学研跨主体融合的组织。首先，融合后的组织具备生产、教学和科研三重属性，该组织一方面是生产的主体，具备企业创造经济效益的属性；另一方面应成为教学主体，具备教育的属性，能培养出满足产业发展需要的高水平应用型人才。其次，对比产教融合模式下培养出来的人才与传统学校教育培养出来的人才，两者在可持续发展、应用能力和动手能力等方面存在较大区别，产教融合模式下培养出来的应用型人才具有很强的可持续发展能力。从另一个角度来说，企业对人才的需求是学校确定人才培养目标的重要指示灯。此外，基于产教融合形成的全新组织能够弱化原有主体之间的边界，从而使知识和信息频繁流动最终产生知识溢出，催生理念、技术和管理创新，在为企业注入活力的同时，也让高校掌握最新的行业实践，保证教育和企业的同步前进，实现应用型人才供给侧结构性改革，保证高校和行业人才供需平衡。总之、企业生产、应用型本科院校教学、科研和企业技术研发三个维度融合在一起，构建一个多层次的高效循环体系，同时提供生产、教学和科研服务活动，在促进组织自我发展的同时，不断向外界扩散，最终实现其更大范围的社会经济效用。这种立体式的融合对于经济发展和社会进步都有非常重要的助推作用，也会促进高等教育的发展和改革。

2. 互利性

借助校企双方深层次的产教融合，应用型本科院校和企业可以通过优势资源的共享，在一定的合作契约下，获取各自目标和利益的最大化，这是产教深层持续合作的不竭动力和最终目标。此外，产教融合可以促进高等教育的改革，从而提升应用型人才的就业能力，因此也具有公益性特征。这要求产教双方在关注其组织利益的同时，也要考虑对社会整体发展的促进性，积极拓展产教融合的多种形式。

当前，往往是高校在相关政策和文件的指导下，主动联络企业开展产教融合，这导致企业的合作意愿并不强，很多时候仅仅是安排相关人员和学校签订一些形式上的校企合作协议，这种合作往往停留在学校的各项新闻报道里，表面看来轰轰烈烈，但并没有实质性的举措和方案。导致此类现象发生的根本原因在于企业并没有认识到产教融合能够带来的发展和机遇。因此，要实现深度产教融合，校企双方必须首先明确各自在合作中的需求，并清楚各自的权利和义务关系，要在明确的利益需求框架下，搭建战略合作协议，在实现双赢的前提下，提高企业参与合作的积极性，这样才能够避免学校一头热的问题。

3. 动态性

应用型本科院校产教融合是一个动态发展的过程，产教双方合作也一直处于动态变化过程中。成功的产教融合势必要实现产业链和教育链的对接与融合，且这种对接和融合过程处于螺旋式上升状态。这种动态性的特征受到技术、产业、经济等多种因素的综合影响。因为新技术的出现会促成产业结构的持续优化和改革，而应用型本科教育结构、专业分布也必须随之调整，否则就会出现教育落后于产业、人才供给无法满足产业需要的矛盾。

一般而言，可以将经济结构细分为产业结构、技术结构和就业结构等。其中，产业结构的优化升级是推动一个区域乃至国家经济发展的核心力量。而教育结构可以细化为类别结构、专业结构或级别结构等。一方面，教育结构的调整受制于经济结构的制约，又能够借助人力资源反作用于经济结构并推动经济结构不断完善。另一方面，产业结构更新肯定会引起就业结构的变化，而就业结构变化会导致高校专业结构调整。同时，教育结构内部也处于不断优化、改革和调整中。实际上，教育结构往往落后于产业结构，教育结构与产业结构不适应、不匹配是常态，两者必须通过产教融合，让教育结构快速适应动态循环和变化中的产业结构，这就是应用型本科院校产教融合的“动态性”。

4. 知识性

当前，全球经济的快速发展和产业结构调整优化都必须依靠知识和技术创新。过去，知识被当作高等院校的独有资源，而当下知识已经成为企业最终的战略资源，也是企业在激烈的市场竞争中立于不败之地的关键，这是应用型本科院校能够和产业企业开展深层次产教融合的核心资源。

应用型本科院校产教融合的本质是要通过产教双方知识的流动、溢出实现知识创新和增值。应用型本科院校可以通过产业融合提升其办学质量和声誉，产业则通过与教育的深度融合，借助高校的技术支撑实现创新，促进企业竞争力不断增强。总之，成功的产教融合一定要实现应用型本科院校和产业企业之间知识、技术和人才等要素的合理流动。

二、应用型本科产教融合基本路径

应用型本科产教融合，一方面能够促进高等教育高质量发展并提升人才培养的质量；另一方面也能够促进产业高质量、健康发展，助推产业升级。针对产教融合基本途径，结合中国知网 CNKI 数据库，引用量较多的代表性观点如表 3.4 所示。

表 3.4 “产教融合路径”代表性观点

年份	学者	观点
2017 年	罗汝珍	产教融合价值实现路径包括构建有效的外部支持体系，完善产教融合的内部支持体系，健全产教融合主体的自身发展支持体系①
2017 年	胡昌荣	产教融合路径包括：专业建设对接产业行业的人才需求；课程建设对接职业岗位的能力需求；师资队伍建设对接行业企业的专家能手；实践平台建设对接行业企业的产研需求；人才培养模式改革对接“校企共育”②
2018 年	陈志杰	产教融合路径包括院校制度与企业制度、技术价值与产业价值、创业与就业以及校园文化与企业文化的深度，最终要实现高等院校专业建设与行业的人才需求对接，高等教育课程体系与企业的岗位要求对接，高等院校的师资队伍与企业的专家对接，高等院校的科研体系与企业的技术需求对接③

① 罗汝珍．职业教育产教融合的价值判断、现实困境及路径选择［J］．职业技术教育，2017，38（25）：49-53.
② 胡昌荣．五位对接：高职教育“产教融合”的有效路径［J］．职教论坛，2017（12）：42-45.
③ 陈志杰．职业教育产教融合的内涵、本质与实践路径［J］．教育与职业，2018（5）：35-41.

续表

年份	学者	观点
2019 年	毛才盛等	从共生理论视角出发，地方应用型本科院校产教融合发展路径包括完善动力机制，充分发挥共生单元的主体功能；优化共生组织模式，提升产教融合效果；创新互惠共生行为模式，强化共生主体间协同互动；优化宏观产业政策，完善共生环境①
2019 年	张弛	高等职业教育“四链”融合应该依据产业经济发展对高等职业教育产教融合的诉求逻辑以及高等职业教育对产教融合的供给逻辑，构建“四链”融合框架体系②
2020 年	汤正华等	应用型本科院校产教融合的路径包括五大方面：一是专业结构要能够和产业结构融合；二是专业标准要能够与职业要求融合；三是教学资源要能够与产业资源融合；四是校园文化要能够与企业文化融合；五是教育与产业机制体制融合③

上述研究从不同角度切入，论述了产教深度融合路径，观点的相似之处表现在都强调学校要结合企业的产业结构、职业要求配置专业和教学内容；企业则要配合学校，参与教学内容设计、师资队伍培训等。《国务院办公厅关于深化产教融合的若干意见》（国办发〔2017〕95 号）提出：“深化产教融合，促进教育链、人才链与产业链、创新链有机衔接。”

为了能够最大限度地降低产教融合“四链”网络链接研究的复杂性，综合目前关于产教融合的理论研究和教育实践，张庆民等人提出，可以把教育链、人才链的主体设定为高校，即研究高校的教育链和人才链，而把产业链、创新链的主体设定为企业，即研究企业的产业链和创新链。④ 而张弛于 2019 年发表在《职业技术教育》上的文章《高等职业教育产教融合的“四链”逻辑建构——基于经济与教育的论域考证》，分别论述了产教双方对“四链”的需求和供给逻辑，并提出产业链、创新链、教育链和人才链的“四链”融合需要清晰界定产业发展对高等教育产教融合的诉求逻辑以及高等教育对产教融合的供给逻辑的基础，构建产教“四链”融合研究体系。本书基于张弛“四链”融合研究体系，从“四链”融合的角度，构建应用型本科产教融合基本路径⑤。

（一）产业链与专业链深度融合

1. 产业链和专业链融合逻辑

（1）产业链对产教融合的诉求逻辑

何景师（2019）将产业链理解为在同一个产业或相关上下游产业中从原材料供应到最

① 毛才盛，田原．地方应用型本科院校产教融合发展路径：共生理论视角［J］．教育发展研究，2019，39（7）：7-12.

② 张弛．高等职业教育产教融合的“四链”逻辑建构——基于经济与教育的论域考证［J］．职业技术教育，2019，40（7）：6-13.

③ 汤正华，谢金楼．应用型本科院校产教融合的探索与实践［J］．高等工程教育研究，2020（5）：123-128.

④ 张庆民，顾玉萍．链接与协同：产教融合“四链”有机衔接的内在逻辑［J］．国家教育行政学院学报，2021（4）：48-56.

⑤ 张弛．高等职业教育产教融合的“四链”逻辑建构——基于经济与教育的论域考证［J］．职业技术教育，2019，40（7）：6-13.

终消费者购买的完整供应链环节所形成，能够实现价值增值的组织系统，其具体可细分为产品的研发和设计、原材料采购、生产制造、物流、营销等多个细分环节。[①] 张庆民（2021）提出产业链是在第四次科技革命驱动下，促使产业升级而形成的完整链条，比如近年来热门的智能制造产业链等。而张弛则认为区域产业链主要受制于当地资源禀赋，通过改进资源构成，可以对当地的产业结构产生直接影响，尤其是人力资源结构的优化，可以助力区域摆脱劳动密集型的产业，并向资本密集型和技术密集型升级。

根据张弛观点，本书认为产业链对产教融合的诉求逻辑可界定为高等教育高质量发展以及其催生出的品牌效应供给。应用型本科教育的品牌效应指学校在发展壮大的过程中，通过塑造专业特色并进一步突出办学优势，从而凭借高质量的人才培养和高水平的社会服务能力，最终使高校的社会声誉以及综合办学实力大幅提升。因此，高质量的产教融合需要应用型本科提供包括高质量的人力资源供应、高水平的科技研发和成果转换实力，以及高质量的职业能力培养等方面的资源支持。

（2）专业链对产教融合的诉求逻辑

专业是应用型本科院校结合社会专业分工以及学科体系内在逻辑设定的学科门类。同时，专业是应用型本科院校教学组织和科研活动开展的基本组成单元。应用型本科院校的专业链在设定时，一方面要考虑到区域经济发展的需要，要能有效匹配并融合当地的产业链布局；另一方面还要能够满足当前产业需求。

因此，应用型本科院校专业链与产业链的融合逻辑是，一方面应用型本科院校的专业设置要能够满足当地产业的需求；另一方面要结合所在区域的产业集群以及产业链的构成和分布，形成有助于区域产业链和高校专业链融合的基石。也就是说，应用型本科院校需要在对所处区域产业链人才需求状况深度解析的基础上，以区域支柱产业链为首要服务对象，并在其已有特色专业的基础上，对现有的专业结构进行二次整合并建设专业群，促使专业群能够满足产业链的动态需求。

2. 产业链和专业链融合路径

应用型本科院校要实现深度产教融合，首先要确保专业链能够对接产业链，形成有效的专业教育供给。也就是说，要根据产业链需求，动态布局应用型本科院校专业链。与此同时，产业链与专业链的融合还必须借助产教联动，在实现产业结构转型升级的同时，实现高等教育人才向整个产业链渗透，最终实现当地人才结构的动态调整。此外，还需要应用型本科的专业结构能够对接技术的创新和演化，搭建能够动态调整的高校专业管理系统，保证能够根据产业需求及时申请新专业并取消与产业发展不匹配的旧专业，形成教育端对区域经济发展的有效人才供给。在此过程中，应用型本科院校还要对接产业链节点和企业实际的岗位变革需要，创建“校企政行”等多元利益主体协同发展的融合机制和融合路径，提升有效应用型本科教育供给的专业贡献。具体来说，产业链和专业链的融合路径包括以下两个方面。

（1）根据产业链需求，布局应用型本科专业链

应用型本科专业链应该遵循国家顶层设计的产业结构调整，并以此作为专业调整战略

① 何景师．职业教育专业链、产业链、教育链、人才链“四链”融合的培养模式探索——基于双层次螺旋协同创新的视角［J］．中国成人教育，2019（18）：67-71.

依据，围绕区域经济发展规划与优势产业，同时紧跟新业态所催生的对应用型人才需求的多维度变革，动态布局并深入建设能够彰显区域特色并体现产教融合的应用型本科专业群。

首先，应用型本科院校应顺应国家产业结构调整，紧密结合当前国家战略部署的重点产业以及新政策，并紧密结合区域产业布局对应用型人才的动态需求，在对新兴产业人才需求进行深入调研的基础上，制定与产业发展同步的人才培养方案和产学研协同创新发展机制，以保证应用型本科院校的专业设置能够和企业的岗位设置相匹配，高校的人力资源供给能够与区域产业发展的人才需求相匹配。

其次，要持续提升企业产业链和高校专业链之间资源置换的质量和速度。应用型本科院校专业链和产业链融合的过程中，应该思考如何将产业资源转变为应用型本科开展教学与科研活动所需的资源，如何将企业的生产、运营和服务过程以及企业具备的生产资源和创新要素整合到高校专业链建设所需的教育场景、资源中，提高应用型本科教育的专业性、行业性和实践性，真正实现产教资源的整合并产生整合的系统效应。

（2）基于区域产业链转型升级，动态调整专业链布局

应用型本科院校在结合区域经济发展结构和产业分布的基础上，除去对专业构成进行战略规划外，还应对已有的专业进行整合，保证专业群内多个学科的高质量协调发展。同时，还要不断地调试专业结构，以最大限度地匹配区域产业结构。

总之，应用型本科院校所在区域产业链转型升级是其调整专业链的基础，高校的教育链很难完全紧跟于区域产业链更新升级，但高校在专业设置和人才培养过程中，要有意识地训练学生对新技术的灵敏度和接受度，让学生能够在水到渠成的状态及积极乐观的心态中接受行业的革新和职业的更替。

（二）产教创新链深度融合

1. 创新链融合逻辑

张庆民（2021）提出，创新链包括企业主导的应用创新链以及高校主导的理论创新链，还有企业和高校共同主导的产学研协作创新链，例如针对重大工程形成的完整的合作创新链等。①

创新链的形成机理可以概括为三个阶段，第一阶段是技术研发，第二阶段是技术市场化，第三阶段是创造商业价值。上述三个阶段以链式结构连接形成创新链，创新链的具体活动包括新理念、新的产品设计、新的发明创造、新的生产流程以及新的营销策略等。

张弛（2019）从经济学角度分析，认为可采用基于知识经济而产生的三重螺旋创新理论。该理论从国家和区域两个层面揭示创新产生的过程和运行的原理，其动力机制可概括为通过大学、企业和政府等价值取向有差异的多个主体融合，让各个主体开展自发创新，同时互相影响，三者协同进入螺旋创新的轨道。张弛还认为，“产学研协同创新”是创新链在高等教育领域的投射。②。

---

① 张庆民，顾玉萍．链接与协同：产教融合“四链”有机衔接的内在逻辑［J］．国家教育行政学院学报，2021（4）：48-56.

② 张弛．高等职业教育产教融合的“四链”逻辑建构——基于经济与教育的论域考证［J］．职业技术教育，2019，40（7）：6-13.

基于上述学者的观点，本书认为，应用型本科院校产教创新链深度融合的逻辑是：

（1）应用型本科院校基于产学研协同为产教融合供给知识、技术与技能

应用型本科院校产学研协同创新的主要落脚点包括在生产过程中的创新实施方案，以及在具体的产品安装、营销推广及管理等环节的技术创新。

（2）应用型本科院校基于产学研协同为产教融合供给创新型人才

近年来，我国产业变革迅速，具有高附加值、技术密集型企业成为经济发展的主力选手，这对我国在全球产业链中占据的位置起到良好的助推作用。这种产业转型要求应用型本科院校要培养具有创新意识和能力的高层次应用型人才，在人才培养目标上强调对学生创新精神和创新能力的培养。

总之，对接创新链，应用型本科院校应与区域重点企业建立合作关系，构建产教协同发展的三重螺旋创新系统，持续推动该螺旋系统的循环并稳步上升，助推企业科技成果的快速转化。

2. 融合路径：产学研协同创新

针对应用型本科产教创新链深度融合，核心在于应用型本科教育与所在区域企业之间形成产学研协同创新，而该创新成功的核心要义是高校科研成果的转换，因此务必通过一定的管理机制、利益分配和风险承担等搭建一个能有效促进科研创新成果转换的高效率、高质量循环系统。

（1）构建产教融合协同创新平台和组织

应用型本科院校与企业开展产学研用协同创新，实质上是要实现相关主体优势整合、各种创新资源的汇聚，因此，必须设置相关的协同创新机制。此外，产学研协同创新系统需要高校、企业和政府等多个主体共同参与，以通过知识流动、溢出和创新等活动满足外部快速变化的需求，并能高速识别区域经济发展过程中的主要限制因素，从而搭建多学科融合、多主体协同、各种技术融合的协同创新平台。

上述平台创建时，必须将各个参与主体的核心资源和优势发挥出来，比如政府的政策支持、企业参与创新的主动性和积极性，以及应用型本科院校所拥有的学科知识和人才储备。总之，只有通过优势互补，才能够实现有产出的高层次产学研协同创新。

（2）设置有效的过程评价、利益分配和风险承担机制

按照系统论输入、转换和输出模型，应用型本科院校和企业搭建的产学研协同创新系统的输入是人力资源、知识和信息、资金、设备、政策和需求，转换的过程则是在各个主体达成的共同目标和有效的管理机制推动下运行，输出的是高质量的专业人才、高水平的技术研发和技术支撑。①

因此，产学研深度融合的关键在于转换的过程，只有在有效的管理机制下，才能实现系统输出，产生 1+1>2 的系统效应。该管理机制包括有效的过程评价、利益分配和风险承担方案等。首先，需要创建一套有效的创新评价方案，针对实际的创新过程和创新成果进行公平公正的评判，该评价方案需要包括需求满足程度、效率和效益、创新质量等具体的评价标准、评价主体和评价理念。其次，多主体参与的协同创新由于信息不对称、市场波动等存在较大的风险，因此必须借助相关理论，优化管理机制，尽可能避免单方面退出导

① 黄彬，周梓荣．应用型大学产学研用协同创新机制研究［J］．现代教育科学，2016（3）：16-20.

致的创新失败，提高整个创新系统的成本收益率和服务产出率。最后，成功的产学研协同创新系统还需要制定科学合理的利益分配机制，包括利益分配的标准、执行的方式和双方协商机制等。

（三）产教人才链深度融合

1. 人才链融合逻辑

何景师（2019）提出，人才链是指高等教育培养的能够满足整个产业链上下游需要的各个层级的人才①。张庆民则认为，广义人才链不仅包括高校教师和学生构成的群体，还包括企业的专家和员工等形成的管理人才链、研发人才链以及生产作业人才链。② 此处采用后者的研究观点，认为人才链不仅包括高校培养的人才，也包括企业专家、职工等。

张弛认为，从经济学的角度，可以使用人力资本理论来解释人才链的底层逻辑。该理论认为，人力资本的核心是知识、技术和能力。依据人力资本理论的解释，应用型本科院校产教人才链深度融合的关键在于为产业提供高质量应用型人力资本供给。

目前，我国经济发展的转型升级带动了对高水平应用型人才的需求，企业必须借助高层次的应用型人才助力企业实现从微笑曲线中间向两端升级的目标。这说明企业对人才的迫切需求，正是企业人才链和教育人才链深度融合的利益结合点。目前，新技术的产生重构了就业市场，这要求应用型本科院校要紧抓产业的最新需求，保证人力资源的供应结构能够满足新兴产业的发展要求。

2. 融合路径：多元化、高质量人才培养

如前所述，应用型本科产教人才链融合重点是多元化、高质量人才培养。针对人才链重点需要的创新型、应用型人力资本，一方面应用型本科院校要能够提供产业发展所需的多元化和高质量人才；另一方面要促进人力资本的增值，提高人才培养对产业发展的贡献率和回报率。

（1）多元化人才供给

针对应用型本科院校所在区域的产业需求，其人才培养价值取向是提供多元化人力资本供给，构建面向产业需求的人才培养理念。而能够持续满足并适应产业需求的人才培养重点，在于提升高校人力资本的价值。提升高校人力资源价值的举措包括打破原有的基于在校教育的教育体系，结合国家认证的重点职业资格，构建一整套完整的面向产业和社会的终身教育系统。

（2）高质量人才培养

高等教育的内生性在某种程度上表明应用型本科院校难以有效控制人才培养的质量，原因在于大学组织目标的模糊性和学术的自闭性。这就要求应用型本科院校在人才培养过程中，必须明确人才培养的目标和价值取向，同时要突破学术自闭性，引入企业的力量和对人才的需求标准进行人力资源供给侧的改革，提升整体人才链的质量。

---

① 何景师．职业教育专业链、产业链、教育链、人才链“四链”融合的培养模式探索——基于双层次螺旋协同创新的视角［J］．中国成人教育，2019（18）：67-71.

② 张庆民，顾玉萍．链接与协同：产教融合“四链”有机衔接的内在逻辑［J］．国家教育行政学院学报，2021（4）：48-56.

（四）产教教育链深度融合

1. 教育链融合逻辑

张庆民（2019）认为，教育链有狭义和广义两个维度的含义，其中，狭义的教育链主要指包含本专科以及研究生等的高等教育体系中的教学和科研服务链条；而广义的教育链除高校形成的教育链之外，还包含企业为员工提供的各种职前职中培训等，广义的教育链可概括为涵盖国民终身的教育培训系统。①

由上述定义可知，企业中的教育链主要指员工职前职中各种教育和培训，而应用型本科院校的教育链则指应用型本科人才的培养链条。企业的教育链条，构建自员工日常工作和生产过程中，其知识和经验来源于日常工作并最终内化为自身的职业素养。企业教育链在运行过程中的主要成本是教育培训相关实施设备、人力投入，以及新入职员工因职业技能不足而导致的效益损失。同时，企业教育链也会因此投入获得人力资本的智能、创新等在企业生产经营过程中所引发的溢出效益。

据此，可以将企业教育链对产教融合的需求归纳为应用型人才有效供给。这种有效供给包含三个层次的含义。其一，企业员工的职业技能和职业素质需要产教融合下的应用型本科教育进行职前培养。企业员工入职前，需要在学校习得理论、职业素质和职业技能。其二，企业教育链条应与学校的教育链条具有一致性。其三，企业组织教育和培训的形式，应和应用型本科教育链有效衔接，能有效补充学校教育的不足，与应用型本科教育互补。

2. 融合路径：现代应用型本科教育体系构建

应用型本科教育与培训能够有效促进人员的高质量就业，为国家经济发展和社会稳定贡献力量。而基于学校的教育资源，构建多渠道、多维度的教学路径并搭建以学习为中心的应用型本科教育与培训体系，是当前社会经济形式下应用型本科教育发展的必然战略。

（1）建设现代应用型本科教育体系

应用型本科产教教育链融合首先要求缩短应用型本科教育与企业运营之间的距离，构建应用型本科院校与企业之间相互渗透、协同发展的格局，具体可通过将应用型本科教育颁发的学历证书与企业认可的职业资格证书连接起来，将学生在校期间针对学业和课业的质量评价与职业技能的认定关联起来，做到学校教育与企业应用的无缝衔接，从而实现真正意义上的人职匹配，让企业教育链和学校的教育链融为一体。

（2）建构层次分明的教育链融合机制

高校与企业教育链深度融合还需要构建层次分明的教育链融合机制。该机制包括学校教学和企业学习之间的学分置换方式、学校理论教学和企业实践教学的组合方式，以促使学校教育链重点供给理论性知识，而企业教育链提供实践性教学，最终实现学校教育链与企业教育链之间的无缝对接。

---

① 张庆民，顾玉萍．链接与协同：产教融合“四链”有机衔接的内在逻辑［J］．国家教育行政学院学报，2021（4）：48-56.

三、应用型本科产教融合与职业院校产教融合的异同

（一）应用型本科教育与职业型技能教育的内在关系

1. 应用型本科教育与职业型技能教育的区别

我国本专科层次的高等教育可以分为三大类型，分别是研究型、应用型和职业技能型。研究型高等教育重在对学术研究人才的培养，此类型的主体是各研究型大学；应用型高等教育培养服务于区域经济发展、毕业后能够从事科技应用、促进行业发展等方面的人才，此类型的主体是应用型本科院校；而职业技能型高等教育则培养面向生产、服务一线的技能型人才，该类型主体包括高职高专等专科院校以及技术本科。应用型本科教育隶属本科层次的专业性应用教育，其和职业型专业教育有本质的区别。研究型高校和应用型高校两者区别已有定论，而应用型本科教育与职业型专业教育从内在关系的角度出发，两个既有区别之处，也存在相似点。

职业型技能教育从高等教育分类的角度来看属于职业性、技术技能型的高等教育，此类型的高等教育强调要根据职业方向制定专业方向，专业的设置要符合真实的企业生产实践和职业设置，其在教育教学过程中要依据真实的工作场景来培养学生的职业技能。基于此，职业型技能教育的重点是对接企业真实的职业岗位，培养生产服务一线的技术技能型人才。

从高等教育分类的角度来看，应用型本科教育属于适应高科技要求的专业教育，此类型的高等教育强调高校的专业设置要和行业发展密切联系，人才培养的重点放在工程技术等方向的专业能力方面。因此，应用型本科教育属于面向工程应用、技术应用领域，突出行业适应性的应用型高等教育，其要求专业设置要和行业需求联系起来，重点培养学生在工程技术等应用领域的专业能力。基于此，应用型本科教育具备专业教育所具有的实践性和行业性双重属性。

此外，应用型本科教育属于具备综合学科知识背景和通识教育的专业性教育。应用型本科人才培养过程中一方面要注重学科理论知识，另一方面要强调专业技术应用，即应用型本科教育在突出教育的行业背景的同时，又要求将具备应用特征的主干学科和相关学科作为辅助。应用型专业教育培养的人才是“具有创新精神与实践能力的高级专门人才”，其一方面拥有深厚的学科基础理论，另一方面具备能够解决实际问题的应用能力。

因此，应用型本科专业教育要注重对专业结构的持续优化，但优化的同时要在基础学科框架下结合行业应用进行改革，尤其是对具有高技术含量的通用性专业不断拓宽范围以构建专业群；而对能够支撑当地产业升级的支柱性行业，要结合行业需要提供高质量人才；另外，应用型本科教育要严格遵守教育部关于“培养基础扎实、知识面宽、能力强、素质高的高级专门人才”的部署和要求，构建区别于研究型高校以及职业院校的应用型人才培养方案，增强应用型人才的独特性和创新性。

总之，应用型本科教育定位于培养“面向行业、重在应用、强在复合、突出实践”的具备创新精神以及创业能力的高级专门人才，专科层次的职业教育定位于培养“会做”“巧做”“做巧”的技术员和技师人才，本科层次职业教育则旨在培养具备工匠精神的高

层次技术技能型人才。①

2. 应用型本科教育与职业型技能教育的联系

应用型本科与职业型专业教育同属职业教育体系，两者在人才培养方面具有一定衔接性。针对应用型本科教育和高职高专等教育衔接问题，代表性观点如表 3.5 所示。

表 3.5 “应用型本科教育和高职高专教育衔接”代表性观点

年份	学者	观点
2009 年	李亚云	高职高专和应用型本科存在共性：两者是“教学型大学”、培养应用型人才、以产学结合作为人才培养的基本途径、都强调实践教学，多数应用型本科学校是在高职高专学校的基础上衍生发展而来的②
2011 年	张金根等	应用型本科教育与高职高专教育属于不同层次的高等教育类型，两者衔接的逻辑基础是教育的职业性和应用性③
2012 年	鲁武霞	应用型本科和高职高专两者的内在联系：人才培养的本质都是要为区域经济发展和行业发展进步提供具备一定职业能力的实践型人才④
2014 年	孙杏林	高职高专和应用型本科都是我国职业教育体系的重要组成部分，高职高专是专科层次是职业教育，应用型本科是本科层次的职业教育⑤
2015 年	龙伟等	高职高专和应用型本科同属我国高等教育的重要类型，均致力于培养推动社会主义建设的具备高素质和高技术技能的高等人才⑥
2017 年	李从峰等	从高等教育分类来看，职业型技能教育与应用型本科教育虽隶属不同的分支，但两者本质上均属于职业教育，因此，职业教育是应用型本科与职业技能型教育衔接的理论基础⑦

结合上述学者观点，职业型专业教育与应用型本科教育在高等教育内涵和职业教育属性特征等方面存在共性和关联，具体包括两者在类型定位上的职业属性同质性、在高等教育层次定位上的衔接性、在人才培养模式上的校企二元性、在服务定位上的类型性以及两者在我国高等教育体系中的协调互补性。高职高专和应用型本科一方面从纵向保证了办学层级的衔接，另一方面从横向实现了人才培养目标的类型连贯性。

① 孟庆男．本科层次职业教育试点探究［J］．职教论坛，2021，37（12）：79-85.

② 李亚云．浅议如何实现高职高专教育向应用型本科教育的无缝对接［J］．广州航海高等专科学校学报，2009，17（3）：47-49.

③ 张金根，张煜，班媚．高职高专与应用型本科衔接的学理基础及核心［J］．职业技术教育，2011，32（31）：22-25.

④ 鲁武霞．高职专科与应用型本科衔接的观念桎梏及其突破［J］．高等教育研究，2012，33（8）：59-64.

⑤ 孙杏林．高职与应用型本科院校衔接试点的理性思考［J］．现代教育管理，2014（9）：88-92.

⑥ 龙伟，王艳．应用型本科与高职高专人才培养的区分度研究［J］．武汉商学院学报，2015，29（5）：63-65.

⑦ 李从峰，钱吉奎，杜连森．高职与应用本科“3+2”协同育人的衔接机制研究与实践［J］．中国职业技术教育，2016（22）：39-43.

（二）应用型本科产教融合与职业院校产教融合的相似点

通过前文对产教融合的历史沿革和内涵分析可知，早期的产教融合学校主体是职业院校，进行产教融合的目的是促进市场经济发展，把产业发展的经验和技术引入教学之中，通过产业与教学之间的融会贯通，强化学校和企业之间的合作关系。随着职业教育体系的完善，国家越来越重视产教融合的发展，越来越多的本科院校也探索将产业引入专业，应用型本科院校产教融合的命题随之出现并快速发展。

应用型本科产教融合和高职高专等职业院校产教融合存在着本质区别，但两者也存在很多共同之处。虽然职业院校在产教融合方面取得了比较好的成绩，但自 2010 年开展本科教学合格评估，2013 年以来地方本科院校发展转型，在很大程度上促进了应用型本科产教融合在理论研究和实践应用等方面的快速发展。众多地方应用型本科院校在办学实践中不断创新和深化，并从产教结合、合作教育、学校承担企业的技术研发等初级层次，走向更高的合作办学、合作就业、合作研究、合作发展等多维度的产教融合。由此可见，产教融合虽然源自职业院校，但应用型本科也逐渐发展为产教融合研究和实践的主力军。总体而言，应用型本科产教融合和职业院校产教融合两者之间存在着千丝万缕的联系，其相似性表现在以下几个方面。

1. 价值取向

国务院办公厅《关于深化产教融合的若干意见》指出“受体制机制等多种因素影响，人才培养供给侧和产业需求侧在结构、质量、水平上还不能完全适应，‘两张皮’问题仍然存在”。基于此，产教融合进一步发展的重心是针对人才培养供给侧的改革，也就是针对应用型、技术技能型等人才培养的改革。而人才培养供给侧和需求侧不匹配的关键在于高校人才培养和企业生产过程的脱节，因此，改革的重点在于企业在高等院校人才培养过程中的参与深度。只有企业深度参与，才能真正实现人才培养与产业需求的供需匹配。①

基于此，不管是高职高专等职业院校产教融合还是应用型本科院校产教融合，其价值取向都是在我国经济转型背景下，推进人力资源在供给侧的结构性改革，在提高高等教育质量的同时，提升高等院校毕业生的就业创业能力，助力我国经济社会成功转型升级。

当前，随着我国经济转型升级，先进制造业、现代服务业、新兴产业等快速发展，高素质应用型专业人才需求逐年增加。但是，我国高等教育各个类型层级在办学模式、专业设置、教学内容等方面并没有体现出类型差异，这导致了高等教育人才培养的同质性。同时，企业发展所需的专业功底扎实、技能高的应用型复合型人才严重短缺。企业和产业在人才需求端与高校人才培养在供给端的错位，导致人力资源供需严重不平衡，具体表现在企业结构性人才短缺、学生结构性就业矛盾突出等方面。而解决上述两个结构性矛盾的关键，就在于产教深度融合。

因此，不管是职业院校产教融合还是应用型本科产教融合，均要发挥企业在高等教育人才培养中的作用和价值，实现“企业基于经济发展的‘功利性’目标和学校基于个性化发展的‘公益性’目标有机集成和互补”，让从培养到选拔、聘用到再教育之间的完整链条有机衔接，实现人才培养供给侧与需求侧的供需匹配。

① 刘常兴，刘源．高等职业教育产教融合发展及推进策略研究［J］．教育理论与实践，2021，41（21）：20-23.

2. 融合机理

“产教融合”本质是要在高等教育系统与产业经济发展之间形成良好的一体化互动关系，因此被视为高等教育系统性变革的有效举措。[①] 不管是应用型本科产教融合，还是高职高专等职业院校产教融合，其关于教育系统和产业系统之间互动关系搭建的融合机理具有相似性。

产与教是“产教融合”的主要承担者，应用型本科与职业院校“产教融合”均要关联四个利益方，分别是政府、高校、企业和个体，在融合过程中，需要上述主体共同参与，共同建构产业-教育创新战略联盟。

因此，不管是应用型本科还是职业院校，都必须设置“产教融合”的管理机制，通过多方利益相关者的沟通，寻找融合主体，尤其是企业和高校之间的利益诉求点和合作出发点，从而实现“产与教”之间从简单校企合作到深层次的产教融合，在满足双方需求的前提下，互相促进、互相成就、互相赋能，最终让产业系统和教育系统、产业机构和教育机构之间形成高效率、高质量的协同教育、协同创新的局面。

3. 教育形式

应用型本科产教融合与职业院校产教融合相似之处还表现为教育形式相似，两者都强调要创建别具一格的实践性教学体系，实践性特征贯穿两者人才培养的整个过程。应用型本科教育的核心任务是培养具备创新精神及实践应用能力的应用型高级专门人才，因此其在人才培养过程中必须借助企业的资源，一方面结合最新的行业发展调整人才培养方案，另一方面要结合企业资源构建与理论教学体系相配合的实践教学体系。而职业院校致力于高素质技术技能型人才培养，不管是应用型高级专门人才，还是技术技能型人才的培养，都要求企业参与高等院校人才培养方案制定、专业设置、实践教学基地建设等教学环节。因此，不管是职业院校还是应用型本科，企业都要依托产业的优势资源和学校共同构建实践教学体系，从而实现高等教育资源与产业资源融会贯通，最终实现高校人力资源供应与产业人才需求等高度匹配。

总之，不管是应用型本科产教融合还是职业院校产教融合，实践性教学体系都是人才培养方案里不可缺少的组成部分。两种类型的高校的产教融合重点都是突出对学生实践能力的培养，仅在实践教学实施的方式、产教双方合作的深度有所差异。

（三）应用型本科产教融合与职业院校产教融合的不同之处

在经济发展的大背景下，应用型本科作为高等职业教育的重要组成部分，其开展深度产教融合对现代职业教育发展起着重要作用。目前，我国经济结构和社会发展转型对应用型本科教育提出了更高、更严格的要求，这种要求主要体现为对教学产教融合水平的要求不断提高。应用型本科要根据社会经济发展的需要，动态调整并优化其专业体系设置和人才培养方案，提供可促进经济社会发展的应用型人才，并能开展科学技术研究，为相关行业提供前沿的技术指导和服务，为社会经济的发展提供技术支持。

总之，应用型高校要在提升其办学水平和办学质量的同时，服务并助推我国经济转型升级。基于此，在社会主义市场经济背景下，应用型本科教育产教融合是一种产学研“三位一体”的融合模式，不仅具备教育和企业的多种功能，还具备动态调整专业结构以适应

① 谢笑珍．“产教融合”机理及其机制设计路径研究［J］．高等工程教育研究，2019（5）：81-87.

产业结构调整并参与市场竞争的能力。产教融合的应用型本科是高等院校、企业、行业以及政府社会相关部门的共同参与下形成的新型复合型社会组织结构，肩负着助推高等教育改革和社会经济发展的重任。应用型本科产教融合与职业院校产教融合的不同之处体现在以下三个方面。

1. 培养目标

从人才培养角度，应用型本科教育定位于服务地方、区域和行业的发展，基于此，应用型院校产教融合的人才培养也要基于对区域人才需求以及行业经济与社会发展状况的调查与研究结果筹划学科和专业建设，人才质量衡量重在行业和专业知识，而不是通才标准。①

因此，应用型本科产教融合要强调专业结构匹配行业特征、人才供给匹配行业人才需求、科技服务匹配行业技术需求，建立以行业为导向的需求驱动型的协同发展模式。在此基础上，借助行业的力量，拓展独具特色的办学理念，实现对区域经济发展的助推，让产教在区域建设背景下实现真正意义上的融合互通。也就是说，应用型本科产教融合的人才培养目标要结合学校的区位差异、地域特色和行业发展和经济背景，对办学目标体系进行分析，最终实现与区域产业、技术和社会文化等的深度耦合。

此外，应用型本科产教融合对学生的培养不属于“通才教育”，也有别于传统的“专门教育”，而是具有“通才底色”甚至“通才特质”的“专门教育”。绝大多数学生毕业后不是“学问家”，而是熟悉现代科学知识和管理知识，掌握当今各类应用能力的高级专业人员，是工业化向信息化时代转型过程中各行各业急需的各类应用型、行业特色型人才。

高职高专等职业院校产教融合的重点在于借助企业真实的生产、服务情景，培养熟悉流程、工序和操作等熟练并能够融会贯通的技师，其培养目标是与企业无缝对接。高职高专等职业院校产教融合催生出订单式培养模式。在此模式下，高职高专等职业院校的招生和企业招工是一体的，新生入学就与企业挂钩，一般要求学生在规定的学制年限内，通过工读交替的形式在学习过程中同步进入工作岗位，从见习到实训最后到顶岗实习，让学生在掌握专业知识的基础上熟悉企业的实践操作。在此模式下，高职高专等职业院校学校教育与工厂培养也是一体的，学生在学习技能过程中潜移默化接收企业的文化，实现企业和学校的无缝对接。

综上所述，与高职高专等职业院校所培养的技能型人才不同，应用型本科产教融合不仅要让学生熟悉具体的岗位操作技能，还要具备深厚的专业功底。这就要求学生在系统学习学科理论知识的同时，深入企业的实践现场，了解理论知识在实际工作中的应用，将理论与实践结合。在实践教学中，学生不仅要了解一个企业的需求，更要掌握整个行业的现状和未来技术发展的趋势，这样毕业生不仅有技术，而且有前瞻性的眼光和学习迁移能力，能够成为适应企业发展的技术骨干。在产教融合教育中，除了个别专业为当地大型支柱企业服务，由企业赞助组建专业学院或专业班之外，大部分专业不宜进行订单式培养。应用型本科院校产融合过程中，教学计划、课程开发、教学内容可以参考企业和行业的需求及时更新，但是应在全行业的范围内组织专业委员会，其成员必须在本行业内具有一定

① 汪禄应．应用型本科教育人才培养目标与课程体系建设［J］．大学教育科学，2005（2）：42-44.

的先进性和代表性。

2. 合作深度

高职高专等职业院校作为市属院校，大多定位于服务本地区的经济和产业发展，其人才培养的关注点在于结合当地的产业结构以及经济发展需要，培养能够满足地方企业需要的技能型人才。在此条件下，其产教融合最主要的合作形式是工读结合、顶岗实习等，即学生在学习期间同步到合作企业开展实习和实训。一般而言，此种形势下，企业一次性可提供名额较多的实习机会，且双方合作的时间跨度相对较大、频率相对较高，合作的企业以本地中小企业为主。

高职高专等职业院校产教融合的重点在于教学环节，强调在产教合作开展实践教学，从而培养技术型人才，其作为高校服务社会的职能主要体现在为企业提供入职前后的专业培训。实践中，常见的做法是学校组建一个包含不同企业人员的专业委员会，在专业委员会的指导下，学校和企业共同确定人才培养方案中涉及的培养目标、课程体系及具体的课程开发、实践教学体系构建，以及具体课程的教材。在此条件下，企业可以借助专业委员会，全方位参与学校人才培养和教学过程。因此，高职高专等职业院校产教融合的合作形式主要体现在教学环节，最终目的是通过企业介入来增加毕业生的岗位匹配度，最终满足国家在转型发展过程中对技能型人才的需要。

应用型本科院校大多数是省属院校，一般集中在经济较为发达的城市，尤其是省会城市。一般而言，每个地级市都会有至少一所应用型本科院校，这些高校既是所在区域的教育文化中心，也是地区科技服务中心。在此条件下，应用型本科院校人才培养定位于满足区域经济发展的同时，还要能为周边地区经济发展贡献力量，培养的人才要有向经济更发达地区转移的能力。这就要求应用型本科院校的专业结构要能够和区域经济、产业结构紧密联系，特别是要能够为本地支柱性产业提供人才输出以及技术服务，同时要求学生在具备应用能力的同时，有深厚的专业功底。因此，应用型本科院校除与地方企业建立紧密联系，为单个企业提供人才输送和技术服务支持的同时，还要和当地多家企业协商共同组建研究中心，针对限制行业发展的关键技术共同开展研发，促进地区支柱性产业的高质量发展。

应用型本科院校产教融合也强调邀请企业深度参与，同时包括与企业合作进行应用型科技的研发、为企业提供新技术应用的咨询和指导等社会服务职能。基于此，通过产教融合，学校一方面可以为合作企业提供技术指导和服务，帮助资金、技术等相对不足的企业开发并设计新产品并提供技术指导，从而提升我国企业在生产经营过程中的技术含量，最终促进企业劳动生产率提升，推动企业在产业链中的升级，摆脱不利的竞争地位。另一方面，学校可以利用企业的生产、管理、服务现场等开展实践教学。

基于此，就合作形式而言，高职高专等职业院校产教融合主要体现为教学层面的人才培养合作，而应用型本科产教融合不仅体现为产教双方共同就人才培养开展合作，还包括产教双方在技术研发和应用方面的协同创新。应用型本科产教融合除培养应用型专业人才之外，还要紧密结合区域和地方产业经济建设的需要，确定研究方向，积极参与到区域技术研发和攻关中，使应用型本科院校能够借助科研实力助推区域经济发展。

此外，应用型本科教育的本质在于培养以创新精神和实践能力为重点的专业应用型高级专门人才，其必须通过产教融合构建与理论教学体系紧密联系的实践性教学体系，要通过产教融合突出实践性教学特色，培养“基础扎实、学以致用”的专业性人才。同时，在产教融合过程中，要突出产学研合作。

3. 师资队伍

由于应用型本科院校和职业院校培养目标和合作形式的差异，应用型本科院校在开展产教融合的过程中，对师资队伍的要求与高职高专等职业院校有所差异。应用型本科院校教师要能与企业合作进行应用型科技的研发，还要为企业提供新技术应用的咨询和指导。此外，应用型本科产教融合要求教师参与企业的科技攻关，带动学生一同参与技术研发，而高职高专没有这个硬性要求。

总之，应用型本科和高职高专等职业院校由于两者在高等教育体系中的定位差异，虽然都需要和企业开展深层次的产教融合，但两者在培养目标、教育形式、合作深度等方面存在本质区别。应用型本科院校在开展产教融合的过程中，可以借鉴职业院校成功的经验和做法，但更重要的是要结合应用型本科教育的特殊性，走出不同于高职高专的产教融合道路。

第四章　产教融合与应用型人才培养模式

一、产学结合应用型人才培养体系

（一）地方本科院校推进产学结合的内外驱动力

向社会输出什么样的人才，一直是所有高等教育面对的问题。随着社会的不断发展，社会对人才不断提出新的要求，那么大学应该以什么样的依据来培养人才呢？答案就是以社会需求为导向。用人单位需要对复杂问题具有适应性和创造性的学生，从而对人才的培养质量提出了更高的要求。2015 年 10 月，教育部下发《关于引导地方普通本科高校向应用型转变的指导意见》，对高校深化改革、内涵发展、主动服务地方需求、增强学生创业就业能力提出新要求。面对新形势和新机遇，学校对转型发展达成共识：转型不仅是国家对地方本科高校提出的时代要求，更是地方本科高校还原自我本质、巩固存在价值、赢得社会认可的内在需要。[①] 因此，应用型高校人才培养模式构建的出发点是对办学理念的重新调整，即从“以学科为本”的传统知识生产模式向“以知识应用为主旨”的现代知识生产模式转变，从“以学科建设为中心”向“以问题研究为中心”转变，从向往“学术型”向践行“应用型”转变，从“人才培养、基础研究”的二元职能向“人才培养、应用研究、社会服务”的三元职能转变，并依此对学校办学行为进行深层次、系统性、结构化再造。

1. 社会需求推动着地方本科院校进行产学结合

截至 2021 年，我国共有普通本科学校 1 238 所，招生人数为 444. 6 万人，在校生人数为1 893. 1万人。我国高等教育的快速发展有目共睹，但是作为地方本科院校的竞争力在哪里呢？地方本科院校毕业生的就业方向和就业优势又在哪里？这些问题值得深究。相较于“211”“985”以及其他知名度较高的高校，地方本科院校若没有自己的特色和特定的人才培养模式，就没有竞争力。因此必须针对地方本科院校发展的实际，根据地方本科院校产学结合的特点，积极建立保障地方本科院校产学结合持续健康发展的有效运行机制。

随着科学技术的不断发展和产业的不断升级，不同行业为了适应不断变化的经济环境，对人才的需求变得越来越大，特别是对人才的实践能力要求越来越高。作者通过微信群非官方地对招聘单位 HR 在招聘应届大学生时最看重的素质进行了调查，调查时分别列出基础素质（主要表现为学习成绩）、沟通和合作能力（主要看学生在校期间参加的活

---

① 刘光展，康秀平，刘洁晶，等. 基于新时代转型的地方院校精准育人策略研究［J］，产业与科技论坛，2022，(10)：279-280.

动）和实践能力（参加过与专业相关的社会实践活动）三个选项，调查结果如表 4.1 所示。从表 4.1 可以看出，68%的被调查者选择了实践能力。当然，这不是说另外两项不被看重，而是如果只选择一项，他们更愿意选择实践能力强的学生。

表 4.1　招聘单位 HR 在招聘应届大学生时最看重的学生素质

基础素质	沟通和合作能力	实践能力
10%	22%	68%

通过调查数据可知，用人单位对人才的实践能力是非常看重的。这就要求地方本科院校注重培养学生的实践能力，在很大程度上推动产学结合的发展。

2. 提升学生收益推动着地方本科院校进行产学结合

学生是教育产品与服务的需求者，学生家长在付出了教育成本后，当然希望学生获得更多的教育收益，这也对鼓励更多的人接受高等教育具有推动作用。而良好的就业就是学生收益提升的一个实际指标。

产学结合可以有效地提升学生的综合素质和就业能力。以服务为宗旨，以市场和社会需求为导向，以培养学生的综合素质和实际能力为重点，是地方本科院校办学的方向。产学结合模式克服了传统的人才培养目标与市场需求脱节的缺点，促进了应用型本科院校的学科建设和教学内容的改革。由学校及其合作企业共同提供产品与服务，有利于提升教育资源的配置效率，进而提高人才培养的质量。

（二）构建具有区域特色的产学结合应用型人才培养模式

1. 组织机构

产学结合应用型人才培养模式，要求地方政府、企业及用人单位、高校共同参与。这就要求各地方高校做到以下三个方面：首先，选择所属地区优秀的有代表性的企业，并以合同或协议的方式确定双方的合作关系，明确双方的责任和义务，确保双方可以按照合同或协议履行相应的内容。其次，可以组建由当地主管部门和行业或企业相关人员共同参与的教学指导委员会，如邀请企业的管理人员、高级工程师等参与到学校的人才培养过程中，对课程内容的设置、教学时间安排及考核模式的改革给予指导性意见。最后，高校可以聘请一定比例的企业管理人员、工程师或高级技师作为学校的兼职教师，因为这些人员有丰富的从业经验和技术积累，对现代企业对人才的要求有清晰的认知，而这对产学结合的人才培养模式更具针对性。

2. 专业设置

地方院校也是面向全国招生，也向全国输送人才。其实，地方院校完全可以根据地方经济发展情况和特征，以及产业结构特点设置专业，从而主动灵活地适应当地企业、用人单位的需要，做到用人单位需要什么样的人才，学校就根据用人单位的需要培养什么样的人才。因此，在学校专业设置时，可以对用人单位的需求进行广泛的调查，与相关企业进行密切的交流合作，如针对某个岗位，抑或是某个前沿的技术领域开设对应的专业。同时，在进行专业设置的时候，需要处理好市场对人才需求的多样性、多变性与学校教学工作相对稳定的关系，确保所开设的专业有稳定的生源和从业需求。此外，地方院校需要结合学校本身的实际情况开设某个专业，满足相应的配套设施和软硬件要求，以及良好的实训平台等。

3. 教学体系

高校根据现今社会对人才需求的变化，建立了“6+1+1”结构的教学体系。当下我国本科院校一般采取的是“7+1”的传统教学模式，即7个学期的理论基础课、专业课学习，最后1个学期到企业进行实习。“6+1+1”模式则是6个学期进行基础课和部分专业课的学习；第7个学期的专业课教学中，根据用人单位专业岗位的特点，与生产和实际操作环节相结合，有针对性地讲授由企业提供的专业教材和专业知识，一般聘请企业高管或高级技师人员来讲课，或者开展专题讲座，让学生在理论学习的基础上，提前认识到企业的实际操作内容；最后1个学期，学生进入企业实习，将所学知识应用在工作中。“6+1+1”模式把整个教学过程分为三个阶段：首先是基础课和部分专业课的学习，然后是有针对性的专业教学，最后是直接进入企业实习。

4. 教学内容

高校在教学内容的设计上，应该根据用人单位的人才需求，明确学生毕业后所从事的岗位或岗位群工作所需要的综合能力和专项能力，同时结合学校的培养目标，明确需要哪些基础课、专业理论课和专业技能课。教学内容的选择上要强调实用性和操作性，基础理论课以“够用、适当”为原则。专业理论和技能课，需要和用人单位的需求紧密结合，将与专业有关的最新理论和技术穿插于教学中，把最需要的知识传授给学生。

二、校企共建应用型人才培养平台

（一）校企共建应用型人才培养平台的实施条件

校企共建应用型人才培养平台是指校企双方进行深入合作，通过提升学生的专业技能、职业素养和实际操作能力，培养出符合社会需求的人才。校企双方可以充分利用各自所拥有的资源，进行优势互补，在理论基础教学和课程实训方面以学校为主，而在技能培训和学生实践方面以企业为主。因此，校企共建应用型人才培养平台实施的基本条件为：

1. 学校与企业紧密配合

校企共建应用型人才培养平台，需要学校和企业共同完成，这就需要两者密切配合，实现教学、科研与生产相结合，理论与实践相结合。学校选择有合作意向的本地区行业龙头企业，明确双方在合作过程中各自的权利和义务，保证合作的双方履行各自的职责。随着市场经济的不断发展，各种新技术的出现，以及互联网技术的不断变革，企业面临着更为激烈的市场竞争，学校应尽可能地为企业提供科学知识和技术指导，帮助企业提升产品的技术含量、扩大市场份额，这样才能得到企业对学校教学和科研的支持与合作，建立互惠互利的关系。只有实现“共赢”，校企共建应用型人才培养模式才有生命力。

2. 确实可行的教学和实践方案

企业根据自身的人才需求，结合学校的培养目标，共同制订符合用人单位需求的人才培养计划，从而满足企业对人才的需求，实现企业的经济效益发展。而这一过程的实现，需要学校邀请企业相关人员参与到人才培养方案的调研、论证、修订中，充分考虑行业企业方面的意见，使课程体系和教学内容更贴近企业实际操作现场。在课程设置上，学校除了使用教育部规定的教材外，可以更多地请企业工程技术人员开发有关新技术、新设备、新工艺和新材料的补充教材。在师资配置上，可以聘请企业的工程技术人员和技师、高级技师充当学校的兼职教师。对于一些实践性强的课程，由企业兼职教师来讲解。

3. 优质的师资队伍

校企共建应用型人才培养平台的目的是把教学与生产、理论与实践相结合，组织学生深入企业，培养学生的实践能力和创新精神。要达到这一目的，除了制定确实可行的教学和实践方案外，还需要有一个优质的师资队伍。它要求教师不但要有较强的教学能力，还要有丰富的实践经验，否则校企合作就没有办法顺利地实施。因此，学校要高度重视教师队伍的建设，鼓励教师特别是年轻教师深入企业，利用暑期或者寒假到企业挂职历练，真真切切了解企业的实际操作和实际需求，又反过来为教学提供更加丰富的内容，从而使校企共建应用型人才培养模式能够长足地发展。

（二）校企共建应用型人才培养平台

建设校企联合的应用型人才培养平台是学校与企业实现资源互补的一种方式。高校和企业共同建立起人才、信息、资金、设备、场地等资源共同使用、互相补充的关系。学校拥有学生、场地、实验室器材等资源，而企业拥有信息、资金、先进的设备等资源，因此，学校与企业合作，共建应用型人才培养平台，是符合双方的利益需要的、互补的、共赢的人才培养措施。①

校企共建人才培养平台如图 4. 1 所示。

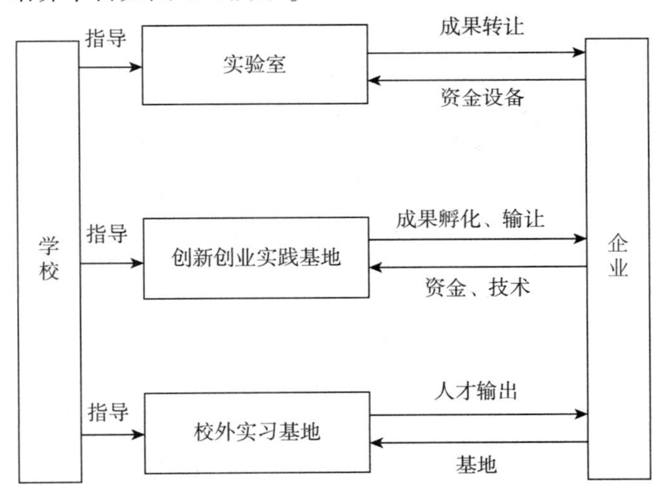

图 4. 1　校企共建人才培养平台

1. 校企共建学生创新创业实践基地

建立大学生创新创业实践基地，为学生创新创业实践提供支撑。应对严峻的就业形势，同时也为了让学生将所学转化为实践，学校可以积极鼓励学生进行创新创业实践活动，鼓励学生参加全国大学生创新创业大赛，为学生的创新创业提供指导和其他的相关支持。而合作企业可以基于自身所拥有的市场信息和资金优势，为学生的创新创业提供信息咨询和资金支持。学生通过创新创业实践，可以锻炼自身的能力，为日后的工作或创业打

① 梁佩莹，林洁丽，曹辉，等. 校企联合的应用型人才培养平台建设探索［J］. 产业与科技论坛 . 2014（13）：255-256.

下良好的基础。

2. 校企共建开发实验室

学校和企业共同建立实验室，为学生的实训提供场所，是校企合作的另一项重要举措。学校拥有场地、基本的科研仪器设备和图书资料等，而企业可以提供研发经费和先进的设备等。同时，在实验室建立的过程中，企业可以给出中肯的建议，让实验室所提供的实训课程，贴合实际操作，增强实践性。

3. 校企共建校外实习基地

产学合作的重要目的是提高学生的实践能力，让学生的理论基础转化为实践能力。因此，学校和当地优秀的企业签订合作协议，建立校外实习基地，是应用型人才培养模式的重要手段之一。学生到企业去实习，由用人单位的企业导师带领学生，严格按照企业的规章制度来管理学生。同时，企业导师对学生在实习期间的道德品质、工作态度、工作能力等进行考核。而学校也有专门的老师来对学生的实习工作，定期进行实地考察或通信指导，了解学生的实习动态。学生通过实习工作，可以提高实践操作能力。在学生毕业后，企业也可以根据学生的实习表现，择优录取。这样既可以让企业招到合适的人才，又可以提高高校的学生就业率。

（三）校企共建应用型人才培养平台的局限性

近年来各高校开展的校企合作人才培养模式已经取得了一些成绩，可是在思想观念、内部机制、外部条件等方面仍然存在一些问题，从而在一定程度上制约了校企合作持续、稳定、健康发展。校企合作人才培养模式主要面临以下三个方面的问题。

第一，校企双方的合作管理机制不健全。虽然校企合作有了一定程度的发展，但是双方的合作形式比较松散。由于在整体上缺少统一的管理和协调机构，校方与企业一旦发生利益冲突，就会导致校企合作的关系不稳定。同时，地方部门对校企合作没有进行统一规划，使得有些项目重复建设，因而没有充分有效地利用资源，造成资源的浪费。以东莞市为例，东莞有许多地方院校，但各院校之间缺乏必要的资源整合，从而在科研方向和设备采购这一块出现不必要的重叠现象。同时，在科研成果的转化方面，如何找到合适的相对应的孵化和转化企业，也面临一定的困难，这都会影响校企合作的效果。

第二，学校相关配套机制不完善。当前，各地方校企合作多处于自发状态，没有很好的内外部约束机制，难以实现人才培养、科研和应用转化的协调发展。这主要表现为：首先，课程设置不合理。很多高校在设置课程前没有充分调研，也没有结合本校的实际情况有针对性地开设专业，使得培养的人才专业能力过于相近或者说没有特色。其次，在教学上，由于大多数老师没有实践经验，所以在教学过程中偏重理论教学，实践教学环节薄弱。加上教学方式也比较单一，很难培养出适应社会发展需要的新型人才。最后，教师的思想观念更新较慢，功利心比较强。大部分教师过于注重理论研究，尤其是研究在职称、评奖等方面的作用，不能积极引导学生参与实践，把更多的精力放在有利于评职称的项目申请和学术论文发表上，大大地影响了校企合作的健康发展。

第三，科技成果转化运行机制不畅通。首先，由于校企合作机制不够健全，目前尚未形成政府、企业、社会、高校之间紧密互动的机制，缺乏吸引科研人员主动转化成果的有效激励和管理机制。同时，高校的应用开发类成果较少，科研课题易与市场脱节。其次，科技成果标准化评价体系不够完善。科技成果所涉及的领域和品类繁多，针对不同领域缺乏细化的评价标准。同时，专业评价机构和人员的缺乏，导致评价结果产生价值偏移，甚至有失公正，导致校企合作的信心不足。最后，科技成果转化的中介服务不到位。社会上大多数的科技中介机构功能单一，无法提供全方位的服务，没有建立健全的成果转化平台和服务的体制机制，从而导致科技成果转化市场的信息流通体系不完善，高校与企业对科技成果供需信息交流不畅。

三、产学结合应用型人才培养模式的创新与实践

（一）产学结合应用型高校人才培养模式的创新

从企业层面来说，产学结合应用型人才的培养有助于加强企业的技术创新能力，提高企业的经营管理水平，进而增强企业的市场竞争力。从国家层面看，产学结合应用型创新人才的培养，不但可以更好地完善我国的人才结构，同时也是实现我国现代化发展的重要保证。[①] 产学结合应用型创新人才培养模式有以下四个特征：

1. 校企联合、优势互补，注重学生实践能力的培养

产学结合顾名思义就是校企双方进行深入合作，彼此进行资源互补。学校要实现自己的人才培养目标，必须结合自身的资源，与属地的工厂或企业加强联合，既成为企业的合作伙伴，又为学生提供实习基地，大大提高学校的办学条件，建立起新型的人才培养模式。在这一模式中，双方各自发挥自身优势，相互促进，共同发展。在加强学生实践能力的培养方面，主要有以下三种途径：一是企业为学生提供实践场所，学生以实习生的身份进入企业，由于学生缺乏相关的实操经验，可以由企业管理人员或相关技术人员对学生进行实习指导，同时学生根据自己的实习经历，由企业人员和教师共同指导，进行毕业论文的设计。二是校企共建实验室，企业人员指导学校实训实验室的建立，确保所建立的实训实验室符合企业的实际操作流程，从而让学生通过实训来增强实践能力，将所学理论知识和实训内容紧密结合。三是教师带领学生共同为企业提供相关的服务，如技术研发、产品设计、策略研究等，教师利用自己的课题，让学生参与进来，锻炼学生的实践能力。这也很好地体现了校企双方的互惠关系。

2. 专业设置、教学体系和教学内容符合用人单位的需求

在专业设置方面，高校应该尽可能地做到所开设专业符合用人单位的需求。产学结合的人才培养模式在专业设置方面，应做到用人单位需要什么样的人才，学校就培养什么样的人才。因此，在专业设置上，学校可以进行广泛的市场调研，并听取用人单位的意见，针对某个技术领域或者特殊岗位开设相应的专业，当然也需要结合学校自身的条件，确保所开设的专业有稳定的生源和良好的就业前景。

在教学体系方面，将传统的“7+1”教学模式（7学期的基础课、专业课学习，最后1个学期进行企业实习），转变为“6+1+1”教学模式，前6个学期进行基础课和部分专业课的学习；第7个学期的专业课教学中，根据企业和用人单位专业岗位的特点，与生产和实际操作环节相结合，有针对性地讲授由企业提供的专业教材和专业知识；最后1个学期，学生进入企业实习，体验职场生活并进行能力训练。

在教学内容的设计上，校企充分协商，根据用人单位的人才需求，明确所从事岗位或

① 柳晓娜，王章峰．高校应用型创新人才培养模式探究［J］．科教导刊．2019（12）：32-33.

岗位群所需要的综合能力和专项能力。同时结合学校的培养目标，明确需要在基础课、专业理论课和专业技能课上进行的调整。总之，在教学内容的选择上，应该强化应用技术能力的训练。

3. 教学过程与企业实际生产过程的有机结合

产学结合的主要目标就是提升学生的实践能力，从而提高学生对实际工作岗位的适应能力。教学过程与生产过程的有机结合，要求教师在教学过程中，将真实的工作任务作为学生的学习任务，在企业的实际生产过程中完成教学，真正实现产学结合，学做合一，让学生在完成工作任务的过程中掌握相应的知识和技能，培养学生的职业能力和自主学习能力，从而进一步激发学生的学习兴趣，培养学生的创新创业能力。

4. 教学与科研紧密结合，为企业提供智力支持

促进应用型科技成果转化是产学结合人才培养模式的重要内容。在校企联合中，如果学校能够对企业的发展提供切实可行的建议或者技术，企业对学校产学结合人才培养模式的支持度就会提高。学校根据企业的技术改造、科技开发的实际需要，凭借自身的人才与智力优势参与企业的科研，为企业提供应用研究和技术开发服务，努力成为企业产品开发和技术创新的基地与依靠力量，提高企业的经济效益，为校企合作的长期发展打下坚实的基础①。

（二）“人职匹配”育人模式实践

任何人才培养模式，最终都要通过实践来检验。广东科技学院为推动“人职匹配，实践育人”教育活动，实现培养过程与工作过程高度重叠化与统一化，培养具有管理思维、创业创新意识和实践动手能力的应用型人才，实现产教融合、协同育人联合培养人才的目标，经财经学院教学指导委员会讨论及与合作企业大信会计师事务所充分协商，达成产教融合合作协议。

1. 合作内容

以实现就业需求为导向，以增强职业技能为核心，以提高综合职业素质为目标，双方共同制定《实践教学及实习实训培养方案》。如下的协议内容中甲方为广东科技学院，乙方为大信会计师事务所。协议的具体内容包括：

①加强学生的思想专业素养、党建、思想政治工作；

②为教学管理工作需要提供必要的教学过程档案、考核评价资料；

③根据甲方实习管理工作需要提供必要的学生实习信息、指导记录、实习跟踪等档案资料；

④根据甲方就业管理工作需要提供必要的学生就业信息、汇总统计等必要资料；

⑤提供学生实习实训所需的讲义等相关资料；

⑥乙方提供实习实训所需的工作环境、设备设施、水电供应，并保证在甲方使用期间正常运行；

⑦健全质量保证体系，加强实习实训的过程控制，保证实习实训质量，提高实习实训效果；

① 刘福军，成文章．高等职业教育人才培养模式［M］．北京：科学出版社，2007：46.

⑧积极向甲方学生推广新技术、新方法、新标准，让学生学习和掌握主流技术的应用方法；

⑨乙方派专人负责学生的学习考勤、归寝管理，甲方安排专人与其对接，及时掌握学生学习动态。对学生进行安全生产教育，确保学生用电设备等的安全。

⑩学生的课程成绩以项目考察方式进行，并由乙方进行评分，60~75 分为合格，75~90 分为良好，90 分以上为优秀，成绩合格及以上的学生颁发实训证书。

2. 项目开展情况

2018 级中韬华益管理会计师创新班是财经学院开展“人职匹配，实践育人”活动的班级。该班共有学生 31 人，根据学生本人的志愿，有 22 人志愿参加大信会计师事务所（广东分所）的企业实践教学活动，有 9 人志愿留校参加考研深造。合作企业只有 1 个，即大信会计师事务所（广东分所）。该所是东莞目前规模最大的一个事务所。根据与大信会计师事务所的委托培养协议，在大信会计师事务所参加企业实践教学活动的 22 人需要支付委托培养费用。此笔费用开支由带队老师主持的校级项目《卓越财会人员协同育人平台》承担。

2021 年 9 月 6 日，带队老师带领 22 名学生前往大信会计师事务所（广东分所），正式开启了为期一个学期的企业实践教学活动。

3. 实践效果

本次实践，让学生在大信会计师事务所（广东分所）学到了真本领，掌握了新技能，熟悉了企业管理模式，了解了企业文化，深入开展了实践研究。全体学生能够理论联系实际，学以致用，顺利完成了企业实践教学的各项内容，为进一步提高财务管理专业人才培养质量做出了有益探索。

（1）增强校企双方的理解和信任

学校带领学生到企业进行实习，在锻炼学生实际操作技能的同时，也可以通过进驻企业来了解合作企业的实际情况和用人需求，以便更好地为企业培养高素质和高技能的应用型人才。企业也可以通过学生的实习情况来了解学生的职业素养和实际操作能力，在未来可直接招聘实习表现优异的学生，这也为企业招聘人才降低了时间成本。在这次实践过程中，大信会计师事务所（广东分所）副所长参加了财经学院举行的财会类专业群建设研讨会，并提供了大量有益意见和建议。虽然是第一次合作，尚未进行更深层次的交流和合作，但随着合作时间的推移，相信双方可以在共同开发实践教学课程体系、共同制定实践教学方案、共同实施实践教学过程、共同评价实践教学成效、共同改进实践教学方式等方面进行更深入的合作。这就是校企合作所要达到的目的，即校企双方实现良好互动，信息共享，优势互补。

（2）形成基地实践教学与专业课堂教学互促互补的良好局面

校企合作的重要特点之一就是实现优势互补，学校教授学生基本的理论和专业知识，而教学内容是否科学合理，需要通过实践来检验。因此，与企业合作，将其发展为学生的实践基地，对于学生专业素质的提升是大有裨益的，也符合学校“人职匹配”实践育人模式的宗旨。大信会计师事务所（广东分所）规模大、实力强、地理位置优越，是优秀的实践教学基地，假以时日，可以考虑共建创新班，更加密切地实施“五共同”教学活动，形成基地实践教学与专业课堂教学互促互补的良好局面。

（3）有效提高学校“双师双能型”教师队伍建设

教师作为教学主体，承担着教授学生知识的任务，因此，教学质量的好坏关键取决于教师水平的高低，没有优秀的教师队伍，一切人才培养模式都将成为空谈。这就要求教师不但要有扎实的理论知识，也要有丰富的实践经验和较好的岗位技能，也就是所谓的“双师双能型”教师。在校企合作中，教师可以在实践基地进行实践活动，利用自身所具有的理论基础，在企业从事具体的岗位工作，这有利于提高业务能力。同时，学校也可以邀请企业高级管理人员和工程技术人员举办专题讲座，给师生带去前沿的行业信息和技术发展趋势，校企之间形成良好的互动关系，对于学校“双师双能型”教师队伍的建设大有裨益。

（4）构建校企合作协同育人机制

校企的合作不是简单的形式上的合作，而应该是深入的、建设性的、双赢的合作。师生进入合作企业进行实践锻炼，就是将所学的理论知识在实践中进行检验，从而认识到教学内容存在的不足，并做进一步的调整。企业作为用人单位，非常清楚自身对人才的需求，所以在实践过程中，可以发现学生在理论知识和操作能力方面的欠缺，并且将存在的这些问题反馈给学校，同时提供建议，这对校企合作的人才培养模式起着极大的推动作用。本次实践中，大信会计师事务所（广东分所）积极参与了广东科技学院“卓越财会人员协同育人平台”建设的相关工作，为2018级中韬华益管理会计师创新班的实践教学做出了贡献，这也为未来的进一步合作打下了良好的基础。

四、产教融合人才培养模式的发展趋势

（一）现阶段产教融合人才培养模式存在的问题

当前，我们处在数字经济时代，各种新兴技术，如云计算、人工智能、大数据等不断发展，这就要求我们的产业结构进行相应的升级优化，培养出适合经济发展所需的人才。2018年9月全国教育大会就指出“大力办好职业院校，坚持面向市场、服务发展、促进就业的办学方向，推进产教融合、校企合作，培养更多高技能人才”。国务院2019年2月印发的《国家职业教育改革实施方案》（国发〔2019〕4号）指出：“深化产教融合、校企合作，育训结合，健全多元化办学格局，推动企业深度参与协同育人，扶持鼓励企业和社会力量参与举办各类职业教育。”产教融合作为适应经济发展的一种人才培养模式，是推动高等教育良性发展的重要推手。在产教融合机制驱动下，创新高校人才培育模式，提高人才培育质量，是高等院校服务我国经济良性健康发展的重要课题。

虽然各院校积极推动产教融合的人才培养模式，并取得了一定的效果，但是在实践过程中，也面临着一些亟须重视和解决的问题。

1. 流于形式致“融而不合”

国家大力提倡产教融合，创新人才培养模式，各地方政府也出台各项措施来推动产教融合，在刚开始时，企业和学校会积极响应产教融合政策，以获得政策红利。但是当政策红利减少或者没有时，企业如果没有从校企合作中得到显而易见的“好处”，那么它们就可能会缺乏积极性，这就导致了校外实训基地不能很好地发挥作用，流于表面，学生到企业实习在某种程度上变成了敷衍了事。长此以往，双方的合作意愿下降，学生进入企业实习，某种程度上只是成为企业的廉价劳动力。而一些学校为了应付政策，只是象征行地联

系几家企业签署合作协议，于是出现了“挂牌多、签约多、合影多、会议多”的怪现象，让产教融合流于形式，校企并没有真正地融合。

2. 校企态度冷热不均致“合而不深”

学校的职责是教书育人，其追求的是培养人才，创造社会价值，而企业作为市场经济的主体，其追求的是经济利益，这基本的价值取向的不同，必然导致学校与企业对于产教融合的态度也不同。虽然国家和地方政府相继出台了产教融合的政策，但在实际的合作过程中，往往是“学校热，企业冷”的局面，学校为了提高教学质量，提升办学名誉和提高就业率，对产教融合干劲十足。但是，企业往往只是走走过场，并没有深入地参与其中，也不愿意投入过多的资金，导致产教融合效果大打折扣。

3. 产教融合管理机制不健全

我国高校推动校企融合的时间比较晚，虽然中央和地方推出了许多相应的政策，但是有一定的滞后性，同时政策相对笼统，缺少具体的操作法规和实施细则，部分政策对于校企之间“责、权、利”的划分不够明确，校企在利益分割方面有不同的主张和诉求，在责任方面却模糊不清，同时相关组织机构对校企合作的监测和评估，缺少具体的数据化信息分析，大部分是基于表象的判断，缺乏对校企合作的有效指导，致使产教融合推行受阻，处于比较松散的状态，难以形成长久有效的合作机制。

（二）产教融合的未来发展趋势

鉴于产教融合存在的问题，未来的发展趋势一定是取长补短，纵深发展，实现校企双方共赢。

1. 产教融合层次不断提升，实质重于形式

校企合作的重要目的是让学校培养出真正的社会所需要的人才，企业也能够招聘到有用的人才。校企之间的合作要避免形式化，也不需要操之过急、目标过多，应该实打实地投入其中。企业作为经济发展的实际参与者，对于行业的发展趋势和前沿技术的了解是更加透彻的，这正是学校所缺乏的。高校可以充分借助企业这方面的优势，联合企业共同打造符合现代智能技术发展的新型校内综合实验实训基地。该实训基地按照企业岗位的实际工作环境来进行设置，由校企双方共同管理，为提高学生的职业技能和专业素养提供场地保障。企业可以利用该实训基地进行员工培训，从而实现在校学生的实践教学与企业员工培训的高度结合。同时，学校和企业签订合作协议，建立校外实习基地，让学生真正深入企业的实际工作中，让理论知识在实习中不断强化，提升工作技能。

2. 校企双方真正双向奔赴，共同成长

产教融合的主体是学校和企业，因此，它需要校企双方共同努力，共同投入，而不是学校剃头挑子一头热。学校在选择合作企业时，除了要考虑其实力，更要注重其合作意愿，不应只追求合作企业的数量，更应看重合作的质量。同时，学校作为培养学生的主体，需要履行好自己的职责，制订科学的教学内容和人才培养方案，让学生所学的内容和企业能够有效对接。企业也应该真正地参与进来，为学校的人才培养模式提供宝贵建议，甚至参与学校教学内容的建设、课程设置和人才培养方案设计，派相关技术人员定期到学校开展讲座，分享最新的行业资讯和前沿技术成果。此外，校企合作需要一个监督机构。这个机构可以由企业行业协会来充当，它可以对产教融合教学环节和实践环节实施监督并

给予评价，及时指出存在的某些问题，并督促校企双方运行管理，把高校和企业打造成一个人才培育的命运共同体和利益共同体。只有校企双方真正地深入合作，产教融合才能发展得更好更远更稳。

3. 产教融合管理和保障机制不断健全

产教融合要想持续、健康、稳健地发展，离不开相应的管理机制和保障机制。高等院校可以在地方政府的牵头和引导下，与地方企业、行业协会成立相应的工作委员会，定期召开关于产教融合重大事项的会议，制定适应校企双方需求的规章制度和考核评价体系，并且明确校企双方的权利与义务，建立校企双方共赢的保障机制，如健全的组织机构、完善的管理制度、有效的激励机制、相应的经费保障、可靠的评估体系等。双方对人才培养合作项目，需要建立专门的较为完善的项目管理制度，如《教学质量评价协议书》《人才培养实施方案》等，让项目在多方共同的监督下有效进行，并进行绩效评价。对于所需要的经费，应该设立专项经费管理制度，做到专款专用，确保各项工作顺利开展。校企合作除了企业和学校，另一个重点是师生的积极参加，而有效的激励机制可以带动他们的积极性，因此可以共同设立奖学金、班主任津贴等，按学生在实习过程中的表现来评定奖学金等次，激励学生积极参与企业实习，努力提高自己的专业技能和职业素养。只有完善的保障机制才能让产教融合更好地发展，才能让校企双方更好地开展合作，才能让产教融合得到校企双方的认可，从而更好地服务于社会经济的发展。

第五章　产教融合与应用型专业建设

一、“四新”建设背景下的学科专业建设

（一）“四新”建设的基本内涵

1. “四新”建设的起源与现状

（1）“四新”建设的概念及起源

“四新”建设包括新工科建设、新医科建设、新农科建设和新文科建设。“四新”建设强调的是学科专业建设的实用性、交叉性及综合性，代表着我国高等教育有了新的发展定位、新的历史使命。“四新”建设的主要目的是推动能覆盖全部学科门类的一流本科专业集群的建设及形成，使其具有中国特色、世界水平。2017 年年初，“四新”建设中的新工科建设被最早提出。2017 年 2 月，教育部召开了综合性高校工程教育发展战略研讨会，会议中各参会代表最终达成了十点共识，后被称为“复旦共识”。在新工科建设提出之后，又有了“天大行动”“北京指南”等重大会议，这些会议陆续提出了新医科建设、新农科建设和新文科建设，对我国高等教育改革与创新具有重要影响力。

（2）“四新”建设的发展现状

“四新”建设应国家经济社会发展需求，正逐步深入发展，具体如图 5.1 所示。2018 年全国教育大会召开前，发展新工科、新医科、新农科、新文科被中央发文正式写入；紧接着该年 10 月份，教育部印发了《关于加快建设高水平本科教育全面提高人才培养能力的意见》（教高〔2018〕2 号）等文件，在这些文件中，“四新”建设的概念被进一步深化。这意味着我国高等教育中要全面推进“四新”建设，以提高高校服务经济社会发展的能力，适应国家经济社会现实的需求。随后，“四新”建设逐渐成为学术研究的热点，从最开始的基于某个具体学校进行的研究，陆续到在全国范围内开展研究，由此全国高校进入了全面改革探索期。2019 年 4 月，教育部、中央政法委、科技部等 13 个部门联合召开“六卓越一拔尖”计划 2.0 启动大会，标志着新工科、新医科、新农科、新文科建设正式启动；同年 10 月，教育部又出台了《关于深化本科教育教学改革全面提高人才培养质量的意见》，预示着“四新”建设联通了学科专业调整优化和内涵提升。

随着学术界对“四新”建设进一步探索和研究，高校对“四新”建设的认识逐步加深拓宽，无不彰显着“四新”建设的时代蕴意。为了契合“四新”建设步伐，2020 年 11 月，山东省发布了《新文科建设宣言》，象征着全面推进新工科、新医科、新农科、新文

科“四新”建设的开始，彻底掀起了我国高等教育的一场“质量革命”。[①] 2021年，为推动高校学科专业建设和人才培养更加契合社会需求，全面提高人才培养质量，福建省财政厅下达专项资金2 500万元来支持高校开展“四新”建设试点，支持高校探索建设新的专业和新的培养模式，打造一流学科、一流专业和一流团队。为实现我国2035年建成教育强国、人才强国的目标，我国高等教育对于“四新”建设将从规模化发展转向内涵式发展。[②] “四新”建设下的新工科、新医科、新农科、新文科相互发展，相互作用，密不可分，如新文科为新工科、新医科、新农科提供了新理论；新工科、新医科、新农科为新文科提供了新方法。

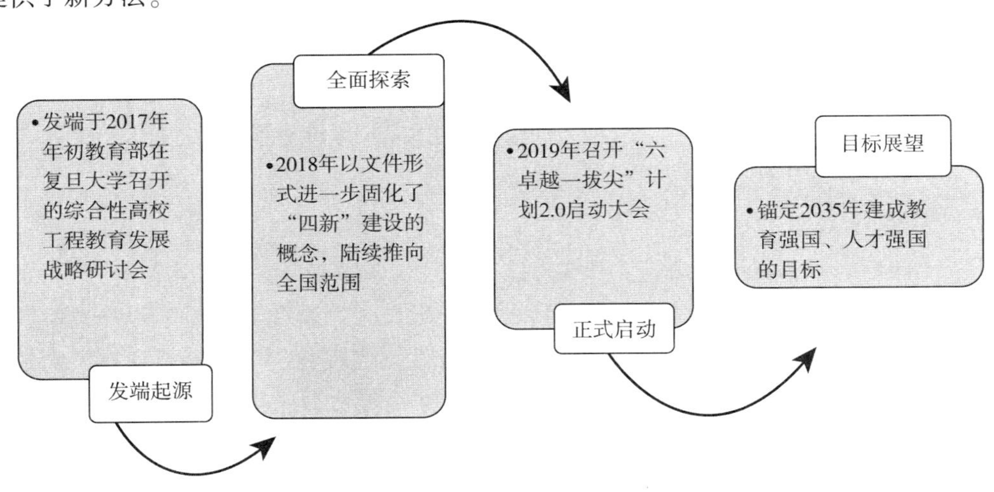

图 5.1　“四新”建设的历程

2. “四新”建设的主要任务

“四新”建设肩负不同的发展使命，但其均以时代发展先进理念为引领，面向科技革命，面向祖国未来发展需求，培养时代能人。“融合”与“创新”成为“四新”建设最基本的特征。[③]

在形成“复旦共识”“天大行动”“北京指南”后，新工科建设正式进入实施执行阶段。新工科建设领域主要为新兴产业，如建设针对人工智能、智能制造、机器人、云计算等新兴产业的专业，但也包括对传统工科专业进行改造更新。新工科建设是传统工科的教育升级，不是其对立面，更不是对其进行全盘否认，而是发展新兴专业，并把传统工科专业改造成新型工科专业。[④]

新医科建设主要是提出医学新理念，由原先治疗为主逐步发展为兼具预防治疗、康养的生命健康全周期治疗，开设精准医学、转化医学、智能医学等新型专业。新医科建设服务于健康中国，将迈向预防治疗、过程康养的生命健康全周期治疗阶段，这也适应了现代

① 蒋海蛟．“四新”建设背景下高校思想政治工作创新论析［J］．文化软实力，2021，6（3）：67-72.

② 何菁，周统建．我国一流本科教育“卓越”价值设计的历史考察［J］．黑龙江高教研究，2021，39（6）：21-26.

③ 铁铮．“四新”建设中——如何把握学科创新的规律和导向［J］．北京教育（高教），2021（5）：6.

④ 林健．深入扎实推进新工科建设［J］．高等工程教育研究，2017（5）：18-31.

科技革命和产业变革的新要求。

新农科建设重点关注涉农专业，指以现代科学技术改造提升现有的涉农专业并建设新型涉农专业以适应新产业发展需要。新农科建设不仅助力实现乡村振兴，而且在推动以现代科技改造传统农学专业中发挥着至关重要的作用。作为我国高等教育农业人才培养体系改革主力点的新农科建设，为我国农科人才培养指明了方向、划定了任务。新农科建设不仅要发展新兴农科专业以满足农业转型新需求，还要改革传统农科专业，使之适应农业转型。①

新文科建设是相对于传统文科而言的，指将学科进行重组，也就是在哲学、文学、语言等课程中融入新技术；文理交叉，给学生以跨学科学习体验。② 新文科建设要求融入现代人工智能、云计算等信息网络技术，增强学科专业与社会需求的紧密性，用中国方式阐释中国文化，壮大我国文化软实力。目前，“以学为中心”的教育理念被广泛接受并落实，该理念要求教师在新文科建设背景下改变传统教学模式，更加注重合理引导，将现代信息技术融入情景化学习和教学设计中。学生则结合自身学习情况主动学习，培养自身行动力和对现实问题的反应能力。③

“四新”建设是我国顺应时代发展潮流和应对世界百年未有之大变革的重要举措，是我国高等教育育人体系最具影响力的质量改革与创新。为了完成我国教育强国建设目标，必须做好“四新”建设。

（二）“四新”建设与应用型专业建设的内在逻辑

1. 专业与学科的关系

（1）学科

对于学科，不同的阐释存在于不同教育之中。在基础教育中，学科是教育教学的基本单位，指的是“教学科目”。而在高等教育中，学科指的是将关联较高的单一学科集群起来成立的学科门类，学科门类反映了时代发展和社会变化。2020 年，高等教育学科门类共 14 个。每个学科门类下面又有多个一级学科。所以，高等教育中的学科主要指在科学研究所（院）和高等学校之中的学科，其与基础教育中的学科互不相同，体现在人才培养上。在高校的学科中，每个本科专业都会以几个学科为主干学科，所以在考察高等学校学科建设时，必须对其支撑的本科专业一并考察，这样才可能完整掌握该学科建设的全貌。④

（2）专业

潘懋元等学者认为，在高等教育中，课程的组织形式其实叫作专业⑤⑥，不同课程组

① 侯琳．新农科背景下传统农学专业实践教学体系建设研究［D］．武汉：华中农业大学，2021.

② 王铭玉．高校“新文科”建设：概念与行动［N］．中国社会科学报，2019-03-21（004）.

③ 金晓梅，高倩倩，尹今格．新文科背景下“以学生发展为中心”的教学范式改革探究［J］．经济师，2022（2）：185-186.

④ 高一鹏，田昀鑫，刘水．“四新”背景下高校一流学科专业建设的思考［J］．通化师范学院学报，2022，43（1）：135-139.

⑤ 李志鸿，潘懋元. 高等教育质量建设思想探析［J］．西南交通大学学报（社会科学版），2015，16（5）：30.

⑥ 白洋．初探教育学原理在教育学专业发展中的“专业哲学”使命［J］．教育教学论坛，2017（32）：228-230.

成了不同专业，不同的专业由不同的课程组成。周光礼则认为，从社会学角度，专业是一种专门学业或专门职业。[①] 专业建设旨在对人才的培养，主要培养知识量丰富、眼界广、具有创新能力的现代化人才。自20世纪90年代末国家依次颁布了《授予博士、硕士学位和培养研究生的学科、专业目录》《普通高等学校本科专业目录》，其中显示，本科与研究生学科专业门类主要在一、二级学科设置方面表现不同，主要是因为本科与研究生的教育规格、培养目标、培养层次不同。[②]

（3）学科与专业的关系

高等教育中的学科与专业经常会被人混淆，认为学科与专业是一个意思，其实不然，它们是两个不同的概念，拥有不同的内涵、不同的目标、不同的构成要素。学科是高等教育进步的成果转化，而专业是为了适应现代经济社会发展的必然结果，众多课程组成了专业，一个专业由不同的学科组成，一个学科也会跨很多专业。[③]

学科建设与专业建设相互联系、相互作用，又各有特点。宏观上，高校的学科建设和专业建设均包括制订发展规划、优化结构布局及打造专业化师资团队、培养专门人才、深化科学研究、提供社会服务与加强国际交流合作等方面。微观上，学科建设突出体现为凝练特色研究方向、打造学术团队和学科平台；专业建设核心目标在于提升高校教学水平，提高人才培养质量，核心任务在于制订专业人才培养方案、教学质量标准，建设课程和师资团队、实验和实训基地，以及建设教材、教学软件和教学科研仪器设备设施等，丰富高校教育资源。学科建设是专业建设的基础，学科建设是将高水平的师资、研究性为主的教学、高水准的研创基地、学科前沿知识、最新研发成果等，通过各个教育环节注入专业建设并反哺教学，学科建设对相关专业改革的深入、专业视野的拓宽、人才培养质量的提高起牵引和示范作用。

“四新”建设把时代特征、中国特色和“融合”的创新理念植入人才培养、科学研究、师资队伍及教学科研平台等的建设中。“四新”建设是一种突出人才培养应适应社会需求的专业发展理念，最终会落到学科建设上，促进学科随时代进步不断融合创新。

2. 专业与产业的关系

（1）产业

经济社会中存在相对独立的生产部门，其独立进行生产组织活动，生产力随着经济社会发展水平的提升而不断提高。尽管生产分工各有不同，但如果一个部门内部结构发生了变化，其他部门也会受到影响，跟着发生变化，产业结构就此产生。依据不同分类标准，产业结构的分类方法也有所不同，其中影响力最大的是配第-克拉克的三次产业结构分类法。该分类法最早最全面地说明了三次产业划分，并总结出劳动力与产业结构的发展规律，即产业结构发展呈现出先由第一产业转向第二产业，再由第二产业转向第三产业的发

① 周光礼．“双一流”建设的三重突破：体制、管理与技术［J］．大学教育科学，2016（4）：4-14+122.

② 熊枫，刘麦凯．产业发展与高等教育专业结构设置之间的内在关系研究［J］．科教文汇（下旬刊），2019（2）：6-8.

③ 王贺．应用型本科高校“一流”学科建设中学科、专业、课程的关系探析［J］．高教学刊，2019（1）：12-14+17.

展路径。① 第一产业指的是广义的农业，其产品直接来源于自然界且无须深加工即可消费；第二产业指的是工业、建筑业等生产部门，其产品来自初级产品的再加工生产；第三产业则是以提供各种生产或消费服务为主要产品的非物质生产部门。② 三大产业结构发展路径如图 5.2 所示。

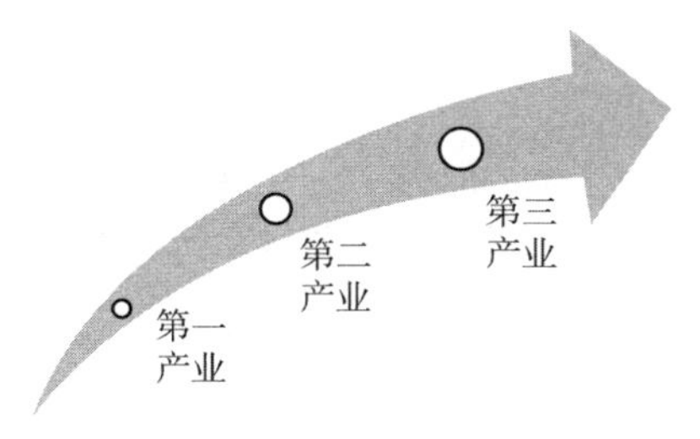

图 5.2　三大产业结构发展路径

对于产业发展来说，有学者综合研究了各个产业中的国民收入和劳动力空间分布情况，分析了产业随着经济发展的演变规律，并提出未来第二、第三产业将汇集更多社会资源的态势，因为前一个产业发展成熟后，才能推动后一阶段产业发展。③ 马力等学者通过研究认为，在产业经济低增长时期，主要由产业结构调整拉动经济发展，在产业经济高增长阶段，经济发展靠高等教育结构调整来推动。④ 从劳动力供给与企业需求平衡的角度，高等教育培养的各类人才结构、数量，必须适应产业调整升级造成的就业结构变化情况，为社会经济的健康发展提供保障。

（2）专业与产业的关系

综上分析可以得出，国民经济中，第一产业所占比重逐渐降低，第二、第三产业所占比重逐渐上升，这种演进趋势是经济产业发展的历史规律。产业结构发展趋势影响着市场经济和对人才的需求。同时，高校学科专业的设置又与人才的培养紧密相连，决定人力的供给数量与质量。依据需求决定供给的理论，产业升级调整决定了学科专业结构调整，两者之间相互促进、相互作用、相互影响。

（三）“四新”建设与产教融合的基本路径

1. 基于产业的学科专业结构调整

随着现代社会产业升级，企业对高级专门人才的要求不断提高，以适应产业结构的优化升级。作为应用型高校，主动将学生培养教育融入产业结构调整升级进程，将使学科专业建设更契合产业转型升级的需要。⑤ 那么如何进行基于产业的学科专业结构调整？本书从产教融合、科教融合及专业集群三方面进行了分析，如图 5.3 所示。

---

① Fisger A. The clash of progress and security ［M］. London：Mcmillan&Co. Ltd. , 1935：233.

② 闫松显，陶雪，郭继元，等. “四新”学科建设背景下“5+3”产教融合协同育人模式实践探索——以茅台学院资源环境系为例［J］. 科教导刊，2022（3）：8-10.

③ Baumol W J. Macroeconomics of unbalanced growth the anatomy of urban crisis［J］. The American Economic Review，1967，57（3）：415-426.

④ 马力，张连城 . 高等教育结构与产业结构、就业结构的关系［J］. 人口与经济，2017（2）：8-10.

⑤ 赵爽，成康康 . 长江三角洲区域产业集群与专业集群耦合机理研究［J］. 现代营销（下旬刊），2022（3）：92-9

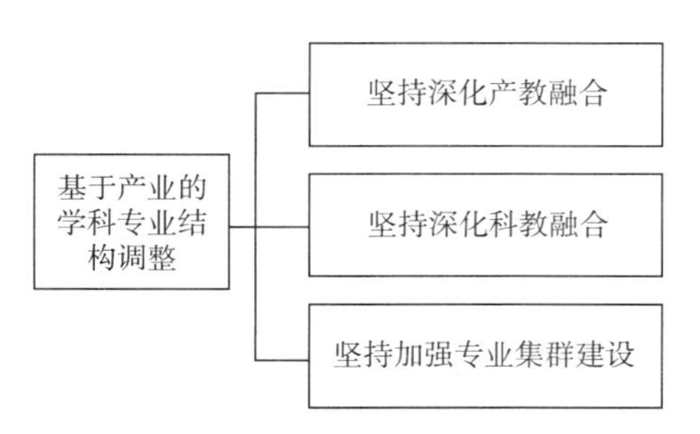

图 5.3　基于产业的学科专业结构调整

（1）坚持深化产教融合

深化产教融合，主动适应国家和地方经济社会发展的需求，促进人才培养与产业链关键环节对接，教学内容与职业标准对接，教学活动与工程实践对接，优化实践教学内容，创新实践教学模式，强化实践应用能力与应用创新能力培养。① 通过产教联盟、产业学院、创新班等探索协同育人模式改革，以“引企驻校”“引校进企”“校企一体”等方式，与行业、企业共建实验室、实践教学中心、服务平台，强化与企业顶岗实习、生产性实训等方面的合作。按照学科专业集群资源共建共享的原则，实现集群内部各专业人才培养的相互衔接、交叉融合，构建具有集群特点的人才培养模式。②

主动调查不同岗位用人需求，学校可以结合所在地重点产业及特色产业对人才的需求，根据自身实际办学情况及条件，构建学校特色专业，为学校持续发展及地区产业升级发展做出相应贡献。目标是使专业发展方向适应产业结构的发展趋势，努力建设符合当前经济社会发展需求的特色专业，培养市场所需的应用型高素质人才。例如，学校在设置专业时，可关注产业结构调整对未来岗位人才的需求，打造适应地方经济发展甚至具有持续竞争力的特色专业。例如，广东科技学院位于东莞市，应该围绕东莞市支柱产业（电子信息制造业、电气机械及设备制造业、纺织服装鞋帽制造业、食品饮料加工制造业、造纸及纸制品业等）以及粤港澳大湾区三大重点产业（人工智能、生物医药、新能源汽车）来打造特色专业，以建立自己的核心竞争力，形成产业学科体系。

（2）坚持深化科教融合

以产业需求为导向，以学科专业集群为平台，实现集群资源共享、优势互补，建立多学科融合、多团队协同、多知识集成、多领域合作的研究平台，通过项目开发合作、专业咨询、成果交易等方式深化产学研合作。支持学科专业集群开展校地、校企、校校、校所横向联合与深度合作，共建现代产业学院、重点实验室、工程技术中心等服务平台，积极开展应用创新研究，进行技术创新、转移和再创造，推进区域产业创新发展，提升学校服务地方经济社会发展的能力。

（3）坚持加强专业集群建设

通过合理布局产教融合，来构建科学化的管理构架。从专业整体布局而言，产业集群有利于专业集群的构建，有利于增强专业与产业间的联系，使传统专业分布发展为集群化专业分布，从而营造良好的专业集群生态链。以广东科技学院为例，围绕立足东莞，面向

① 易亚军，杨博，罗俊，等. 民办应用型本科高校实验实训基地建设现状与发展对策研究［J］. 轻工科技，2022，38（3）：151-153.

② 倪会，魏勇军. 学校现代化建设的“四新”路径探索［J］. 教育科学论坛，2018（35）：32-34.

大湾区，服务“先进制造新东莞”建设、“粤港澳大湾区”建设的学科专业定位，对接区域重点、支柱产业体系，由学校统筹规划、整体部署，二级学院分工协作、共建共享，跨学院、跨学科、跨专业建设专业集群。专业集群内的各个专业具有相同或相近的特点，如具有相同的学科基础、工程对象或技术领域，共同服务于某个产业链的人才培养，通过优化配置学科专业资源，形成学科专业交互作用机制，发挥优势学科专业领头羊的作用，辐射拉动集群内部学科专业协同发展。广东科技学院专业集群分布如图 5.4 所示。

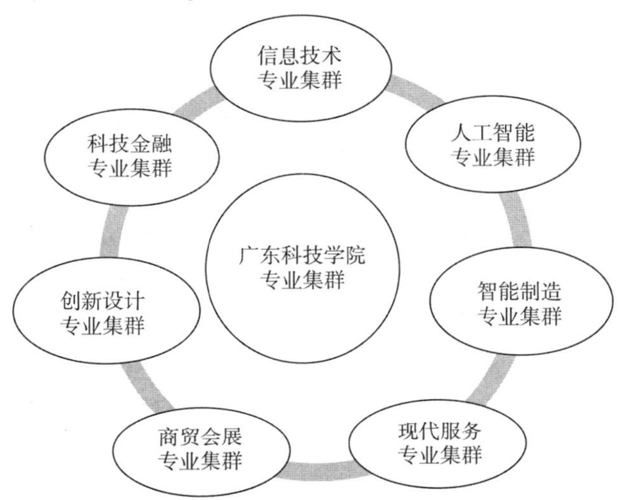

图 5.4　广东科技学院专业集群分布

2. 基于产业的学科专业内涵建设

“四新”建设结合了工科、医科、农科、文科各自的优势与特色，目标是办好适应新时代发展、具有中国社会主义特色的大学及其学科专业，培养我国社会主义事业的建设者、奋斗者和接班人。① 地区产业发展水平及产业结构调整深刻影响着高校的学科专业内涵建设，广东科技学院作为应用型高校，旨在培养应用型人才，应当从以下两个方面推动学科专业内涵建设。

（1）教学改革结合产业发展，推动特色专业建设

学校在推动特色专业建设、教学改革过程中，需要结合区域乃至全国的产业发展，将有限的教育资源与人才资源投入建设特色专业中去，以适应经济社会发展实况，减少社会教育与人才资源的浪费，力求人才供求平衡。如，广东科技学院与东莞众多企业建立实训、实习基地，直接对接企业用人需求，针对性培养学生，进一步加深了校企合作。在此基础上，广东科技学院也可以组织企业专家访谈，深刻了解企业岗位用人要求，并在教学改革中融入职业岗位能力的培养，坚持以工作过程为导向、以任务驱动为原则，开发特色专业核心课程，构建特色专业课程体系，打造整体核心专业课程架构，形成学校特色专业。在具体育人实践中，学校应基于实际工作过程中所需知识素养，以及解决问题等能力要求，科学合理地进行教学设计，有序编排课程内容，模拟真实工作场景，培养学生的实

① 庞道晶，王玉文. 应用型本科院校专业内涵建设的研究与实践——以哈尔滨石油学院为例［J］. 教育探索，2015（9）：107-109.

践操作能力和问题解决能力。在教师选择方面，学校可邀请企业管理人员、技术骨干担任学生实践导师，扩展产业协同和校企合作的深度与广度。

（2）提高师资教研水平，完善学校基础设施条件

人才培养要求学校专业办学水平要提高，软件及硬件条件要均衡发展。学校不仅要有优秀师资，还要有良好的教学条件，尤其是实践教学条件需要进一步改善，为办学提供有力支持。

就教师专业水平而言，一个好的教师工作团队，其成员普遍在思想政治素养和师德师风建设方面表现良好，能做到坚持社会主义核心价值观，为人师表、教书育人和科研育人。教师们不但要注重教学，更要注重科研，以此来反哺教学，可见教学与科研是不可分割、互相影响、互相制约的关系。在竞争激烈且日益变化的现代社会，现代网络信息技术不可或缺，现代网络信息技术的应用有利于做好“课程思政”，练就教师的教学本领，获得良好的教学效果。专业教师团队不仅要拥有高水准的教学水平，更要有良好的学术理论或应用型科研能力，具备较强的团队研究与创新能力，为学校拥有一流专家、学科专业领军人物和科研创新团队以及优秀教学团队创设条件。

对于学校教学基础设施建设而言，需要加强学校教学资源平台建设。学校需要衡量技术人员数量及技术专业水平，为平台正常运行提供高水平保障，以便师生进行正常的教学活动，同时建立意见收集专栏，对师生在现实中运用教学资源平台的问题进行及时跟踪收集并解决。学校还可建立技术人员与师生间的双向沟通机制，在该机制下，技术人员向师生提供教学资源平台使用说明，师生向技术人员反馈使用情况，以保证师生高效全面运用教学资源，促进专业建设质量的提升。

综上所述，基于产业的学科专业内涵建设既包括软件建设，也包括硬件设施建设，具体包括人的培养、师资教研水平、教学资源信息平台等共性要素的建设。产业与学科专业内涵建设相融合，要以这些共性要素为基石，把“四新”建设、学校专业特色及强校理念融于应用型本科专业人才培养、教师科学研究、教研资源信息平台建设中。学校专业建设依靠学科建设，学科建设反过来促进专业融合与创新，以适应经济社会发展需求目标。

二、产教融合背景下的专业集群建设

（一）专业集群建设的理论概述

1. 专业集群的建设模式

（1）“以链建群”，对接产业链（集群）建群

“以链建群”的专业集群建设模式，是学校根据产业发展需求和学科建设实际，基于产业链或产业链相关环节构建专业集群，通过不断补链、延链、强链，在建设过程中调整和优化。[①] 2015 年 10 月，教育部、国家发展改革委、财政部《关于引导部分地方普通本科高校向应用型转变的指导意见》指出，“建立紧密对接产业链、创新链的专业体系；围绕产业链、创新链调整专业设置，形成特色专业集群”，这为“以链建群”专业集群建设

① 顾永安，范笑仙．应用型院校推进专业集群建设机制创新的思考［J］．国家教育行政学院学报，2020（8）：25-33.

模式提供了依据。“以链建群”专业集群建设模式，更加强调学校的专业布局与产业链发展紧密对接，实现二者共赢。

（2）“以核建群”，围绕核心专业建群

“以核建群”的专业集群建设模式，是遴选学校特色专业或优势专业，充分发挥它们的示范引领作用，构建集成化和体系化的专业集群。它的优点在于更加充分地发挥办学特色，聚焦产业发展和转型升级，更好地服务经济社会发展。该模式下，专业集群的融合性、共享性、交叉性更强，适合建造学科专业超级平台。但是由于专业隶属学院，专业集群建设在具体实施过程中难度较大，需要制订强有力的保障措施。

（3）“以院建群”，依托二级学院建群

“以院建群”的专业集群建设模式，是学校依托专业数量较多、发展较快的二级学院进行专业集群建设。这种集群建设模式下，二级学院院长作为专业集群建设负责人，利于管理和资源协调，从而让专业集群建设形成“合力”。这种“以院建群”模式的缺点在于学科专业平台有限，保障资源支撑有限，同时易于受原来“学院–专业”的管理模式影响，专业集群的契合度不够。

（4）“以特建群”，基于办学特色建群

“以特建群”的专业集群建设模式，是结合学校的办学优势和特色，建设具有学校办学特色的专业集群。“以特建群”的模式相对于前三种专业集群建设模式而言，难度较大，但是基于学校办学特色和培育，专业集群建设的目标更加明确。《关于引导部分地方普通本科高校向应用型转变的指导意见》明确提出，“校企合作的专业集群实现全覆盖……按需重组人才培养结构和流程，围绕产业链、创新链调整专业设置，形成特色专业集群”。因此，基于办学特色建设专业集群，有利于提升学校的核心竞争力和影响力，是学校特色培育的重大成果。

专业集群建设是动态的建设过程，没有固定不变的模式，其建设的目的和方式不同，导致其专业集群存在差异性和多样性。同时，各高校在进行专业集群建设时可以进一步探索和创新。已经开展专业集群建设的高校，基于以上四种模式，进行了新的探索和实践。例如，重庆科技学院根据产业链主体岗位构建核心专业，形成学科专业集群；江西服装学院充分发挥学校优势、特色、重点学科专业在专业集群建设中的龙头与带动作用，以产业链或产业链相关环节为主线构建专业集群。

2. 专业集群的建设任务

高校的发展要与区域经济社会发展相结合，不同的高校在服务区域经济发展层面的定位不尽相同；因此，专业集群的建设要与学校整体发展战略相适应，明确专业集群在整个学校发展战略中的地位。从学校层面立足本区域的经济发展，紧紧围绕区域产业链，厘清专业集群布局与区域经济发展的关系，从而确定具体专业集群对接的产业链和目标定位。

（1）人才培养模式改革

各专业的发展需要深化产教融合、协同育人的人才培养模式改革，强化专业发展与产业发展的关键要素对接，理论教学与实践实习对接，教学内容与职业标准对接，同时培养学生的创新创业能力，突出应用型人才的培养。专业集群建设要根据服务区域经济发展的这一共性，打造本专业集群的“专属”文化，提出针对“共性需求”的共同培养人才模式的改革方案并加以落实。专业集群内部的各专业之间根据其内在关系，提出不同专业在人才培养上相互衔接、协作、渗透、交叉融合等的改革方案并加以落实。

（2）完善管理体制机制

理顺学科与专业、专业与专业、专业集群与教学单位之间的关系，完善专业集群组织机构、管理制度、运行机制，建设相对稳定的专业集群管理队伍，促进不同学科专业的交叉融合，共享学科专业建设资源。每个专业集群至少与1家区域龙头企业建立紧密校企合作关系，与10家左右企业进行深度合作，与企业在人才培养、科学研究、社会服务等方面开展合作，聘请行业、企业专家参与集群建设，联合行业企业完善集群内各专业建设标准，实现专业集群和区域产业链、创新链的紧密对接。

（3）探索合作培养模式

面向产业需求，深化产教融合，促进专业教育与产业链关键环节对接，教学内容与职业标准对接，教学过程与工程实践对接，优化实践教学内容，创新实践教学模式，增加综合性、设计性实验，探索设置创新性、协作性、研究性实验，强化应用能力与创新能力培养。通过产教联盟、产业学院、创新班等协同育人模式改革，以“引企驻校”“引校进企”“校企一体”等方式，与行业、企业共建实验室、实践教学中心、服务平台，强化与企业顶岗实习、生产性实训等方面的合作。按照专业集群资源共建共享的原则，专业集群内部各专业人才培养过程要做到相互衔接、交叉融合，构建具有专业集群特点的人才培养模式。

（4）构建集群课程体系

依托专业集群搭建应用创新型人才培养“立交桥”，优化课程机制，按照岗位需求整合专业课程，构建“基础知识+岗位能力”的专业集群课程体系，鼓励跨专业合作式学习，促进专业集群内学生的交流互动。依据行业、企业技术标准及职业资格标准，开发对接产业链典型工作岗位的“专业”模块化课程，采用项目化教学，在专业集群内开设跨专业课程设计、综合实训等实践教学项目，提高学生分析、解决实际问题的能力，强化应用型、复合型、创新型人才培养。主动适应产业人才需求，加强应用型课程、在线开放课程建设，每个专业集群形成具有鲜明特色的集群课程模块。

（5）建设共享教师队伍

加强集群共建共享师资队伍，跨学科专业组建虚拟教研室和教科研团队，以项目或课程为牵引，构建“专业集群-项目（课程）-团队”三位一体的合作模式，共同开展人才培养和教科研活动。加强与企业联合培养专业教师，完善教师定期到企业实践制度，聘用行业、企业专家担任兼职教师，通过走出去、引进来等方式，提升教师的教学水平和实践能力。通过专业集群建设，逐步形成校企之间、集群之间、专业之间相互协作的机制。

（6）搭建产学研用平台

以产业需求为导向，以专业集群为平台，利用专业集群内部资源共享优势，建立多学科融合、多团队协同、多知识集成、多领域合作的研究平台，通过承担项目、决策咨询、技术服务、创业孵化、成果转化等方式深化产学研合作。支持专业集群开展校地、校企、校校、校所横向联合与深度合作，共建实验室、工程技术中心等服务平台，积极开展横向课题研究，进行技术创新、转移和再造，推进区域产业创新发展，提升学校服务地方经济、社会发展的能力。

3. 专业集群的建设规划

（1）明确规划研制的基础

规划研制的政策依据，一般包括国家、省区市产业发展、转型发展、产教融合、一流专业建设等方面的文件，专业集群的建设规划需要围绕区域经济社会事业发展规划，特别是产业发展政策与规划以及学校发展规划，积极推进人才培养方案的调整，围绕服务领域或产业链，建成紧密对接产业链、创新链的应用型人才培养专业体系，促进专业链与产业链对接，努力实现建设高水平应用创新型大学的目标。

（2）明确规划研制的指导思想

专业集群规划研制的指导思想要能体现国家整体发展布局和重大决策部署，要与学校的发展战略与办学定位相适应，符合区域经济发展对人才的需求，充分展示学校自身的办学特色与优势。

（3）明确规划建设目标

建设目标可以设定总体目标，即通过专业集群建设为实现学校专业建设目标和发展目标奠定基础，也可以明确专业集群的具体目标。应用型高效专业集群建设的总体目标主要包括服务地方经济发展，对接区域产业链构建跨学科专业的应用型人才培养平台。具体目标主要有加强应用型师资队伍建设，形成基于相同基础课程的师资队伍；坚持校企合作，搭建产学研合作协同创新平台；与行业、企业积极探索产教联盟、行业学院、特色学院、创新学院、企业冠名班、企业订单班等新模式。

（4）明确规划建设任务

专业集群规划建设的任务依据指导思想及建设目标而定，主要包括人才培养模式改革，完善管理体制机制，探索合作培养模式，构建集群课程体系，建设共享教师队伍和搭建产学研应用平台，力争专业集群建设有水平、有质量。

（5）明确规划保障举措

为保障专业集群建设，主要措施包括：一是完善配套措施。建立专业集群建设工作领导小组和专业集群建设委员会，各专业集群建设委员会明确各自的职能；学校出台支持专业集群建设的指导意见，注重绩效奖励，加强建设过程检查，推进制度化建设和规范化管理。二是加大投入保障。在经费保障上，加大专业集群建设经费投入，多渠道筹措建设经费，合理分配和使用建设资金，根据专业集群建设需要设立专项资金，保障专业集群的建设。鼓励相关行业、企业配套投入，形成多元投入、协同建设模式。三是强化质量监控。建立专业集群建设质量管理制度，坚持过程管理与结果评价相结合，进行专业集群评估。

（二）专业集群的体制机制建设

1. 专业集群的组织架构

为加强专业集群建设，学校可以成立专业集群建设工作领导小组和专业集群建设委员会。专业集群建设工作领导小组由分管教学副校长任组长，教务处、评建办公室等职能部门相关负责人任副组长，成员由二级学院院长组成，下设专业集群建设办公室，主要职责是全面指导和部署专业集群建设，组织开展专业集群建设考核评价工作，协调解决专业集群建设过程中的重大问题。每个专业集群成立专业集群建设委员会，委员会设置专业集群建设负责人（主任）一名，由学校组织推荐遴选，副主任由专业集群内部的各专业建设负责人担任，组员由教研室主任、企业专家等组成；主要职责是落实专业集群建设工作领导小组的工作部署，落实专业集群建设具体工作，制定专业集群建设方案，协调集群内专业建设工作，确保专业集群建设工作顺利开展。

2. 专业集群的运行机制

（1）建立专业集群及内部专业动态调整机制

学校开设的全部本科专业均纳入专业集群建设计划，后续开设的新专业根据实际情况纳入相关专业集群。专业集群内各专业将根据学校发展实际及区域产业体系发展状况，实行动态调整。

（2）建立专业集群内招生与转专业机制

学校应推进基于专业集群的分大类招生制度改革和相对灵活的转专业制度改革，新生入学一年后再自主选择专业大类或专业集群内的专业。同时制定详细的转专业要求和流程，学生达到转专业的要求，经申请和学校审批后，可在专业集群内进行专业调换或者转入其他专业集群内的专业。

（3）建立基于专业集群的课程建设组织机制

为推进高校内部治理结构重构与优化，对现有的教学组织进行整合重组，发展建立跨专业的、符合专业集群管理特点需要的教学组织，成立并依托以课程组织为基础的专业集群组织机构，协调解决以课程为中心衍生出的各类教学资源的配置，如专业规划及发展方向、师资与课程共享、实践基地与平台共用等一系列问题。

（4）建立完善基于专业集群的评价与改进机制

针对专业集群建设评价机制与改进机制缺失的问题，学校应不断完善专业集群建设的评价与改进机制，根据专业集群与产业集群的契合度、专业集群与服务地方的支撑度、专业集群对人才培养资源配置的保障度、专业集群产学研一体化的落实度以及办学利益相关方对教学质量的满意度等，制定科学合理的评价体系和持续改进机制。

（5）建立专业集群建设项目建设机制

专业集群发展不仅需要实践，也需要理论研究，学校应将专业集群建设研究作为教学改革课题项目，重点立项，以专题研究的形式，在实践中研究，以研究引领实践，从而推动专业集群建设。在研究项目的选题方面，要突出选题的实效性和针对性，以解决当前专业集群建设问题。在选题内容方面，以学校专业集群建设实际情况，围绕专业集群创新人才培养模式、课程建设、教学改革等展开，注重研究的可推广性和创造的社会效益。在项目遴选上，适当向专业集群建设项目倾斜，并完善相关的项目制度建设。

（6）建立以数字化转型为技术支撑的专业集群运行机制

学校实施数字化转型战略，探索现代信息技术与教育教学深度融合，通过数字技术创新专业集群建设的管理与运行机制。一方面，可以基于社会需求的大数据分析专业建设与专业集群质量标准，利用数字化平台面向政府、行业、用人单位、毕业生等开展多主体、全方位调研，对调研数据进行智能化分析，指导各个专业集群科学定位，确定培养目标与毕业要求，细化各专业人才培养体系。另一方面，推进数据支持组织协同，通过数据共享与业务交互，彻底消除信息壁垒和数据孤岛，实现互联互通，促进专业集群建设组织协同，切实支持专业集群教育教学质量提升。

3. 专业集群的保障机制

（1）在组织架构上

学校以章程的形式明确专业集群组织设计与责任权利等；成立专业集群建设工作领导小组和专业集群建设委员会，成员来自政校行企等多个层面并实质性地发挥其作用。建立多级责任制，实行分层次管理，明确校长、教学副校长、发展规划处、教务处、二级学院、教研室主任在专业集群建设中的责任、权利与义务。高度重视、加强、创新基层教学组织建设，基于专业集群的产业学院或行业学院等新型组织形态创新。

（2）在政策保障上

学校可以实行“大类招生、分流培养”（按专业大类招生后，在专业集群的专业中自主选择分流培养），经过1.5~2年的大类基础课程学习后，根据学生个人志愿、学生成绩和专业发展规划实行专业分流培养。学校根据校情，出台支持专业集群建设的指导意见，给予专业集群建设的校内政策支持。同时每年年终对专业集群建设工作进行考核，考核合格的给予相关人员一定奖励。

（3）在制度保障上

学校加强制度化建设和规范化管理，制定专业集群建设与管理委员会章程、工作条例等，形成比较完善的专业集群建设制度体系。

（4）在师资保障上

学校拟定专业集群教师队伍建设规划，重点打造共享师资。首先，要根据专业集群建设的需要，配备集群内的专业负责人、学科带头人和专任教师等。其次，强化教师队伍管理，在集群内部组建教学团队和科研团队，围绕课程建设和科研项目，重点建设“专业集群-课程-团队”一体化模式，采取学习培训等多种措施提升教师素质，从而保障专业集群建设的师资要求。

（5）在资源配置上

学校将专业集群建设与师资队伍建设、课程建设、教材建设与实验实训基地建设等统筹安排，协同配置。学校在经费保障上，多元筹措，给予资金支持，设立专业集群建设专项经费、专业集群建设团队绩效奖励经费，确保专业集群建设的经费优先、足额投入。

（6）在项目管理上

专业集群建设与管理的直接责任单位可以明确是专业集群中核心专业所属的二级学院，也可以根据具体情况采取相关二级学院轮值制，还可以是专业集群建设管理委员会负责等。教务处重点负责专业集群的组织遴选和建设管理工作，教学质量监控与评估部门负责对项目建设进程及实施效果进行监控和评价。

（7）在绩效评估上

学校要高度重视激励设计，建立健全专业集群激励体系和绩效激励机制，对专业集群建设效果显著的单位和个人给予表彰奖励，在绩效分配、考核评价及学习进修、职称评定等方面予以倾斜。学校要探索专业集群主要负责人教学工作量减免制度，以保证其时间和精力的投入。要逐步建立专业集群建设效度评价机制，对专业集群的实施情况定期或不定期地进行评估，通过对集群建设前后主要评价指标的对比，及时总结专业集群建设的成效。

（8）在质量保障上

学校定期组织专家对专业集群人才培养工作及产业链需求的适应度进行评估，并根据评估结果，对相关集群建设委员会负责人或集群负责人提出改进专业集群工作的意见与建议。各集群单位可以邀请或协调相关二级学院的教学督导组，根据专业集群内部各专业之间相互关联要求，通过互评或统一组织评估等方式，定期开展对专业集群各专业教学质量的评估与检查，及时反馈，提出改进意见。

（三）专业集群的内涵建设

1. 基于专业集群的专业结构调整

“专业为王”时代已经来临，高校专业建设的警钟已经敲响，以“专业+学校”的高校招生并轨改革催逼高校专业结构优化，以专业质量为核心的内涵建设成为应用型高校建设的重中之重。应用型高校促进教育资源向优势专业集聚，以集群思维整体布局专业结构体系，这成为高校新时期专业内涵建设的首要任务。①

立足服务地方区域经济发展是应用型高校调整与优化专业结构布局的主要依据，专业集群建设满足了应用型高校专业结构布局、调整与优化的需求，就是强化专业间联系，实现要素聚集和资源共享，发挥集聚效应，发挥专业集群建设的价值。

在专业结构形态上，针对服务区域产业结构形态和人才需求的特点，打破目前各二级学院（系部）、各专业独立发展的局面，根据地方区域产业链等岗位需求，组建相互关联、有机聚合的专业集群，实现专业设置与产业集群对接，形成紧密对接产业链、创新链的专业体系；在人才培养体系上，应针对现代产业集群跨领域技术交叉融合与产业链环节高度关联的特点，要求增强人才培养的复合性和对产品生命周期的关注度，不断提升人才培养目标与产业需求的契合度。

2. 基于专业集群的课程建设

（1）系统设计专业集群的课程体系

集群内各专业课程资源的整合是立足专业集群课程体系框架和专业课程体系需求，从专业集群的共享平台中获取优质课程资源的过程。与单一专业课程体系构建相比，专业集群课程体系的构建更具复杂性和挑战性，必须妥善处理整体和局部、共性和个性、现在和长远的关系，深入研究专业集群课程组合的范围、类别和方式，分析专业集群内课程教学内容的共性和个性。课程体系包括理论课程体系、实践课程体系、通识课程体系、专业课程体系，专业课程体系又包括学科课程体系、专业基础课程体系、专业核心课程体系；关于产教融合的应用型课程体系又呈现新的特征，如行业课程、企业课程、校企合作课程体系等。②

大多数应用型高校以产业链对应的技术链为标准形成相互紧密衔接的专业岗位群，进而构建面向产业的专业集群。学校可以基于共建共享的原则，对现有的教学资源进行重组，依托专业集群搭建应用创新型人才培养“立交桥”，优化选课机制，按照岗位需求整

① 顾永安．“专业为王”时代：高校如何应对［J］．教育发展研究，2018，38（19）：3.

② 顾永安．应用型高校推进专业集群建设的思考［J］．高等工程教育研究，2019（6）：92-98.

合专业课程，构建“基础知识+岗位能力”的专业集群课程体系，配套模块化教学，在专业集群内开设跨专业课程设计、综合实训等实践项目，鼓励跨专业合作式学习。

（2）优化组合专业集群内的课程群

专业集群的形成最重要的是有共同的产业集群，有具有共性的知识与技术，因此需要在服务相关产业集群的专业中体现出来，为学生提供相应的课程平台。学生在以自己的专业为基础的情况下，可以在群内的不同专业中选取感兴趣或需要的课程模块，以形成自己的知识体系，促进个性化的成长。这种模块化的课程既可由学生选择，也可以由相关专业明确规定或者给予引导。专业集群成为专业间的多组可交叉可兼容可重新组合的课程平台。

（3）以模块化课程做实应用型专业集群建设

就专业集群建设而言，以核心专业为前提，构建一个既围绕自身专业又关系整个专业集群的“平台”，然后在整个“平台”的范围内进行课程资源的整合、开发、调配和创新。就每个专业而言，它们共同拥有这个大的“平台”，都可以从中获取相应的教学资源和课程体系资源，还可以根据自身实际划定各具特色的“模块”；就“模块”而言，各专业借助相同的“平台”和不同的“模块”来进行整合。应用型高校通过“平台”与“模块”进行核心群课程的设计和开发，以“平台”保证专业集群的基本规格和全面发展的共性要求，以“模块”实现不同专业（方向）人才的分流培养，实现不同专业的知识和能力培养目标，使学生既有基础的通用的专业集群知识、技能，又有不同专业的特定能力，提升学生综合能力与职业迁移能力，提高专业集群的适应性，并有效利用专业集群在拓展新专业（或专业方向）方面的集群优势。

3. 基于专业集群的教学改革

（1）提供交叉且丰富的教学内容

首先，教学内容要完整，所选教学内容既要包括基础知识，也要涵盖专业知识。一些经典的理论和案例，也是不可或缺的教学内容。其次，要选择各学科层次的交叉融合知识，强调不同学科之间的知识交互性和融合性。再次，某一课程的教学内容不能仅局限该课程，要通过融合其他课程和学科的内容来拓宽学生的视野。最后，选择教学内容的最终目的是超越学科的框架，整合一切资源，使学生充分理解社会、环境和世界。①

（2）进行可实施及运行良好的教学设计

教学设计是课堂教学的前期准备，为课堂教学提供指导。它包括学情、教学目标、教学内容、教学形式和教学评价等多个方面的统筹。在教学目标设计前，要充分进行学情分析，制定切实可行的教学目标，同时要为下一阶段教学做好铺垫。在教学内容的选择上，要根据教学目标，考虑通过线上线下丰富的教学内容，引导学生进行理论学习和案例分析。在教学形式上，要坚持以学为中心的理念，灵活采用线上线下混合式教学，以达到既定的教学目标。在教学评价方面，要强化过程性评价，以多元化的评价方式激发学生的学习兴趣。

① 梅雪莹. 高校混合式教学模式改革对策研究［J］. 产业与科技论坛，2021，20（15）：172-173.

(3) 践行“线上+线下”混合教学模式

混合式教学的核心是通过线上线下将各种教学方法、方式、媒体资源以及学习环境融合，达到提高学习效果的目的。课前，教师要求学生在相关教学平台对优质教学资源进行自主学习、探索性学习，实现知识目标的初步理解。教师依据学生的反馈信息进行线下课堂教学，指导学生完成知识的内化与构建，拓展综合运用能力。同时，教师应组织并指导学生开展基于学科专业背景的项目式学习，有效促进学生的专业学习与发展。课后，学生通过超星等教学平台上的拓展练习、测试等项目随时随地完成学习训练，借助学习 App 有效利用碎片化时间进行学习，从而形成从课外到课内，线上到线下循环互动的多元化课程生态。此外，教师还鼓励各专业学生积极投入第二课堂活动实践、学科竞赛等，不断提高自身的实践操作能力。

(4) 采取多元化的过程性评价体系，以激发学生学习自主性

现在高校对学生的评价逐步从单一的期末考试向“过程性评价+终结性评价”的模式转变，在教学中教师实时掌握学生的学习进度，获得教学过程中的即时反馈，随时调整教学计划。过程性评价包括学生在教学平台的预习情况、期中考试成绩、课堂测试成绩、课后作业完成情况、课堂表现、平时考勤等。终结性评价由期末考试（纸质化考试或线上考试）构成，两项比例灵活协调。细化的成绩评价方式有助于综合评价学生的学习情况，考核结果更客观、合理、科学。同时，依托超星等教学平台便捷的数据记录，教师可适度加大过程性评价的比重，丰富评价内容与方式，激发学生的学习自主性。

三、质量文化背景下的专业认证体系建设

（一）专业认证标准与对策

1. 专业认证标准体系分析

专业认证在高等教育蓬勃发展的过程中应运而生。专业认证是指由专门的认证机构依据既定的标准对专业进行评价的过程。进入 21 世纪后，我国高校在数量增长的同时，内涵式发展成为主流，而专业认证成为高校内涵式发展的重要举措。目前我国的专业认证主要包括工程教育专业认证、商科认证、师范类专业认证和临床医学专业认证。众多高校以专业认证为契机，“以学生为中心”和“以结果为导向”创新人才培养方式，推进专业建设，持续改进教学体系。

(1) 工程教育专业认证

工程教育专业认证源自 1989 年由美国、英国等 6 个国家的民间工程专业团体发起和签署的《华盛顿协议》，该协议主要针对国际上本科工程学历（一般为四年）资格互认，确认签约成员认证的工程学历基本相同。工程教育专业认证是实现工程师资格国际互认和工程教育国际互认的基础，也是国际上广泛认可的工程教育认证制度。工程教育专业认证的核心是要确保工科专业毕业生的能力达到行业认可的标准，这就要求工科专业在师资队伍、课程设计和实践育人等方面要围绕这一核心任务，着重强调工程教育专业的文化机制建设和持续改进机制建设。工程教育专业认证通用标准如表 5.1 所示。

表 5.1　工程教育专业认证通用标准①

指标	标准
1. 学生	1.1　具有吸引优秀生源的制度和措施
	1.2　具有完善的学生学习指导、职业规划、就业指导、心理辅导等方面的措施并能够很好地执行落实
	1.3　对学生在整个学习过程中的表现进行跟踪与评估，并通过形成性评价保证学生毕业时达到毕业要求
	1.4　有明确的规定和相应认定过程，认可转专业、转学学生的原有学分
2. 培养目标	2.1　有公开的、符合学校定位的、适应社会经济发展需要的培养目标
	2.2　定期评价培养目标的合理性并根据评价结果对培养目标进行修订，评价与修订过程有行业或企业专家参与
3. 毕业要求	3.1　工程知识：能够将数学、自然科学、工程基础和专业知识用于解决复杂工程问题
	3.2　问题分析：能够应用数学、自然科学和工程科学的基本原理，识别、表达，并通过文献研究分析复杂工程问题，以获得有效结论
	3.3　设计/开发解决方案：能够设计针对复杂工程问题的解决方案，设计满足特定需求的系统、单元（部件）或工艺流程，并能够在设计环节中体现创新意识，考虑社会、健康、安全、法律、文化以及环境等因素
	3.4　研究：能够基于科学原理并采用科学方法对复杂工程问题进行研究，包括设计实验、分析与解释数据，并通过信息综合得到合理有效的结论
	3.5　使用现代工具：能够针对复杂工程问题，开发、选择与使用恰当的技术、资源、现代工程工具和信息技术工具，包括对复杂工程问题的预测与模拟，并能够理解其局限性
	3.6　工程与社会：能够基于工程相关背景知识进行合理分析，评价专业工程实践和复杂工程问题解决方案对社会、健康、安全、法律以及文化的影响，并理解应承担的责任
	3.7　环境和可持续发展：能够理解和评价针对复杂工程问题的工程实践对环境、社会可持续发展的影响
	3.8　职业规范：具有人文社会科学素养、社会责任感，能够在工程实践中理解并遵守工程职业道德和规范，履行责任
	3.9　个人和团队：能够在多学科背景下的团队中承担个体、团队成员以及负责人的角色
	3.10　沟通：能够就复杂工程问题与业界同行及社会公众进行有效沟通和交流
	3.11　项目管理：理解并掌握工程管理原理与经济决策方法，并能在多学科环境中应用
	3.12　终身学习：具有自主学习和终身学习的意识，有不断学习和适应发展的能力

① 工程教育认证通用标准解读及使用指南（2020 版，试行），中国工程教育专业认证协会秘书处.

续表

指标	标准
4. 持续改进	4.1　建立教学过程质量监控机制，各主要教学环节有明确的质量要求，定期开展课程体系设置和课程质量评价。建立毕业要求达成情况评价机制，定期开展毕业要求达成情况评价
	4.2　建立毕业生跟踪反馈机制以及有高等教育系统以外有关各方参与的社会评价机制，对培养目标的达成情况进行定期分析
	4.3　能证明评价的结果被用于专业的持续改进
5. 课程体系	5.1　与本专业毕业要求相适应的数学与自然科学类课程（至少占总学分的15%）
	5.2　符合本专业毕业要求的工程基础类课程、专业基础类课程与专业类课程（至少占总学分的30%）
	5.3　工程实践与毕业设计（论文）（至少占总学分的20%）
	5.4　人文社会科学类通识教育课程（至少占总学分的15%）
6. 师资队伍	6.1　教师数量能满足教学需要，结构合理，并有企业或行业专家作为兼职教师
	6.2　教师具有足够的教学能力、专业水平、工程经验、沟通能力、职业发展能力，并且能够开展工程实践问题研究，参与学术交流。教师的工程背景应能满足专业教学的需要
	6.3　教师有足够时间和精力投入本科教学和学生指导中，并积极参与教学研究与改革
	6.4　教师为学生提供指导、咨询、服务，并对学生职业生涯规划、职业从业教育有足够的指导
	6.5　教师明确他们在教学质量提升过程中的责任，不断改进工作
7. 支持条件	7.1　教室、实验室及设备在数量和功能上满足教学需要
	7.2　计算机、网络以及图书资料资源能够满足学生的学习以及教师的日常教学和科研所需
	7.3　教学经费有保证，总量能满足教学需要
	7.4　学校能够有效地支持教师队伍建设，吸引稳定合格的教师，并支持教师本身的专业发展，包括对青年教师的指导和培养
	7.5　学校能够提供达到毕业要求所必需的基础设施，包括为学生的实践活动、创新活动提供有效支持
	7.6　学校的教学管理与服务规范，能有效地支持专业毕业要求的达成

（2）商科专业认证

对于商科专业，主流国际认证包括AACSB（国际商学院协会）、EQUIS（欧洲质量发展认证体系）、AMBA（英国工商管理硕士协会）、EPAS（欧洲管理发展项目认证体系）和ACBSP（美国商科认证委员会）等。商科认证既是商科教育领域深化改革、保障质量的重要举措，也是推动高校内涵发展、特色发展的必然选择，做好专业认证各项工作，对推进专业建设、提高人才培养质量具有重要的意义。国际商科教育认证对比分析如表5.2所示。

表 5.2　国际商科教育认证对比分析

名称	认证对象	认证标准
AACSB	针对商科开展工商管理和会计学的认证工作	包括战略管理和创新、参与者、学习和教学、学术和职业发展
EQUIS	本科和研究院课程的异同及其优势	以卓有成效的国际性管理教育为认证标准
AMBA	针对商科 MBA 项目的国际认证体系	对高等管理教育机构的学术独立性、MBA 项目的质量和 MBA 毕业生的就业去向进行全面评估和认证
EPAS	评估商科专业建设的学术严谨性、实践相关性及国际化程度	最新标准与指标体系聚焦在学校、学院及外部环境和专业设计、专业实施、专业结果、质量保障等维度
ACBSP	大学商科课程层次的认证	认证标准框架包括：领导力、战略计划、学生及利益相关者的关注点、学生学习和表现的评估与分析、教师与全体职员的关注点、教育支持服务流程和运营流程的管理

通过国际商科教育认证对比分析表，国际主流的商科专业认证对象和认证标准有明显差异，目前国内高校主要采用的是 AACSB 和 ACBSP 两种商科专业认证，其中大部分应用型高校选择 ACBSP 认证。ACBSP 在全球提供课程认证和前沿学术信息，助力学校不断提高教学水平和管理质量，同时也是会员的学术交流平台。经过 ACBSP 认证过的商科课程，其学分可以在全世界范围内会员大学间实现学分转移，真正做到教学国际化。ACBSP 也是第一个被美国教育部和高等教育认证理事会承认的认证机构。ACBSP 认证标准如表 5.3 所示。

表 5.3　ACBSP 认证标准

指标	观测点
1. 领导力	1.1　支持秩序质量改进的领导过程
	1.2　证明领导过程在相应的业务部门已完成
	1.3　提供领导层为提高教学质量采取关键行动的证据
2. 战略规划	2.1　基于持续改进的战略规划
	2.2　实施过程和有效性的结果
3. 关注学生利益和相关方	3.1　识别学生群里和利益相关方，并统计相关变化趋势
	3.2　通过从学生和利益相关方获取的信息持续改进教学过程和教学环境，用获取的信息持续改进教育过程
4. 学生学习成果评估	4.1　制定评估计划、方法和程序，选择利益相关方参与对学生的评估
	4.2　部署评估，收集和整理评估数据，进行评价分析
	4.3　持续改进评估过程

续表

指标	观测点
5. 关注教职员工	5.1　师资配置的合理性，人力资源计划的制订
	5.2　建立教师评估系统，关注教师参与教学的积极性和持续改进的机会
6. 人才培养方案和教学大纲	6.1　课程设置能满足学生和利益相关方的需求，课程的衔接合理
	6.2　教学计划的执行；课程能支持战略规划
7. 绩效指标和评估	7.1　评价考核的程序执行
	7.2　向关联方提供评建考核的结果和过程说明

（3）师范类专业认证

师范类专业认证是专门性教育评估认证机构依照认证标准对师范类专业人才培养质量实施的一种外部评价，旨在证明当前可预见的一段时间内，专业达到既定的人才培养质量标准。师范类专业认证的核心是证明接受认证专业所培养的师范生在毕业时知识能力素质能达到相应标准要求，目的是推动师范类专业注重内涵建设，聚焦师范生能力培养，改革培养体制机制，建立基于产出的持续改进质量保障机制和质量文化，不断提高人才培养质量。

根据2017年教育部印发的《普通高等学校师范类专业认证实施办法（暂行）》，结合我国教师教育实际，分类制定中学教育、小学教育、学前教育、职业教育、特殊教育等专业认证标准，作为开展师范类专业认证工作的基本依据。中学教育专业认证标准（第三级）如表5.4所示。

表5.4　中学教育专业认证标准（第三级）①

指标	基本要求
1. 培养目标	培养目标内容明确清晰，反映师范生毕业后5年左右在社会和专业领域的发展预期，体现专业特色和优势，并能够为师范生、教师、教学管理人员及其他利益相关方所理解和认同。定期对培养目标的合理性进行评价，并能根据评价结果对培养目标进行必要修订。评价与修订过程应有利益相关方参与
2. 毕业要求	专业应根据中学教师专业标准，制定明确、公开的毕业要求。毕业要求能够支撑培养目标，并在师范生培养全过程中分解落实。专业应通过评价证明毕业要求的达成
3. 课程与教学	课程设置应符合中学教师专业标准和教师教育课程标准要求；课程结构合理；课程内容注重基础性、科学性、综合性、实践性，把社会主义核心价值观、师德教育有机融入
4. 合作与实践	与地方教育行政部门和中学建立权责明晰、稳定协调、合作共赢的“三位一体”协同培养机制；实践教学体系完整，专业实践和教育实践有机结合；实行高校教师与优秀中学教师共同指导教育实践的“双导师”制度

① 教育部. 教育部关于印发《普通高等学校师范类专业认证实施办法（暂行）》的通知，2017.

续表

指标	基本要求
5. 师资队伍	专任教师数量结构能够适应本专业教学和发展的需要，生师比不高于 16：1，硕士、博士学位教师占比不低于 80%，高级职称教师比例高于学校平均水平，且为师范生上课、担任师范生导师；遵守教师职业道德规范，为人师表，言传身教；制定并实施教师队伍建设规划
6. 支持条件	专业建设经费满足师范生培养需求；教育教学设施完备；专业教学资源及数字化教学资源丰富，使用率高
7. 质量保障	建立完善的教学质量保障体系，各主要教学环节有清晰明确、科学合理的质量要求。建立教学质量监控与评价机制并有效执行，建立毕业生持续跟踪反馈机制
8. 学生发展	建立完善的师范生指导与服务体系，充分了解师范生发展诉求，加强学情分析；建立形成性评价机制，对毕业生进行跟踪服务

（4）临床医学专业认证

2002 年，在教育部的支持下，中国高等教育学会医学教育专业委员会和北京大学医学部联合举办了“医学教育标准国际研讨会”，引入了国际医学教育标准。在此会议基础上，教育部委托中国高等教育学会医学教育专业委员会组建了“中国医学教育质量保证体系研究”课题组，研究拟订了《本科医学教育标准——临床医学专业（试行）》，确定了临床医学专业认证的基本原则和工作流程。

2008 年教育部与原卫生部联合颁布《本科医学教育标准——临床医学专业（试行）》及之后教育部临床医学专业认证工作委员会和教育部医学教育认证专家委员会的成立，标志着我国临床医学专业认证体系的建立。临床医学专业认证工作委员会是对中国医学学校本科临床医学专业进行认证的机构。该委员会初步建立了与国际实质等效的临床医学专业认证制度，得到国际相关权威医学教育组织的认可。临床医学专业认证的基本标准如表 5. 5 所示。

表 5. 5　临床医学专业认证的基本标准①

一、临床医学专业本科毕业生应达到的基本要求	
1. 科学和学术领域	1. 1　具备自然科学、人文社会科学、医学等学科的基础知识和掌握科学方法，并能用于指导未来的学习和医学实践
	1. 2　能够应用常用的科学方法，提出相应的科学问题并进行探讨，同时能解决实际问题
2. 临床能力领域	2. 1　具有良好的沟通能力，能正确地采集病史，书写病例，提出合理的治疗原则
	2. 2　能够选择并安全地实施各种常见的临床基本操作
	2. 3　能够依据客观证据，提出安全、有效、经济的治疗方案
	2. 4　能对需要紧急处理的患者进行急救处理

①　临床医学专业认证的基本标准，教育部临床医学专业认证工作委员会，2021.

续表

3. 健康与社会领域	3.1 具有保护并促进个体和人群健康的责任意识，正确地开展健康教育
	3.2 了解医院医疗质量保障和医疗安全管理体系，明确自己的业务能力与权限，重视患者安全，及时识别对患者不利的危险因素
4. 职业素养	4.1 能够根据《中国医师道德准则》为所有患者提供人道主义的医疗服务
	4.2 能够了解并遵守医疗行业的基本法律法规和职业道德，尊重其他卫生从业人员，并注重相互合作和学习
	4.3 树立自主学习、终身学习的观念，认识到持续自我完善的重要性，不断追求卓越
二、本科医学教育办学标准	
1. 宗旨与结果	1.1 具有明确的办学宗旨；宗旨在相关法律框架内满足医疗服务体系和公众健康的需求，同时兼顾其他方面的社会责任；保证学校校内主要利益相关方参与宗旨的形成
	1.2 医学生毕业时应达到四大领域的基本要求
2. 教育计划	2.1 依据医疗卫生服务的需要、医学科学的进步和医学模式的转变，制订与本校宗旨、目标、教育结果相适应的课程计划
	2.2 在整个课程计划中体现科学方法原理，强调分析性、批判性思维能力的培养
	2.3 在整个课程计划中覆盖人文社会科学，特别强调思想道德修养、医学伦理、卫生法学、自然科学等
	2.4 在课程计划中开设生物医学基础课程，使学生全面了解医学科学知识，掌握基本概念和方法，并了解在临床中的应用
	2.5 安排公共卫生相关内容，培养学生的预防战略和公共卫生意识，使其掌握健康教育和健康促进的知识和技能
	2.6 在课程计划中明确并涵盖临床学科内容，确保学生获得全面的临床知识、临床技能和职业能力，在毕业后能够承担相应的临床工作；课程设置合理
3. 学习成绩考核	3.1 围绕培养目标制订并公布学生学业成绩考核的总体原则和实施方案
	3.2 明确采用的考核原则、方法与措施
	3.3 将考试分析结果用于改进教与学
4. 学生	4.1 根据国家的招生政策制订本校招生方案，并定期审核和调整，注重生源质量
	4.2 依据国家相关政策、社会医疗需求和学校的教育资源合理确定招生规模
	4.3 建立有效的学业咨询与支持体系

续表

5. 教师	5.1　制订和实施教师资格认定制度和教师聘任制度；教师数量与质量并重
	5.2　制订教师培训、晋升、支持和评价等政策并能有效实施，确保人才培养的中心地位
6. 教育资源	6.1　有可靠的经费筹措渠道，支持完成医学教育计划，实现学校的办学目标
	6.2　基础设置完善，教学环境良好
	6.3　拥有直属的综合性三级甲等附属医院
	6.4　确保现代信息技术与资源能有效地服务于教学，保证课程计划的落实
	6.5　有一定数量的专家，学生与教师能进行地区间和国际交流
7. 教学评价	7.1　建立教育监督与评价的机制，强调对教育计划、过程及结果的监督与评价
	7.2　有教师、学生和行政管理部门人员等校内利益相关方参与教育监督与评价
8. 科学研究	8.1　教师提供基本的科学研究条件，鼓励教师开展科学研究，促进科研与教学协调发展
	8.2　采取积极、有效的措施为学生创造参与科学研究的机会与条件
9. 管理与行政	9.1　管理机构健全，权限清晰，职责明确
	9.2　建立结构合理、理念先进的行政管理队伍
10. 持续改进	10.1　定期回顾和评估自身发展，明确自身存在的问题并持续改进
	10.2　完善对教学过程的监督和评价，使评价结果及时展现教学目标的达成情况

近年来，国家鼓励高校参加专门机构和行业组织开展的专业认证与评估，目前主要集中在工程、医学等领域。专业认证与评估强调推进行业对专业教育的深度参与，强化实践教学，增强人才培养对社会需求的适应性，并促进质量标准和认证体系与国际接轨。

2. 专业认证实施路径选择

（1）以外部保障为基础建立多元化专业认证路径

专业认证标准是实现专业认证的重要保障条件，在制定认证标准时，要高校教师、用人单位代表、学生代表和政府教育部门管理人员等多方参与，这样不仅可以避免相关部门在制定标准时的单一化和片面化，还可以实现各方统一思想、互相理解，强化教育教学与市场经济发展的联动性，制定出最能反映教育实质和经济发展的标准。同时要充分认识到专业认证标准是目前该专业在教育层面的基本要求，也是高校专业建设达到的最低要求。在制定专业认证标准时要立足于现有教学模式和经济发展水平，制定符合现有情况的最低质量标准。合理且富有弹性的认证标准既可以起到示范引领的作用，也可以让高校有独立自主发展的空间，各高校根据自身的具体情形，灵活地处理标准的统一性和办学的特色性。

在我国的专业认证中，要形成教育主管部门主导专业认证，社会广泛参与的局面。教育主管部门要敢于发挥“有形的手”的作用，强化对专业认证的引领作用，由专业认证组织开展认证工作。专业认证组织需要深入了解国际和国内专业发展的趋势，同时进行社会调研，充分了解当前经济发展对人才的需求，以及未来经济转型对人才需求的变化，从而使专业认证标准更加科学。

借鉴欧美发达国家的多元化专业认证体系，让专业的利益相关者参与认证，使各利益相关主体清晰地了解到自身在专业建设中的地位和价值，积极地为专业认证提出意见或建议。因此，我国的专业认证也可以积极引进利益相关者参与制度，让各方了解专业认证，认识专业认证的重要性，积极参与专业认证过程，构建公开透明的认证模式，促进专业认证规范化发展。

（2）以内部保障为根本建设制度完善的专业认证路径

第一，强化认证制度建设。我国的工程教育专业认证、商科专业认证、师范类专业认证和临床医学专业认证已经初具雏形，但是尚未达到真正意义上专业认证的要求。欧美发达国家对专业认证的评价标准是能否对高等教育质量、社会经济和持续改进有促进作用？该专业认证机构是否被社会认可？但是在我国目前的四大专业认证中，对于专业认证机构的成立、认证资质的取得、认证过程和认证结果的运用，都没有明文制度可依。由此可见，专业认证层面，要加强专业认证机构设立、认证过程、认证规范、认证结果的运用和认证机构的退出等方面的制度建设，积极鼓励多元化主体参与专业认证，加强对专业认证机构的组织管理；同时建立专业认证监督机制，深化监督制度建设，对专业认证过程和认证标准进行综合评价，对认证结果进行信度和效度分析，对专业认证机构实行元评估，以确保专业认证的质量。

第二，建立专业认证结果元评估制度。元评估是针对结果的评估，主要用来评估检测的评估结果是否正确、评估的结果运用是否合理。将元评估引入专业认证的过程中，强化对专业认证结果的持续跟踪，特别是对专业认证结果的持续改进工作跟踪复查，保证专业建设改进措施落到实处，持续推动专业建设。同时，对认证结果进行元评估，也可以促进认证专家提高自身专业水平，提升认证专家团队专业化程度，因此，建立专业认证结果元评估是专业认证专业化和制度建设的双重需求。

第三，推动专业认证国际化。在经济全球化进程中，专业人才国际化发展趋势越来越明显，跨国教育发展迅猛，人才进行跨国交流成为常态。为客观评价各国专业人才的质量，要建立各专业人才的国际评价标准，使跨国人才在出国深造或提供专业服务时，能获得所在国的认可，因此建立国际公认的专业评估与认证体系成为必然。在经济全球化的背景下，我国要加快专业认证国际化的脚步，使人才培养质量达到国际标准，增强我国专业人才的国际竞争力。

（二）专业认证评价机制构建

1. 质量评价反馈机制

（1）建立校内多层次教学质量评价体系

第一，学院、专业层面的教学质量评价。评价主体包括学院领导、督导及其他教学管理员，负责进行教学与学生发展质量评价。教学评价包括教师课堂理论教学评价、实验课程教学评价、实训课程组织与管理质量评价、实习规划与指导质量评价等四个方面。学生发展质量评价包括对学生所学课程的考核、学生实践评价、学生实习及毕业设计（论文）评价等三个方面。

第二，学校层面的教学质量总体评价。评价主体是教务处，主要评价的是教学成果，总结学校教学工作实施、教学考评结果、外部评价结果，发现现阶段教学质量所存在的问题，提出教学质量管理的改进策略。学校层面的教学质量总体评价，一方面用于拓展教学质量评价结果的价值深度；另一方面收集一线教学岗位、一线实践单位对学校教学质量、教学管理的意见和建议，从而为学校教学质量的持续提升提供指导。

（2）建立外部多元化评价体系

为解决应用型高校教学信息反馈渠道不畅通、评价主体不客观等问题，学校需建立外部评价体系。一是同类院校或专业机构评价及反馈。同类学校主要是与学校有教学科研合作关系的院校，这类评价以教学质量、教学成果和教学管理为主要评价内容。专业机构评价主要是与学校合作的第三方评价，这类评价以教学管理和教学成果为主要评价内容，其反馈的信息更加客观真实。二是用人单位评价及反馈。用人单位是促进学生质量提升的主要评价主体，主要针对学生理论运用于实践的能力、创新能力和职业道德素养等进行评价，强调人才应用能力的价值转化。三是学生评价及反馈。学生评价主要作为高校教学质量反馈体系的辅助体系，主要是对课堂教学和日常管理的评价，主要采用学生座谈、期末学生评教和学生信息员在线信息反馈等方式进行信息收集，为学校教学和管理工作提供参考意见。

2. 专业持续改进机制

持续改进是基于“目标-实施-评价-改进”的闭环管理运行机制。一个专业的持续改进需要：持续优化培养目标，以保障其始终与外部需求相符；持续改进毕业要求，以保障其始终与培养目标相符；持续改进教学活动，以保障其始终与毕业要求相符。①

（1）加强持续改进组织机构建设

组织机构是保证持续改进措施得到有效落实的关键，因此，要持续改进组织机构，以制度形式明确各职能部门的权利与责任，部门之间协调互助，确保持续改进工作高效落实。持续改进组织机构建设包含学校、学院和专业三个层面。学校层面，成立校教学指导委员会、校教学督导委员会，协同质量监控等职能部门，对全校教学运行和管理进行监督，发现问题及时反馈，并督促整改落实。学院层面，设置院教学指导委员会和质量监控保障工作小组，负责全院教学过程的运行、监督和检查，全院各专业人才培养方案的修订，以及各专业人才培养目标和毕业要求的符合度与达成度的评价、反馈和改进建议等。专业层面，设立专业教学质量评价与改进小组，负责本专业教学过程的运行、监督和检查，本专业人才培养方案的修订实施，以及本专业人才培养目标和毕业要求达成情况的评估、反馈和持续改进等。

（2）建立健全教学过程质量监控机制

学校要建立教学各环节的质量评价标准，且可以通过现有的教学平台进行测量和评估。例如，学生课堂的出勤率、上课参与讨论的情况、作业完成情况等都可以通过现有的教学平台进行统计，学校可以运用大数据技术进行汇总分析，将学生在课堂上的表现进行量化评价，同时根据课程考核要求，纳入学生期末考试成绩评价，更加全面地反映学生的学习效果与教师教学质量。又如，将专业教学目标分解到各课程中，通过教学平台对教学质量进行评价，监测教学目标的达成度，为专业评估提供有力的支撑，保证教学的质量。运用教学中的数据评价教学质量，促使学校将专业、课程和教学设计结合来制定教学目

---

① 李志义．解析工程教育专业认证的持续改进理念［J］．中国高等教育，2015（Z3）：33-35.

标，方便教师确定教学内容和有效地进行教学设计；利用教学平台收集学生的学习数据，检验学生的学习过程，撰写评估报告，进行教学质量的保障及持续改进。应用型高校应深化“以学为中心，以教为主导”的课堂教学改革，制定针对教学改革的评价标准，可以从学习目标、学习内容、课程思政、教学方法、学习活动和学习效果六个方面进行评价，通过领导、同行和教学督导等评价主体，对教学改革进行全覆盖的多轮次评价，综合评定最终结果，将评价结果作为个人绩效考评的组成部分和持续改进的依据。

（3）建立健全毕业生跟踪反馈及社会评价机制

学校应建立毕业生跟踪反馈及社会评价机制。每年进行毕业生跟踪反馈和社会评价调查，通过访谈、网络、邮件、电话等形式完成调查，全面客观地了解学校毕业生职业能力，掌握各专业培养目标定位是否准确合适、毕业要求是否与产业需求相符，分析评价专业培养方案、课程大纲与教学内容、师资队伍与支撑条件等是否满足专业人才培养的需要，分析用人单位和行业组织等相关企业事业单位对毕业生的评价如何等信息。每次调查结束后，由二级学院院长牵头，根据毕业生及用人单位提出的意见和建议召开专题会议，及时开展毕业生跟踪调查的信息反馈和分析总结等工作，并分专业组织撰写毕业生跟踪反馈与社会调查报告，结论用于专业人才培养的持续改进。

（三）专业质量文化建设

1. 专业质量保障体系

（1）加强专业质量保障顶层设计

我国自 20 世纪 80 年代中期开始关注并探索高等教育专业建设质量保障活动，专业质量保障体系的理论研究与实践探索逐步深入。各高校应根据自身专业建设情况，科学地建设专业质量保障体系。该体系应该是一个动态的可分解、可操作、可控制的管理流程，融整体性、协调性、灵活性和实用性于一体。其目的在于提高专业建设质量，更好地为人才培养服务；其重点在于把控专业建设目标、专业建设方案、专业建设过程和专业建设效果等核心环节的质量，使专业建设及培养出来的人才既符合个体与学校的发展需要，又满足社会需求。专业质量保障体系结构框架如图 5.5 所示。

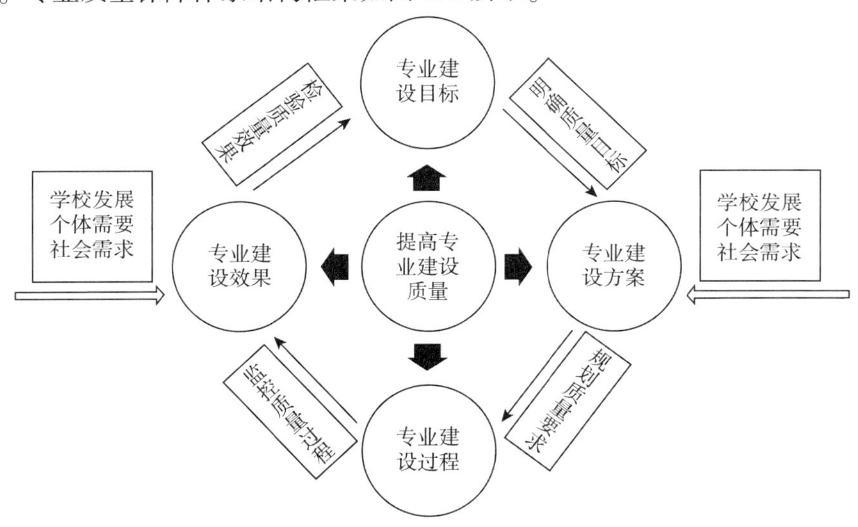

图 5.5　专业质量保障体系结构框架

（2）全方位构建专业质量保障机制

第一，改善教学课程建设，提高课堂教学质量。紧扣专业人才培养目标，优化专业课程学时比例，完善课程体系总体设计。在课程安排中，遵循课程连接、知识连贯的原则，避免随意化、碎片化。提升一定的学习挑战度，提高学生忧患意识，培养学生刻苦学习的精神，促进学生养成自我认识、自我提高、自我挑战的学习习惯。提倡打造“金课”，反对“水课”，以“金课”为标杆，促进专业其他课程全面发展。开展线上线下教学融合的模式，以学生为中心，改进授课形式，加强小班课堂建设，减少大班授课形式。增加课堂教学互动环节，加强教师与学生的课堂交流互动，提高学生的课堂学习效率。第二，改进教学实践运行机制，提高实践教学质量。实践课程的开展，有利于学生将理论知识与实际应用相结合。教学实践环节是课程基础理论教学的升华，它由课程课设、课程实验、课程见习、课程实习四个部分组成，在专业人才培养方案制定中，在满足专业规范的前提下，结合地方发展需求，以市场为导向，加强教学实践课程设置。第三，融合审核评估和专业认证标准，从严管理，定期在行业、企业及毕业生中开展毕业生跟踪调查，对专业定位、培养目标、毕业要求的满意度、达成度、认同度等指标进行及时监控，持续改进，形成闭环式教学质量保障体系。①

2. 建立全面质量管理文化

（1）全面质量管理的内涵

全面质量管理是指整个学校职能部门、二级学院和实践教学基地以及全体师生员工为提升教学质量，依据职能分工参与学生从入学到毕业的所有环节，尤其是教学环节的管理和服务中；通过人人参与教学运行全环节全方位系统性质量管理、教学管理全时段全流程过程性质量控制，实现全员、全过程、全方位的教学全面质量管理，保障教学各环节质量达标，促使教学质量和学生学习质量的提升，实现学校的办学目标和人才培养目标。

构建全面质量管理体系，首先要科学构建其宏观体系，要厘清学校教学质量保障、教学质量定位与设计、教学质量监控及学生学习质量评价之间的关系。第一，从学校层面营造实施全面质量管理的环境氛围，强化质量保障制度、组织建设，让全体师生牢固树立质量意识，形成以制度为核心的学校质量文化。第二，在教学质量标准方面，要建立起学校层面、学院层面、专业层面的系统化专业课程质量目标链，建立基于“专业教学标准-专业人才培养方案-课程标准-毕业实习标准-毕业设计（论文）标准”的教学全面质量监控标准链，并建立负责规划落实的三级质量保证组织。全面质量管理的体系建设是实现全员参与质量管理的基础。

（2）全员参与全面质量管理

全面质量管理要求系统化、有组织、有层次地全员参与质量治理，全员参与是全程、全面质量管理的前提。第一，学校层面需要建立起实践和技术两个方面的质量保障体系。实践质量保障方面，要求学校质量保障委员会对学校的人才培养提供质量决策与统筹，并设立专门的办公室，协调各部门，共同负责校级层面的质量监控工作。技术质量保障方面，要求学校学术委员会负责对专业课程建设及教师教学发展提供政策咨询、质量决策。

① 林桂武，甘平，刘显晖，等.“以本为本、四个回归”背景下一流专业质量保障体系建设——以广西科技大学工程管理专业为例［J］. 黑龙江科学，2020，11（23）：1-3+7.

第二，职能部门层面要求以二级学院为主，教务处、评建办公室、图书馆、现教中心等服务部门协同，指导、督促、服务专业教研室的教学质量管理工作。第三，教研室层面要负责专业课程建设的规划与指导，以及教师教学与学生学习管理，它是学校全面质量管理的最基层组织。第四，师生层面要保证教学、学习和服务的质量。

（3）建立全面管理质量文化和理念系统

教师水平、教学条件、教学资源、教学组织和学生管理等诸多因素决定了教学质量。各高校办学定位、办学特色，企业需求、产业结构变化和社会经济转型等，都会引起教学质量标准的调整和优化。因此，高校要逐步建立全面管理质量文化的理念。第一，各高校在顶层设计层面，要坚持以办学定位为导向，以学生为中心，树立质量标准多样化和质量保障特色化的质量观。第二，对全体师生员工开展质量教育，分层分类开展集中学习培训和自我学习，促使各部门管理者及师生主动适应工作和学习的质量要求，逐步提高质量意识，使师生员工自觉追求工作学习的过程质量和成果质量。第三，要加强保障体系组织建设和制度建设，树立质量意识，建立符合高校实际的质量文化，将全面管理质量文化和理念内化为师生的共同价值追求和自觉行为。

第六章　产教融合与应用型课程建设

一、产教融合背景下的课程建设理论基础

（一）课程建设背景

1. 应用型本科课程建设背景

按照我国高等人才培养类型定位，高职、应用型本科和专业博士、专业硕士等以技术类型定位，学术博士、学术硕士和学术型本科等以学术类型定位。在以技术类型定位的院校中，应用型本科院校是“应用型本科”教育的实施主体，是一批大专院校经过改革升级等成立的。应用型本科教育主要是服务于当前的经济发展需要，对高等教育的普及起到促进作用。

关于应用型本科教育的研究兴起于20世纪初，最初是基本概念，然后是模式探索、课程建设、专业定位等的研究。[①] 20世纪80年代后，国际高等教育逐渐形成重视实践动手的理念，因为大家越来越清晰地意识到实践教学是后续职业发展的重要环节，有助于培养学生创新能力、解决问题能力等，也是提高学生职业综合素养的重要途径。[②] 为此，越来越多的地方本科高校纷纷参与改革试点，大多数学校通过开展试点、校企合作、教师队伍建设、人才培养方案和课程体系改革等转型。要落实应用型人才培养，必须落实人才培养所涉及的具体问题，而其中最为关键的就是课程建设问题。在产教融合背景下进行应用型本科课程建设研究，是非常有意义的。

2. 应用型本科课程建设现状

课程是人才培养的媒介和基础，应用型本科课程建设是应用型人才培养的基础。对于应用型本科这一教育类型，有研究者认为，传统的培养模式理念和社会需求严重脱节，因此应用型人才的培养需要新的课程理念来指导课程建设。应用型本科课程需要既能实现人才培养，又能符合社会需求，还能满足学生职业发展需求。目前学者们对应用型本科院校在人才培养目标方面意见基本一致，即应以应用创新复合型人才培养为目标。其中，胡青华以国外校企协同育人培养模式为分析点，指出校企双方可通过共建专业课程体系、共建“双师型”教师团队、共建实训示范基地、建立校企“互利共赢”合作

---

① 潘懋元，周群英．从高校分类的视角看应用型本科课程建设［J］．中国大学教学，2009（3）：4-7.

② 贺小燕．构建应用型本科校企合作人才培养模式［J］．重庆与世界（学术版），2014，31（4）：90-93.

平台、转变政府职能等方法推动应用型人才培养。① 陆国浩等人对实训课程的建设、课程管理、实训资源建设、制度建设等提出改进方案。② 陆天奕等人在其文章中论述了院校应该顺应形势进行课程改革，以项目为载体，多元融合开发课程的思路，对课程进行全方位多层次的改革。③

经济发展带来了各种各样的机遇与挑战，也导致应用型本科专业课程改革势在必行，而产教融合是应用型本科院校进行改革的重要途径之一。首先，有国家对产教融合的大力支持，院校需要顺势而为进行课程改革；其次，以符合社会需求、促进职业发展为目标的课程改革符合高等教育改革的发展方向。

3. 产教融合与应用型本科课程建设的关系

产教融合与应用型本科院校专业课程共同发展是一个需要不断探索的过程。无论是专业课程建设参考产业融合的理念，还是产教融合发展过程中需要的专业课程，都应该以提高应用型人才培养质量为原则。在进行应用型本科专业课程设置时需不断深化产教融合，在深化产教融合进程中逐渐完善应用型本科专业课程建设，从而实现产教融合与应用型本科专业课程开发之间的良性循环。

随着产业的不断升级发展，企业对人才的要求也发生了改变。首先，通过产教融合，将行业前沿的技术、工艺、企业文化等及时融入专业课程建设内容之中，将应用结合落到实处；其次，院校与行业资源优势互补，如院校教师可以为企业授课，为在职人员提供技术培训，从而实现院校与企业共同育人的目的；最后，在深化产教融合的过程中，建设应用型实习实训基地，为专业课程的实践提供保障。根据行业发展进行专业课程内容建设，是应用型本科教育改革的关键，也是真正实现产教融合的落脚点。④

（二）课程建设目标

应用型本科课程建设在基础知识方面有两种类型的指导思想：一种是以扩宽基础知识为原则进行的建设，即“厚基础”；另一种是以加深基础知识为原则进行的课程建设，强调应用型本科课程设置要根据行业发展所需要的知识和能力来深入地进行课程设计，指导思想是“实基础”。两种指导思想对于基础知识侧重点不同，但都强调了基础知识在应用型本科课程中的重要地位。而针对课程建设的目标，有研究者强调课程目标要具体化，认为课程目标的定位要考虑岗位与学科，岗位与技能，专业与技能，专业与岗位等的关系，根据不同的岗位需求、不同的学校、不同的学科或专业制定的课程建设目标也应不同。

针对综合能力，主流的思路是，应用型本科人才培养要关注两个点：一是涉及人文、历史、心理、创业等多方面能力的通识教育；二是以面向行业、企业、岗位等多方面的专

① 胡青华．应用型大学转型背景下“产教融合、校企合作”人才培养模式的路径选择［J］．沈阳工程学院学报（社会科学版），2017，13（2）：235-239.

② 陆国浩，许礼捷．高职院校计算机相关专业实训课程教学改革的研究［J］．湖北函授大学学报，2018（15）：123-124.

③ 陆天奕，汪海伟．产教融合视野下高职艺术设计课程改革探索［J］．职教论坛，2015（35）：55-58.

④ 柳友荣，项桂娥，王剑程．应用型本科院校产教融合模式及其影响因素研究［J］．中国高教研究，2015（5）：64-68.

业教育。无论是通识教育还是专业教育，对知识的综合运用能力和面对不确定问题的解决思路都是应用型本科人才培养的重点。

总之，应用型本科课程目标，既要注重综合能力，又要注重基础能力。本书基于此，概括出了应用型本科课程建设的宏观目标和微观目标。

1. 宏观目标

（1）及时反映社会经济需求

应用型本科课程目标要及时反映社会经济需求。针对人才培养方案常规修改存在的调整幅度小，方案调整对社会需求的反映不理想等问题，应用型本科院校要进行改革，改革的主要思路是建立与行业紧密联系的工作机制，包括开展社会调查，开展座谈会，调研，邀请行业专家参与人才培养方案修订工作，毕业生反馈等。根据从行业收集到的能反映当前产业的发展趋势、人才需求、岗位能力需求、岗位发展趋势等内容，及时调整人才培养目标，根据目标调整人才培养方案，根据方案调整课程建设思路，并保证人才培养方案更新的时效性，避免与行业脱节过久。[①] 同时，应用型本科院校要发挥自身在常规教育教学工作的优势，加强高校教育工作研究，使其在推动人才培养过程中发挥作用。

（2）突出应用型人才培养目标

应用型本科课程建设目标要始终围绕和突出应用型人才培养目标。根据应用型人才培养目标，课程建设要从综合能力和基础能力两方面开展工作，具体可划分为通识知识的基础和综合，专业知识的基础和综合。在突出应用型人才培养目标的大前提下，各学院根据自身的学科、专业情况，在不同层次的规划中，可加大应用型的课程和课时比重，加大师资比重等。为了明确课程建设的目标，相应高校应用型人才培养目标也应足够明确，避免出现混淆不清的概念。当然，不同的行业、学科、专业表述会存在差别，具体情况要根据实际调研情况确定。

2. 微观目标

（1）知识基础

应用型本科院校关于人才的知识基础可以表述为具备跨学科的理论基础和技能、了解跨学科的专业方向领域发展趋势及前沿知识，不强调科研能力，强调复合应用能力，与传统本科院校课程建设有一定的区别。

（2）能力目标

应用型本科教育的能力目标应体现为以产业应用为核心的复合能力，比如，智能制造方向要求的表述有几个方面：具备工程知识，问题分析、设计解决方案、使用现代工具等能力；掌握本专业方向领域内所必需的基本技能，具有综合应用能力、较强的工程实践能力，以及较强的信息获取与使用能力；具有新技术、新工艺、新产品的初步开发、研究以及协调组织管理能力，并对专业学科前沿知识有一定了解。这种跨学科跨专业的综合能力是应用型本科院校对高级专业人才能力要求的普遍认识。

---

① 曹丹. 从“校企合作”到“产教融合”——应用型本科高校推进产教深度融合的困惑与思考［J］. 天中学刊，2015，30（1）：133-138.

（3）素质目标

素质目标要求毕业生具备专业能力和通识能力。应用型人才培养目标是培养具有良好的创新与敬业精神；拥护中国共产党的领导，热爱祖国，有正确的人生观、世界观、价值观；有人文自然的理论基础，具有计算机应用能力和外语综合应用能力；具有较强的工作适应能力、协作精神、创新意识和自学能力，以及较强的信息获取与使用能力的新一代应用型人才。

总体上，课程目标，对于人才的定位、职业领域能够给以明确的认知。[①] 因此明确应用型本科人才培养最基本的知识基础、能力目标、素质要求是课程计划制定时需要重点改善的地方。

（三）课程建设要素

1. 课程建设平台

课程建设平台的搭建可以分为线上和线下两部分。线上以内容建设为主，线下以过程建设为主。线上建设需要整合网络资源，新建线上资源，以已有的网络平台为载体，搭建内容学习的平台[②]；线下则以产教融合实验基地为载体，校企各方运用资本、技术、管理等要素，共享实践基地、实训师资、实践项目等。

课程建设平台需要按照课程建设内容及实施过程分类。不同平台侧重的阶段和建设的方式根据类型的不同而不同。内容平台可以侧重资源整合，资源建设；过程平台侧重课程具体实施过程；创新平台是对接研发性的课题等，模式可以多变，形式也可以适时调整。

2. 课程建设资源

课程建设资源是新课程改革提出来的一个核心概念。课程建设资源范畴宽广，可以是传统意义上的教材资源，也可以是互联网时代的网络资源，包括微课、视频教程等，还可以是校企联合自制的培训讲义、任务清单、任务要求等。除了教材资源，还需要包括实践资源，因为需要实践资源为理论资源做支撑。实践资源可以采用已有的、可以采用引进的，还可以采用最新的共享模式等。在课程建设时，针对不同模式可以制定相应的建设方案，保证时间资源可以为理论资源服务，更好地发挥作用。

根据资源的载体，将资源分为线上资源和线下资源。线上资源包括开放资源和付费资源。开放资源由于种类繁多，包括文字、图片、视频等，需要按照课程体系的模块进行分类整合，提高资源的利用率，同时要定期抽检开放资源的质量，保证资源的时效性和准确性，对不符合要求的资源，要及时更新。付费资源则采用共享账号的方式，建立共享机制，确保资源的利用效率。线下资源侧重实践内容，发挥企业和学校各自在线下的优势，共享已有的资源，建设具有协同目标的实践基地。

---

① 窦红平，邵一江，李本友．产教融合背景下高等职业教育应用型课程建设［J］．教育与职业，2019（15）：91-96.

② 章跃洪，娄珺．搭建中小企业产教融合的创新平台［J］．中国中小企业，2022（3）：47-48.

3. 课程建设管理机制

（1）加强产教融合背景下课程建设指导思想

课程建设指导思想是课程建设工作的基础，包括指导思想的内容建设、优化建设、反馈建设等方面。

指导思想是指课程建设的宗旨、课程建设的导向等方面的内容。在产教融合背景下，指导思想应该以产业链上职业岗位的需求为切入点，以岗位核心能力、岗位基础能力、岗位复合能力等多方面的能力为参考点，制定服务产业的宗旨。优化建设包括指导思想的时效性、准确性等方面的内容，需要团队及负责人保持动态建设的思路，根据理论目标和实际目标的差异，结合国家政策，制定指导思想的优化周期、优化流程、优化思路等。指导思想的反馈建设主要是为内容建设和优化建设提供参考依据，包括反馈的周期、反馈的途径、反馈的制度、反馈的流程等多方面内容。指导思想的建设应纳入管理机制，在课程建设的全周期运行。

（2）完善内外部课程建设管理体系

传统的课程管理是以学校课程为对象所施行的决策、规划、开发、组织、协调、实施等管理活动和管理行为的总称。基于产教融合的课程建设管理除了常规的以学校为主体的课程管理外，还需要联合行业、社会团体等制定新的管理体系。新的管理体系包括内部管理与外部管理两部分。内部管理以学校内部课程建设管理为主，外部管理以工程认证、毕业生反馈、用人单位反馈等管理为主。完善的内外课程管理机制能有效兼顾一线教师与外部行业企业建议，从而构成良性的闭环。以工程教育认证管理为监督，能迅速把握课程建设效果；以产教融合为动力，能夯实课程建设内涵。①

二、产教融合背景下的课程建设内容

（一）课程体系构建

1. 课程体系构建模式与原则

（1）构建模式

目前国外常用的课程体系为构建模式 MES、CBE、学习领域课程模式，国内常用的课程体系模式为“宽基础、活模块”“项目课程”“工作过程系统化”等。② 分析各课程模式的特点，本书提出，在产教融合背景下以“模块-组合-项目”的模式构建应用型本科产教融合课程体系。该课程体系的原理是自上而下地将相同主题的知识整理成一个模块，不同模块相互组合形成不同学习目标的项目库。学生通过完成项目库中的项目，习得知识和技能。同时，不同模块之间可以层层递进，而每个模块内部根据目标和内容的区别细分成若干子模块，各子模块综合运用的项目，按照难易度分为基础、提高和综合三个级别。不同专业学生根据学习目标，选择不同模块组合，完成学习过程。产教融合课程体系模式

① 施晓秋，徐赢颖．工程教育认证与产教融合共同驱动的人才培养体系建设［J］．高等工程教育研究，2019（2）：33-39+56.

② 陈飞．中职工业机器人专业实训课程体系构建研究［D］．广州：广东技术师范大学，2019.

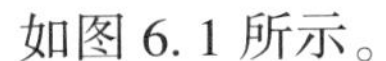
如图 6.1 所示。

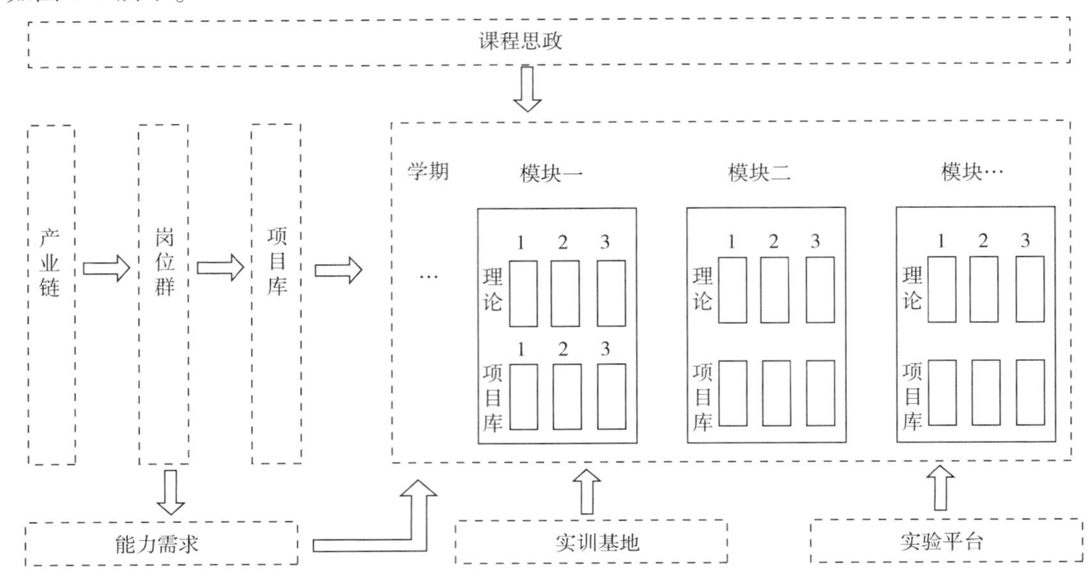

图 6.1　产教融合课程体系模式

通过分析产业链得到岗位群，在课程思政的指导方针下，对岗位群中典型工作过程和任务进行提炼，从而得到若干个综合项目，集中放在项目库中。项目库中的项目，根据目标主题的不同放入不同的模块中，用以支撑该模块下理论部分的应用与深入。如图 6.1 中模块一包含相同主题的内容，分为两大部分，即理论环节和实践环节。理论环节是实施模块一的理论部分，分为 1、2、3 个子模块，实践环节是实施模块一项目库中的项目。项目库中的项目按照不同难度级别分为 1、2、3 级。不同专业指导老师根据专业学习目标，指定必修模块和选修模块。必修模块是满足本专业学习的最低要求，选修模块主要包括有利于综合应用或感兴趣的方向。学生根据自己的学习需求，可以自由组合。

（2）构建原则

①以实践为导向。根据产教融合课程体系构建模式，课程体系构建原则首先应以实践为导向，以产业链为大背景，以企业典型工作岗位、工作过程、工作任务为重点剖析对象，将对应的知识、技能提炼成课程模块，根据课程模块组合，设计符合实际应用的课程项目群，从而形成“模块-组合-项目”的体系。

以实践为导向的课程体系构建不意味着课程设置只有实践项目，而没有了理论支撑。构建以实践为导向的课程体系，是为了让学生的学习过程符合认知发展规律，让学生在实践过程中构建理论知识体系，让理论服务于实践，同时在实践中将理论灵活应用与迁移，从而能应对各种综合问题。

②主体多元化。主体多元化的原则是指在产教融合课程体系构建过程中，建设主体不能像常规建设主体一样，局限在单一的学校，而应将学校、企业、行业、社会团体共同作为课程体系构建的主体。产教融合课程建设是为了解决社会需求与人才供求不平衡的问题，因此作为需求方的企业、行业或者社会团体应该积极参与，使人才需求和人才输出能匹配。

多元化的课程建设主体在参与课程建设过程中，包括课程目标、课程设置、课程开发、课程实施、课程反馈等所有的环节都需要紧密参与，将企业需求的综合能力转换成学习领域课程，在课程实施过程中不断监督和矫正，同时共同为学生提供学习实践的设备条件。

主体多元化除了在课程建设环节中有巨大作用，在课程培训模式、管理、评价、监督中也能提供丰富的参考标准，使产教融合背景下的课程改革真正良性循环。

③以行业发展趋势为导向。为充分跟进行业企业需求和社会发展需求，弥补传统课程体系未能融入新技术、新标准、新要求的弊端，应对新技术的发展和产业的快速迭代，产教融合课程体系构建时需要设计动态调整机制，以行业发展趋势为导向，根据对高新技术人才需求的分析，设计满足新需求的课程模块，解决普通课程设置调整远远滞后市场需求的困境。除了课程内容建设要紧跟行业发展之外，课程内容实施过程设计时也要考虑紧跟时代发展。传统的授课方式及学生学习效率低、学习兴趣不足等问题阻碍了教学效果的发挥，因此采用现代信息化的教学手段，设计以学生为中心的课程实施环节也是至关重要的。

④资源共享。产教融合的课程体系建设资源共享的原则体现在两个阶段。第一个阶段是从 1 到 2 的阶段。根据产教融合课程体系建设的目标和构建模式可知，课程建设的重心是分析产业链从而得到工作岗位群，根据岗位群的典型工作任务设计课程实践项目。因此课程实践项目需要按照实际工作流程，采用阶梯式的方式进行设计。实践项目设计的指导思想是将各理论模块综合运用且符合课程教学标准，综上可知，课程建设具有工作量大、工作复杂、工作时间跨度大等特点。因此，产教融合的课程内容建设不应该是从 0 到 1，而应该是从 1 到 2，即在已有理论资源的基础上进行理论模块分类整合和实践项目设计。考虑到自 2012 年起，由世界顶尖大学合作提供的大规模在线课程（Massive Open Online Courses，MOOC，中文称慕课）开始流行，[①] 且国内自 2020 年以来，诞生了若干优秀的线上线下课程，因此采用资源共享的方式，对线上优秀资源分类整理，形成在产教融合模式架构下的理论模块部分。第二个阶段是从 2 到 N。在产教融合课程建设实施过程中，将已形成课程体系的理论模块和项目模块上传到产教融合课程资源库，课程建设主体根据不同的对象共享资源库，并根据实施结果反馈课程迭代建议，为后续课程建设提供依据。在形成了比较完善的资源库之后，可以将课程模式复制到其他产业链中进行迭代优化，从而建立产教融合大资源库，完成从 1 到 N 的过程。

2. *产教融合课程体系架构*

根据课程构建模式和原则，确定产教融合课程体系建设架构，主要包括通识课程模块、专业课程模块和拓展模块三部分。

通识课程模块根据难度和适用对象分为两个阶段，即通识基础模块和通识进阶模块。通识基础模块适用于所有专业的学生，按照向内和向外分为两个大方向。向内培养学生自我思维能力、道德意识和感知幸福的能力[②]，包括心理学类、道德伦理类、思维方式类等；

---

① 南艳婷．基于大学英语课的 MOOC 平台运行机制研究［D］．天津：天津工业大学，2016.

② 哈佛大学通识教育工作组，罗旻．哈佛大学通识教育的理念创新与改革——哈佛大学通识教育工作组报告［J］．北京航空航天大学学报（社会科学版），2015，28（5）：95-104.

向外培养学生适应外部社会、应对社会、参与社会建设的能力①，包括创新创业类、社会伦理类、语言与写作类等。

通识进阶模块需要搭建模块库，不同专业群的学生根据具体专业定制通识模块课程，主要包括职业素养类、企业管理类、企业经济类、产品设计类等。

同理，专业课程模块分为基础和核心两个阶段。专业基础课程模块是专业核心课程的基础，旨在为后续专业核心课程奠定理论基础，主要包括数学类、物理类、信息技术类、思维模式类和实践技能类等。专业核心课程模块是与专业群紧密相关的核心课程，与产业链紧密相关。根据不同的产业链，专业核心课程差别较大，需要定制。

拓展模块分为创新项目和创业项目两个阶段。创新项目主要是锻炼学生的方法论和思维模式，创业项目主要是训练学生的团队协作和创业能力。

以智能制造专业群的产教融合课程架构为例，在课程体系中，基础模块主要是解决在智能制造领域通识和专业基础的学习问题，通过选取不同项目库中的项目实现各模块的学习，包括数学、思维、信息技术、实践技能、人文素养等，基础模块的拓展项目侧重于项目运用；进阶模块主要是解决在智能制造领域设计类的学习问题，通过选取进阶项目库中的项目实现智能控制、检测、企业管理、产品设计等学习，进阶模块的拓展项目侧重于项目设计。

3. 课程体系构建流程

根据课程体系构建模型和构建原则，应用型本科产教融合课程体系构建流程，分为四个阶段。

第一阶段：市场分析。课程委员会指导成立市场分析小组，主要完成：制订市场分析计划；设计市场调研方法；实施市场调研活动；分析调研数据；撰写调研报告；初步整理，形成行业大数据资源库。市场分析主要的分析内容有需要开展产教融合的产业结构、市场最新人才需求、岗位技能结构与当代应用型本科学生特点，从而为后续课程建设提供指导依据。

第二阶段：岗位分析。课程委员会成立岗位分析小组，根据市场分析报告得到的数据，建成岗位群数据库。岗位群数据库包括企业最新岗位、典型工作任务、职业能力需求等与岗位相关的数据。

第三阶段：课程设计。课程设计包括两部分内容，即理论资源整合设计和实践项目课程设计。理论资源整合设计是借鉴网络已有的开源优质理论资源，按照已经搭建的理论模块分类。实践项目课程设计是根据岗位分析阶段得到的岗位、工作任务、职业能力，设计对应的实践项目课程。实践课程内容包括课程目标、内容、组成结构、实施方式及评价方式。项目设计过程中需要考虑的内容有：该项目涉及的理论知识点和技能要点；该项目涉及的岗位能力点；该项目涉及的专业知识和通识知识；该项目的具体教学步骤；该项目评价的标准；完成后需要提交的材料等。

第四阶段：根据产教融合课程体系构建模式，搭建内容平台、过程平台和创新平台的“三大平台”共享资源库，如图 6. 2 所示。

---

① 马玖．外语类院校通识课程体系建设的理念审视［D］．西安：西安外国语大学，2018.

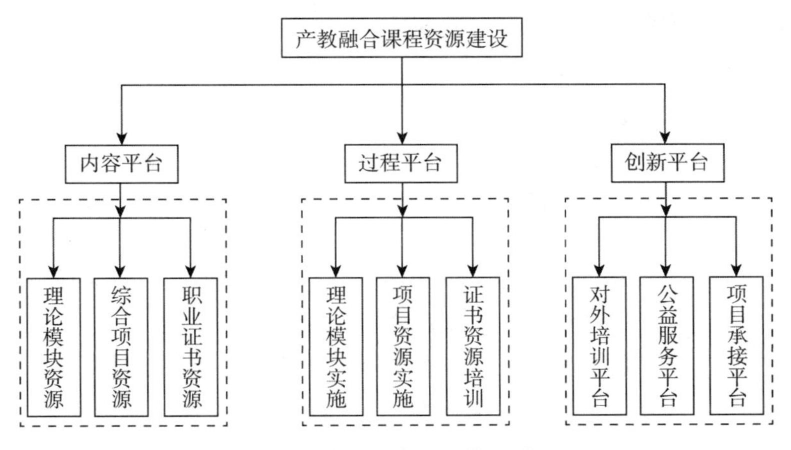

图 6.2　产教融合课程资源建设

内容平台的理论模块资源主要包括线上优质资源的分类、整合和优化；综合项目资源建设主要包括实践项目的收集、分类和优化；职业证书资源建设主要包括职业证书和企业认证证书培训题库的收集和优化。过程平台的理论模块实施主要是学习过程管理流程建设，学习评价流程建设等；项目资源实施主要是学习项目实施过程管理、项目交流管理、项目评价流程等；证书资源培训包括考证流程、考证组织方式、备考过程等建设。创新平台是开放的平台，是资源对内和对外的接口平台。教学资源通过包括对外培训平台、公益服务平台和项目承接平台进行共享和推广。

以广东科技学院智能制造产业链课程体系建设为例，分析课程体系构建流程。

（1）市场调查

在课程建设委员会的组织架构下，开展智能制造领域产业结构、人才需求结构、岗位技能结构等的调研，分析学校已有的专业分类，确定以工业机器人产业链为主线，探讨相关专业的产教融合课程建设改革，实现相关专业资源共享。在机器人及系统集成领域，核心技术为机器人技术、运动控制、复杂工艺；在智能装备领域，核心技术为精密机械设计、传感器、运动控制；在物联网领域，核心技术为传感器、大数据、运动控制、人工智能；在制造业大数据领域，核心技术为数字孪生、工业互联网、运动控制；在增材制造领域，核心技术为新材料、工业总线、工业互联网、运动控制。

对比核心技术和目前学校开设的课程可知，涉及的专业有机械设计制造及自动化、机器人工程、自动化、电气自动化、电子信息工程等专业，涉及的课程门类有控制类、传感器类、计算机技术类、物联网类、电机类等。

（2）岗位分析

分析工业机器人产业链，主要涉及的企业门类包括机器人零部件生产厂商、机器人制造组装厂商、机器人系统集成厂商和机器人应用企业。分析相关企业门类的人才需求可知，机器人领域的人才需求主要分为五大类，分别是安装调试类、技术支持类、系统集成类、销售类和项目经理。安装调试类的具体岗位包括机器人操作、非标自动化设备安装、流水线组装、机器人组装调试等，需要具备电气、机械识图，工具使用，精密设备装配能力，了解相应职业规范。技术支持类岗位包括机器人编程、自动化设备维护、自动化产线维护等，需要具备发现机械、电气、软件类技术问题的能力和解决该类技术问题的能力。系统集成类的具体岗位包括自动化产线设计、智能装备电气设计、智能装备机械设计、智能装备控制系统设计等，需要掌握机械、电气设计规范，掌握设计工具用法。销售类岗位主要有智能装备售前工程师、智能装备售后工程师，需要掌握系统方案设计规范，掌握销售技能。项目经理要了解自动化方案规划，掌握总体方案规划思路及技术要点。

（3）课程设计

根据产教融合课程体系架构，将基于机器人产业链的产教融合课程体系设计架构具体化。该机器人产业学院是广东科技学院与广东省机械研究所有限公司、固高派动（东莞）智能科技有限公司、广东统一机器人智能股份有限公司，为了解决在高端智能制造技术发展过程中，综合性、复合型人才需求与供给矛盾的问题，在遵循“资源共享、优势互补、合作共赢、协同发展”原则的前提下，探讨“建设智能制造专业链，服务机器人产业链”的产教融合建设之路的过程中联合成立的。

根据课程体系设计架构，课程设计包括两部分内容：第一部分是线上优质资源收集、分类、整理和优化；第二部分是各模块项目库中的项目设计。

优质资源收集后择优分类，主要包括通识基础的语言模块，心理模块，道德与法律模块，历史与社会模块；专业基础的数学模块，信息技术模块，工具模块，行业标准模块；通识进阶的工业设计模块，企业管理模块，智慧工厂模块；专业核心的电气模块，机械模块，控制模块，软件模块和机器人模块；拓展模块的B端运用及设计，C端运用及设计等。通识基础项目库和专业基础项目库，根据在线资源的模块设计或采用线上优质项目整理成项目库。对于部分模块，线上资源不能满足需求，需要课程建设团队自主设计。

项目库的项目设计主要包括通专结合项目库、通专结合进阶项目库等内容。主要分为两步：首先，根据工作岗位群，整理分析典型工作任务；其次，将典型工作任务分解、提炼，经过教学化，形成对应理论课程模块的项目，将项目按照难度级别整理、归类，形成项目群。

典型工作岗位及项目分析：

安装调试类：主要负责机器人安装、调试，熟悉机器人工艺、焊接、码垛、搬运、打磨等，熟悉主流机器人品牌的硬件接线、安装、示教编程，熟练地使用各类软件包等。针对该类工作岗位，从实际工作案例中提炼，设计工业机器人及自动化设备安装调试类项目。

技术支持类：主要负责自动化设备维护，机器人工作站维护，机器人编程和维护等。熟悉智能装备的硬件组成和软件架构。针对该类岗位，根据实际工作过程，设计工业机器人及自动化设备技术支持类项目。

系统集成类：电气工程师（运动控制方向）须掌握电气规范、电气原理及电气设计方法；软件工程师（工业机器人方向）包括运动控制方面，机器人应用软件开发方向，以及机器人核心控制算法开发方向；机械工程师（智能装备方向）主要负责工装夹具设计，进行机器人工作站设计，应熟悉机械设计规范，了解电气结构，熟悉机器人性能，了解各类应用现场工艺，例如焊接工作夹具、打磨、去毛刺、上下料等。针对该类岗位，根据典型智能装备的机械结构，电气及控制系统设计智能装备机械、电气及软件系统等方面的项目。

销售类：负责工业机器人产线的销售方案的设计及售后服务等。针对该类岗位，根据售前客户需求和售后客户问题提炼成销售类项目。

项目管理类：工业机器人方向的项目管理类，工作重心是针对具体行业，设计机器人在行业的应用方案，并且开拓行业市场。针对该类岗位，以机器人运用方案为需求点设计项目管理类项目。

以智能制造专业群中的工业机器人系统集成工作岗位为例，项目设计内容如下：

项目名称：桌面式锁螺丝机。

项目流程主要为：需求分析→总体方案设计→基础功能设计→方案评审→样机设计→调试。

项目内容：

项目1：机电系统机械、电气、软件需求分析，载体为桌面式三自由度平台（基础平台+工艺包）；

项目2：机电系统总体设计，载体为多自由度平台；

项目3：机电系统方案设计，载体为多自由度平台；

项目4：机电系统评价方法，载体为多自由度平台；

项目5：机电系统样机设计，载体为桌面式三自由度平台（包括基础包和工艺包）；

项目6：机电系统调试，载体为桌面式三自由度平台（包括基础包和工艺包）。

（4）资源建设

资源建设采用“三大平台”的模式，按照内容、过程和创新进行分类搭建。三大平台包括内容平台、过程平台和创新平台，使用对象为全校师生、企业员工和合作的社会团体。内容平台的功能主要是展示模块化课程内容，通过发布课程体系、线上精品课程、实践项目、企业行业标准、新技术五大路径实施。过程平台功能是展现课程实施过程及结果，通过管理发布学习流程及方法、过程管理实施、考核实施三大途径完成。创新平台功能是项目承接、交流、创新创业，通过交流企业，发布行业项目需求信息，发布企业、学校等培训信息，发布学生创新创业信息四大途径实施。

（二）产教融合课程体系建设创新

1. 模式创新

（1）课程体系模式

课程体系建设采用“模块-组合-项目”模式，该模式突破了两个限制。首先是专业限制。该模式以自上而下的规划将相似的学习任务和目标整理成若干个模块，各模块之间相互递进或互补；在大模块内部细分成若干个子模块，子模块之间具有局部独立性、进阶性和互补性的特点。单独的子模块可以作为独立的单元学习，和其他模块形成互补，也可以和其他模块有联系，体现基础和进阶的关系。不同的模块进行组合，可以得到不同的学习效果。子模块组合成多种工作场景，形成项目库。不同专业根据培养需求，自由选取项目库中的项目进行训练，突破了专业限制，强化了实践和团队合作。其次是突破了通识课和专业课的限制。该模式采用了通专结合的思路，将通识和专业融入项目群，学生根据工作岗位的典型任务选择单个项目或组合多个项目，在学习职业技能的过程中也培养通识能力，实现综合能力的提升。

（2）管理模式

产教融合课程体系建设存在时间跨度大、工作范围广、工作难度大等问题，独立的一方机构，学校、企业或第三方结构存在知识结构有限、时间受限等问题，因此产教融合课程体系采用“集中管理、分散控制”模式加以解决。“集中管理、分散控制”模式的思路是指导委员会集中管理，各工作小组分散控制工作过程质量。具体是，建立一个多方机构认同的课程建设指导委员会，该委员会成员来自企业、学校或行业管理机构，采用选举的方式产生。在课程建设过程中，课程建设指导委员会根据工作任务成立工作小组，工作小组成员采用自荐和委员会任命的方式选取，并通过制定工作任务考核机制，对工作任务实行闭环控制。

2. 内容创新

（1）课程设计

根据产教融合课程体系建设的构建模型和原则可知，课程设计的内容主要包括两个重心。第一个重心是项目库设计。项目库包含若干经过设计的项目，这些项目以产业链为大背景，以工作岗位的典型工作过程为主线，将主模块下的子模块结合起来，具有综合运用的特点，打破了传统学科的界限。项目设计的内容源自典型工作过程，通过教学提炼成实践性问题，设置基础、提高和进阶三个等级，实现阶梯式内容引导，达到引导学生从被动学习到主动学习的目的。第二个重心是拓展模块项目的设计，主要是产业链中已发现待解决的项目。通用项目库设计目标是培养学生解决产业链中通用问题的能力，拓展项目库设计目标是培养学生设计和创新的思维能力。从通用项目和拓展项目两方面进行课程设计，全方面地提升学生实践能力和创新思维。

（2）资源平台

传统的课程建设资源主要面向学校主体，而在产教融合课程体系中，资源是面向学校、企业和社会等多主体的。资源平台的内容需要满足多主体的需求，因此具有标准性、实践性、共享性、动态性的特点。课程内容、项目内容、职业标准、考试内容应符合规范要求；资源内容中企业工程项目、新技术项目等实践性内容占比应超过 50%；多方主体均能运用该平台进行学习训练；资源建设应保持持续更新，与行业新工艺、新技术尽量保持同步。

（三）产教融合课程体系建设措施

1. 课程团队建设

根据产教融合课程体系建设的主体多元化原则可知，课程建设的团队来自学校、企业、行业和社会团队等多方主体。按照决策层、执行层和支撑层的思路搭建产教融合课程体系团队建设框架，如图 6.3 所示。

（1）成立课程建设指导委员会

课程建设指导委员会由相关产业链协会、高等教育专家、企业专家组成，对项目顶层设计、课程建设过程等提供咨询，全面指导建设工作。

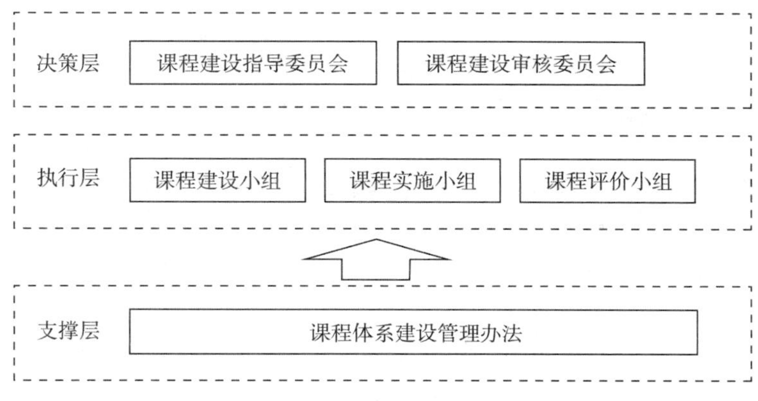

图 6.3　产教融合课程体系团队建设框架

（2）成立课程建设执行小组

成立课程建设、课程实施和课程评价小组，从项目的资金使用情况、建设过程和建设效果等环节，对建设项目进行全过程、多方位的考核，保证资金规范使用和课程建设效果。

（3）制定《产教融合课程体系建设管理办法》

管理办法明确各项目责任人职责，制订项目工作组例会制度，及时解决项目建设工作中遇到的困难和问题。实行项目建设定期沟通制度，所有子项目负责人均按照建设计划的时间节点对建设进度、经验、不足等方面进行总结，定期向项目建设工作组汇报。项目组组织专家对项目的建设情况进行全面的评估，对项目的后期建设提出相应的建议。

2. 课程目标建设

课程目标是培养目标的具体化表现。产教融合课程体系建设的总目标需要密切结合产业需求，注重技术创新，具有动态调整的特点，对比应用型大学和研究型大学，课程目标在知识、技能、综合能力等方面存在差异。应用型大学理论目标是实用、基础，技能目标是学会在特定领域应用、分析和解决问题，素质目标是团队协作和职业道德。研究型大学理论目标是系统和深入地掌握理论知识，技能目标是掌握相关领域分析、改进和设计的技能，素质目标是团队协作、职业道德、信息处理和社会技能。

根据对比，应用型大学产教融合课程建设目标主要为，理论模块侧重应用与基础扎实，技能模块侧重高效与变通，素质模块侧重综合。

3. 课程结构建设

（1）课程设置

按照“模块组合项目”的模式，将课程分为基础普及和专业核心两个大的阶段。基础普及在大一两个学期，核心课程主要安排在 3~8 学期。

基础普及阶段共有三个大主题，包括通识基础、专业基础和拓展模块。通识基础分为向内和向外两个方向，培养学生感知幸福和适应社会的能力；专业基础主要包括数学、物理、信息技术等，主要帮助学生搭建核心课程体系的基础；拓展模块主要是项目设计，项目设计内容根据专业进行动态调整。

核心阶段为 3~8 学期。第 3~6 学期主要是通识进阶、专业核心和项目设计 1~4 模块。通识进阶模块主要是与专业内容紧密相关的通识课，专业核心模块主要是与专业相关的进阶课程，项目设计模块主要是根据不同专业完成产品设计任务。第 7 学期是实习学期，主要是在企业完成独立的工作任务，为了保障实习效果，设置实习处理模块，帮助学生适应实习身份及掌握实习总结方法。第8学期是学生毕业设计阶段，在企业进行，由企业导师和学校导师共同指导，时间为4个月。

（2）课程分类

基础普及课程在第1~2学期进行，核心课程在第3~8学期进行，比例为2∶6。每个模块均由理论与实践两部分组成，理论课程进一步细分可分为讲座课与教学实践，主要包括实验、讨论、汇报等；实践课程主要完成项目库中指定的项目，理论与实践总学时比例为2∶1。

在课程设置时，考虑到不同的职业岗位，对专业知识的需求不一样，不同的专业需要根据专业特点，从专业群的课程设置中选择适合本专业的模块作为必修课，把扩展性、提高性、综合性的课程设置为选修课。

三、产教融合背景下的课程建设质量评价

产教融合课程建设是一个闭环项目，评价体系对应课程体系建设闭环模型中的传感器模块，主要作用是检测课程体系建设效果，与项目的指导思想、预期效果进行对比，对项目进行全面的分析，为后续课程建设优化提供科学全面的依据。

（一）产教融合课程建设质量评价原则

1. 全面性原则

根据产教融合课程体系建设原则可知，该项目是针对传统课程的改革，涉及的主体多，建设周期长，工作量大，动态更新且创新性明显，因此，产教融合课程体系建设质量的评价体系与传统课程质量评价相比，需要遵循全面性原则。第一，评价对象全面化，分横向和纵向两个方向。横向的全面性是指过程全面评价，除了注重课程实施效果评价外，还需要针对前期指导思想、中期建设过程进行评价，即项目前、项目实施和项目后评价。纵向的全面性是指在课程建设的某一个阶段，评价的具体内容要全面。除了和课程内容直接相关的评价，还包括企业关注的人才供给价值、社会关注的社会价值、学校关注的育人价值等；第二，评价主体全面化，建立企业、学校和社会三方面的质量评价机制。根据企业、学校和社会各方主体的关注点，构建由企业代表、院校管理者及专家、行业代表等共同参与的产教融合课程体系建设评价小组，并由该小组成立专职委员会，根据产教融合课程建设评价体系的模型进行课程建设质量评价，保证质量评价工作的全面性。

2. 客观性原则

客观性评价是指产教融合课程建设质量评价体系的构建要基于客观事实，减少主观因素的影响。在评价体系的构建中，评价标准是评价结果具有科学性的依据。在制订评价内容时，评价标准要同步制订。根据评价内容的实际情况，综合考量多方主体的诉求，综合考量定性评价和定量评价的比例，采用科学的方法制订客观、可行的评价标准。对于模型设计、指标权重等内容，需要根据具体的项目，采用科学的方法确定。对于重点指标，需要反复论证、深度挖掘，不能随意确定，以防增大主观性风险；在评价体系实施过程中，需要让评价方保持客观公正，不受干扰或者误导；项目评价之后的反馈，需要确保渠道畅通，避免徇私舞弊的现象。

3. 动态性原则

由于产教融合的课程建设及课程实施是一个长期的、反复迭代优化的过程，而且行业的变化具有不断更新的特点，因此对于课程建设的评价也需要实时调整。在评价体系构建后，需要有初始指标以及围绕国家及地方政府制定的纲领性文件。随着企业需求的变化，产业技术的发展，育人方式的转变，学校动态调整评价内容和指标要素，从而保证评价结果的良性更新。

（二）产教融合课程建设质量评价体系构建

产教融合课程建设体系采用闭环模型，以及时地根据课程建设及实施情况调整课程建设指导思路和内容。在闭环模型的基础上，借鉴闭环模型中的“三环”反馈，构建产教融合课程体系内环、中环和外环的三环反馈质量评价模型，如图 6.4 所示。

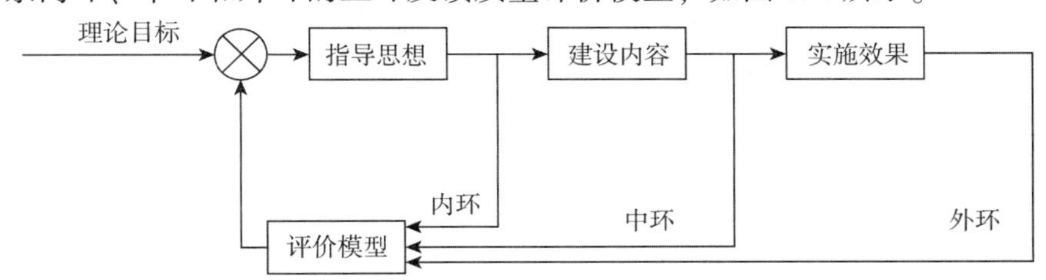

图 6.4　产教融合课程体系“三环”反馈质量评价模型

1. 产教融合课程建设质量评价指标构建

由图 6.4 可知，在产教融合课程体系“三环”反馈质量评价模型中，有内环、中环、外环。

（1）指导思想维度

指导思想维度在评价模型的内环，主要考察课程建设前期的情况，包括课程建设目标、管理机制、资源基础三方面。第一，考察课程建设的目标：长期和短期目标是否论证充分，是否和国家指导方案符合，是否和企业、社会发展匹配，是否考虑地区的实际发展需求等。第二，考察管理机制：团队是否具有多方参与的特点，是否具有高效率的管理模式，是否具有沟通良好的机制等。第三，考察资源基础：课程建设资源是否已有一定基础，实践基地的前期建设情况如何，企业和社会团体参与的机制是否完善等。

指导思维的设计深度影响后续课程建设的效果，因此需要符合评价体系中的各项原则，保证后续项目建设的正常进行。

（2）建设内容维度

建设内容维度主要包括课程建设、课程管理、课程实施、师资建设四个方面，属于评价模型的中环。该环节花费的人力资源和物力资源较大，其结果会直接影响项目的效果。课程建设方面主要考察课程建设团队是否有学校、企业和社会多方主体参与；课程建设模式与传统模式相比，是否有创新性；建设流程是否具有可行性；课程建设资源库的资源具有的特点是否突出等。课程管理方面，主要考察在教学过程中是否有科学的标准、完善的评价机制等；课程实施主要考察课程实施主体采用的技术手段，教学管理模式的特点；师资建设是指在课程建设过程中及建设后，师资的建设情况。

（3）实施效果维度

评价模型的外环即效果环，主要对课程实施主体进行评价，包括学生反馈、企业反馈、社会反馈方面。学生反馈主要考查学生薪资水平、专业技能提升情况；企业反馈主要考察企业的经济效益、企业用人情况等；社会反馈主要考察课程建设的间接收益、科研转化等情况。实施效果维度是课程建设效果的直观表现，对于课程后续的改进与完善，有直观的指导意义。

2. 产教融合课程建设质量评价指标权重确定

产教融合质量评价模型确定构建后，将三环反馈质量评价模型细分成二级、三级指标，得到分层结构模型。将层次分析法运用到三环反馈质量评价模型中，可建立一套相对客观量化的评价指标体系。层次分析法是20世纪70年代由美国教授T. L. Satty提出的决策分析方法①，该方法需要首先构建多层的结构模型，然后各层内部之间通过对比法确定各自权重。而权重是一种赋值，反应指标相对于结果的重要程度。权重的确定也是评价模型构建中重要的一环，其设置的合理性会决定课程体系建设质量的公信度。按照层次分析法搭建产教融合课程体系质量评价模型后，采用构造比较判断矩阵确定各分项指标的权重。

（1）构建层次结构

总目标：课程体系建设质量（$\boldsymbol{A}$），包括3个一级指标、10个二级指标、33个三级指标。

一级指标分别是指导环X_1，内容环X_2，效果环X_3。

二级指标分别是建设目标Y_1，管理机制Y_2，资源基础Y_3，课程建设Y_4，课程管理Y_5，课程实施Y_6，师资建设Y_7，学生反馈Y_8，企业反馈Y_9，社会反馈Y_{10}。

三级指标分别是宏观目标Z_1，微观目标Z_2，目标优化周期Z_3，目标优化流程Z_4，管理团队成员结构Z_5，管理制度Z_6，管理效率Z_7，政府协调机制Z_8，行业企业学校合作机制Z_9，实训基地规模Z_{10}，建设团队成员分布Z_{11}，课程建设模式Z_{12}，课程建设流程Z_{13}，课程建设架构Z_{14}，产教融合课程资源库Z_{15}，课程教学计划Z_{16}，课程实施标准Z_{17}，课程评价方式Z_{18}，师资组成比例Z_{19}，教学技术手段Z_{20}，实训教学管理Z_{21}，师资教学能力提升度Z_{22}，师资科研成果增长率Z_{23}，师资团队规模增长率Z_{24}，就业起薪Z_{25}，专业技能提升自我评价Z_{26}，企业对学生专业技能评价Z_{27}，企业对学生综合能力评价Z_{28}，企业效益提升Z_{29}，学生一年内留存率Z_{30}，三年内平均薪水Z_{31}，科研产业转化率Z_{32}，间接收益Z_{33}。

（2）建立层次判断矩阵

①构建判断矩阵。

第一，搭建三层质量评价模型，分别是一级、二级、三级指标层。一级指标层包括三环反馈层，二级指标层包括三环反馈层的各子模块，三级指标层包括各子模块的子项。

第二，一级指标层中三环使用两两比较的方法，确定其对课程体系建设质量总目标的权重。构建比较矩阵$\boldsymbol{A}$，如式（6.1）所示。

$$\boldsymbol{A}=(a_{ij})_{m\cdot n}=\begin{pmatrix} a_{11} & a_{12} & \cdots & a_{1n} \\ a_{21} & a_{22} & \cdots & a_{2n} \\ \vdots & \vdots & & \vdots \\ a_{m1} & a_{m2} & \cdots & a_{mn} \end{pmatrix} \tag{6.1}$$

① 谭丽婷，张辉．基于层次分析法的民办高校思政课教学健康度模型设计［J］．广东水利电力职业技术学院学报，2021，19（3）：56-59.

其中：$a_{ij}=\frac{1}{a_{ji}}$，表示第 i 个因素相对第 j 个因素的重要性，若元素 i 与元素 j 的重要性之比为 a_{ij}，则元素 j 与元素 i 的重要性之比为其倒数。重要性标度值1，3，5，7，9分别表示前者和后者同等重要、稍重要、明显重要、强烈重要、极端重要，2，4，6，8表示上述判断的中间值。[①]

根据重要性标度和构造矩阵公式（6.1）设计问卷调查打分表，课程建设指导委员会邀请不少于十位专家对产教融合课程建设体系中的判断矩阵进行比较和打分，专家个体独立，主要是由专家根据自身的工作经验、知识水平和认知对两两指标的重要性进行评判。专家的人数比例为：企业：高校：协会=3：4：3。对打分结果进行收集，求得加权算术均值，四舍五入取整后，构建各级指标层的判断矩阵。表6.1为一级指标层次判断矩阵。

表6.1　一级指标 A–X 层次判断矩阵

A–X	X_1	X_2	X_3
X_1	1	1	3
X_2	1	1	2
X_3	1/3	1/2	1

从表6.1中可以看出，X_1 对比 X_2 的评分为1分，表示专家们认为指导环和建设环同样重要，X_1 对比 X_3 的评分为3分，表示专家们认为指导环比效果环重要。

第三，分别对第二指标层中建设目标 Y_1、管理机制 Y_2、资源基础 Y_3 使用两两比较的方法，确定其对第一指标层中指导环的重要性，构建 X_1 的判断矩阵。同理，课程建设 Y_4、课程管理 Y_5、课程实施 Y_6、师资建设 Y_7 使用两两比较的方法确定其相对 X 层中内容环的重要性权重，构建 X_2 的判断矩阵；学生反馈 Y_8、企业反馈 Y_9、社会反馈 Y_{10} 使用两两比较的方法确定其对 X_3 层中效果环的重要性权重，构建 X_3 的判断矩阵。

②一致性检验。为了确保比较判断矩阵能够客观，需要对判断矩阵进行一致性检验[②]。方法如下：分别对一级指标和二级指标的判断矩阵的各行向量进行几何平均，归一化处理，计算各个判断矩阵的特征根，根据最大特征根进行一致性检验。具体过程如下：

a）计算判断矩阵各行元素的积，得到矩阵 $\boldsymbol{S}$：

$$\boldsymbol{S}_i=\prod_{j=1}^{n}a_{ij},\ i=1,2,\cdots,n \tag{6.2}$$

其中，$\boldsymbol{S}=(S_1,S_2,\cdots,S_n)^{\mathrm{T}}$

b）计算矩阵 $\boldsymbol{S}$ 中每个元素的 n 次方根，得到矩阵 $\boldsymbol{Q}$：

$$\boldsymbol{Q}=(q_1,q_2,\cdots,q_n)^{\mathrm{T}} \tag{6.3}$$

其中，$q_i=\sqrt[n]{S_i}$

c）将 $\boldsymbol{Q}$ 矩阵归一化处理，得到权重向量 $\boldsymbol{W}$：

$$\boldsymbol{W}=(w_1,w_2,\cdots,w_n)^{\mathrm{T}} \tag{6.4}$$

① 田辉，赵海卿，郭晓东，等. 基于层次分析法的敬信湿地生态评价［J］. 安徽农业科学，2012，40（33）：28-29+88.

② 杨学平，胡恒杰，王鹤钦，等. 基于层次分析法电子信息专业建设评价体系构建研究［J］. 电子元器件与信息技术，2022，6（1）：62-65.

其中，$w_i = \frac{q_i}{\sum_{j=1}^{n} q_i}$

d）计算权重向量的最大特征根 λ_{max}：

$$\lambda_{max} = \frac{1}{n} \sum_{i=1}^{n} \frac{(AW)_i}{w_i} \tag{6.5}$$

e）对判断矩阵进行一致性检测，用一致性比率 CR 表示：

$$CR = \frac{CI}{RI} \tag{6.6}$$

其中，一致性指标 $CI = \frac{\lambda_{max} - n}{n - 1}$

随机一致性指标 RI 通过查表得到①，如表 6.2 所示。

表 6.2　评价一致性指标 RI

阶数 n	1	2	3	4	5	6	7
RI	0	0	0.58	0.9	1.12	1.24	1.32

当 $CR \leq 0.1$ 时，判断矩阵 $\boldsymbol{A}$ 的一致性较好，若 $CR > 0.1$，则判断矩阵 $\boldsymbol{A}$ 的一致性较差，需要重新进行调整，并重新计算②。

根据以上步骤，得到各判断矩阵的一致性，经过计算，得到 $A - X$，$X_1 - Y$，$X_2 - Y$，$X_3 - Y$ 的 CR 分别为 0.016，0.031，0039，0.008。根据检验结果可知，一级指标和二级指标判断矩阵的一致性比率 CR 值均小于 0.1，说明各级判断矩阵有较好的一致性，通过一致性检验。

（3）构建权重表

根据第二步的一致性判断计算，得到一级指标和二级指标的权重向量：

一级指标 $\boldsymbol{A}$ 的权重向量为 $\boldsymbol{W} = (0.443, 0.387, 0.169)$，表示产教融合课程建设质量评价指标中，指导环权重为 0.443，内容环为 0.387，效果环为 0.169。

二级指标 $X_1 - Y$ 权重向量为 $\boldsymbol{W} = (0.637, 0.258, 0.105)$，表示产教融合课程体系建设质量指导环中，建设目标权重为 0.637，管理机制为 0.258，资源基础为 0.105。

二级指标 $X_2 - Y$ 的权重向量为 $\boldsymbol{W} = (0.556, 0.249, 0.114, 0.081)$，表示内容环中，课程建设权重为 0.556，课程管理为 0.249，课程实施为 0.114，师资建设为 0.081。

二级指标 $X_3 - Y$ 的权重向量为 $\boldsymbol{W} = (0.163, 0.297, 0.540)$，表示效果环中，学生反馈指标权重为 0.163，企业反馈为 0.297，社会反馈为 0.540。

同理，将二级指标下的三级指标两两对比，得到三级指标的权重。

综上，第三级别指标的判断矩阵一致性通过校验，得到产教融合课程建设质量评价体系各级指标对于上一层次的权重，将三级指标处理后，得到相对一级指标的全局权重③，如表 6.3 所示。

① 柳春．基于层次分析法的基层工会规范化建设评价体系研究［J］．山东工会论坛，2021，27（5）：48-60.

② 蒋样明，崔伟宏，董前林．基于空间技术的烤烟种植生态环境综合评价分析[J]．植物生态学报，2012，36(1)：47 - 54.

③ 何俊萍．基于 IPO 模型的高职院校产教融合绩效评价研究［D］．广州：广东技术师范大学，2021.

表 6.3　产教融合课程建设质量评价体系权重

一级指标	二级指标	三级指标	全局权重
指导环 X_1	建设目标 Y_1	宏观目标 Z_1	0.110
		微观目标 Z_2	0.058
		目标优化周期 Z_3	0.031
		目标优化流程 Z_4	0.084
	管理机制 Y_2	管理团队成员结构 Z_5	0.024
		管理制度 Z_6	0.063
		管理效率 Z_7	0.028
	资源基础 Y_3	政府协调机制 Z_8	0.014
		行业企业学校合作机制 Z_9	0.026
		实训基地规模 Z_{10}	0.007
内容环 X_2	课程建设 Y_4	建设团队成员分布 Z_{11}	0.014
		课程建设模式 Z_{12}	0.044
		课程建设流程 Z_{13}	0.021
		课程建设架构 Z_{14}	0.048
		产教融合课程资源库 Z_{15}	0.087
	课程管理 Y_5	课程教学计划 Z_{16}	0.053
		课程实施标准 Z_{17}	0.023
		课程评价方式 Z_{18}	0.020
	课程实施 Y_6	师资组成比例 Z_{19}	0.009
		教学技术手段 Z_{20}	0.011
		实训教学管理 Z_{21}	0.024
	师资建设 Y_7	师资教学能力提升度 Z_{22}	0.020
		师资科研成果增长率 Z_{23}	0.007
		师资团队规模增长率 Z_{24}	0.004
效果环 X_3	学生反馈 Y_8	就业起薪 Z_{25}	0.007
		专业技能提升自我评价 Z_{26}	0.021
	企业反馈 Y_9	企业对学生专业技能评价 Z_{27}	0.012
		企业对学生综合能力评价 Z_{28}	0.021
		企业效益提升 Z_{29}	0.008
		学生一年内留存率 Z_{30}	0.008
	社会反馈 Y_{10}	三年内平均薪水 Z_{31}	0.058
		科研产业转化率 Z_{32}	0.017
		间接收益 Z_{33}	0.016

（三）产教融合课程建设质量评价体系的分析

产教融合课程建设评价体系模型的构建是为了检测课程建设质量和水平，促进产教融合的良性循环，寻求优化路径。在评价体系模型构建之后，要采用科学合理的方法对课程建设项目进行评价，并根据评价结果针对性地提出改进建议。

模糊综合评价方法是一种将精确数值和非精确数值结合进行评估的综合评价方法，因其具有定性和定量分析相结合的特点，被广泛用来进行绩效评价。[①] 根据产教融合课程体系的模型可知，评价指标有定性指标和定量指标，因此产教融合课程建设质量评价体系可采用模糊综合评价方法。

1. 产教融合课程建设质量模糊综合评价步骤

（1）构建评价指标集

根据产教融合课程建设质量评价体系模型，构建一级、二级、三级指标集。一级指标集是指将一级指标的子集整理成一个集合。以此类推，二级指标集是将二级指标的子集整理成一个集合，三级指标集是将三级指标的子集整理成要给集合。

一级指标集为 $A=\{A_1,A_2,A_3\}$，表示该指标集共有 3 个评价指标子集，即 $A=\{$指导环指标,内容环指标,效果环指标$\}$；二级指标集分别记为集合 $A_1=\{A_{11},A_{12},A_{13}\}=\{$建设目标,管理机制,资源基础$\}$；$A_2=\{A_{21},A_{22},A_{23},A_{24}\}=\{$课程建设,课程管理,课程实施,师资建设$\}$；$A_3=\{A_{31},A_{32},A_{33}\}=\{$学校反馈,企业反馈,社会反馈$\}$；三级指标集以此类推。

（2）构建评价等级集

产教融合课程建设质量评价等级集合是指评价主体对课程建设指标做出的所有判断结果的集合。$V=\{V_1,V_2,V_3,V_4,\cdots,V_n\}$，具体等级可以采用多种方式表述，如语言描述或者等级数字描述等。确定为 $V=\{V_1,V_2,V_3,V_4,V_5\}=\{$优秀,良好,一般,合格,不合格$\}$。

（3）构建模糊关系矩阵

在评价等级集合构建之后 $V=\{V_1,V_2,V_3,V_4,\cdots,V_n\}$，由产教融合课程建设质量评价小组组织该领域的专业人员根据评价等级集合的定义对某课程建设指标进行评价，得到该课程建设指标的模糊关系向量 $\boldsymbol{R}_i=\{R_{i1},R_{i2},R_{i3},R_{i4},\cdots,R_{in}\}$，$R_{in}$ 表示评价对象对评价等级 V 的隶属程度，即专家评价该项课程指标建设等级为 Vn 的人数比例。如针对一级指标 A_1，其二级指标包括 B_1，B_2，B_3，B_4。其中对于 B_1，专家评定优秀、良好、一般、合格和不合格的比例分别为：4∶3∶1∶1∶1。则一级指标 A_1 的模糊关系向量为 $\boldsymbol{R}_i=(0.4,0.3,0.1,0.1,0.1)$。同理，假设 A_2、A_3 的模糊向量分别为 $(0.2,0.3,0.2,0.1,0.2)$、$(0.3,0.3,0.2,0.2,0.0)$。则最终模糊关系矩阵如下所示。

$$\boldsymbol{R}=\begin{pmatrix}0.4 & 0.3 & 0.1 & 0.1 & 0.1\\ 0.2 & 0.3 & 0.2 & 0.1 & 0.2\\ 0.3 & 0.3 & 0.2 & 0.2 & 0.0\end{pmatrix} \tag{6.7}$$

（4）构建模糊综合评价模型

根据式(6.4)得到的指标权重向量 $\boldsymbol{W}$ 与模糊关系矩阵 $\boldsymbol{R}$ 进行相乘得到模糊综合评价结

① 吴红霞，刘雪芹，蔡文柳．基于模糊综合评价的高校创新创业型人才培养质量评价［J］．华北理工大学学报（社会科学版），2017，17（1）：125-129.

果向量 $\boldsymbol{B}$，则 $\boldsymbol{B}$ 中各元素表示的即为对象在等级上的占比。

（5）分析模糊综合评价结果

根据以上的计算得到模糊综合评价结果向量 $\boldsymbol{D}=\{d_1,d_2,d_3,d_4,\cdots,d_n\}$ 中，根据最大隶属原则，比较向量 $\boldsymbol{D}$ 中各个因素，根据数值最大的对应等级确定评价指标的等级。根据得到的产教融合课程体系建设质量评价结果，结合产教融合的实际发展情况，分析所得的评价结果，提出改进建议。①

2. *产教融合课程建设质量模糊综合评价实施要点*

（1）数据来源

产教融合课程体系建设工作周期长、涉及面广，因此数据来源需要客观可信。产教融合的方针、制度等纲领性文件需要从政府部门官网获取；学校的师资、人才培养、实验室等数据需要从相应官网上获取；企业的导师数据、联合实践基地、效益、项目来源等数据需要从企业官网或权威的第三方机构获取；部分科技成果等数据需要从中国知网等数据库获取；毕业生就业质量、质量培养跟踪调查等数据需要从相关报告与年鉴中获取。

（2）评价主体

根据评价指标进行模糊综合判断的时候，评价主体需要是该项指标所在领域的权威专家，能根据指标对课程建设中的内容给出客观公正的评价，且能提出修改建议。再者，评价主体的构成需要符合政府、企业、学校多方主体参与，且比例要均衡，人数要合理。

（3）评价结果分析

产教融合课程体系建设委员会需要成立评价结果分析小组，主要工作是针对得到的评价结果，逐一分析评价指标对应的内容，提出短期和长期的改进措施。改进措施需要具有可执行性、针对性，并能根据后续改进效果进行动态调整。

---

① 南艳婷．基于大学英语课的 MOOC 平台运行机制研究[D]．天津：天津工业大学，2016.

第七章　产教融合与现代产业学院

随着科技革命与产业变革步伐的进一步加快，我国经济发展结构也发生了深刻的变化。国家经济的发展给高等教育带来了新的历史机遇，同时也使其面临严峻挑战。近年来，国家有关部门陆续颁布了引导产业学院建设、产教融合发展的政策文件，例如，2015年教育部、国家发展改革委、财政部发布了《关于引导部分地方普通本科高校向应用型转变的指导意见》，2017年国务院办公厅印发了《关于深化产教融合的若干意见》，2020年教育部办公厅、工业和信息化部办公厅发布了《现代产业学院建设指南（试行）》，2021年国家发展改革委办公厅、教育部办公厅发布了《关于印发产教融合型企业和产教融合试点城市名单的通知》，等等。这些文件旨在引导高校转变办学思路，培养技术技能应用型人才，服务区域经济社会的发展。目前，深化产教融合已被提升到国家战略层面，促使教育改革走上新台阶。

一、现代产业学院协同育人的理论依据

随着现代产业学院建设的发展，学者们提出了与之相关的理论，主要包括三螺旋理论、利益相关者理论、系统论与建构主义理论。

（一）三螺旋理论

20世纪90年代，美国社会学博士亨利·埃茨科威兹（Henry Etzkowitz）与荷兰科学计量学家路特·莱兹多夫（Loet Leydesdorff）提出了著名的官、产、学“三螺旋理论”，即多元主体之间由于存在共同利益而形成螺旋状的组织结构，彼此联系、彼此促进，最终实现1+1≥2的协同效应。[①] 基于三螺旋理论，政府、企业与高校三者在市场经济条件下，形成了相互影响、相互促进的螺旋式链接关系，如图7.1所示。其中，政府在战略实施、社会治理和公共服务方面形成政策链；企业在技术开发、产品研发和科学成果转接方面形成产业链；而高校则着力于知识传承、科学研究与人才培养方面，形成知识链。[②] 在动力的驱动下，三个螺旋主体逐渐突破自身组织边界的壁垒，相互融合，相互渗透，共同交织与演进，使得政策链、产业链与知识链协同运行，最终实现彼此的可持续发展。从本质上看，三螺旋理论是一个多方互动发展理论，官、产、学联盟是三螺旋理论发展到组织阶段

---

① 钟德仁，张晓秀，高芳凝，等. 产业学院协同创新三螺旋理论分析［J］. 洛阳师范学院学报，2020，39（10）：51-55.

② 朱蓓，夏立平，魏志明. 基于“三螺旋理论”的大健康领域新型产业学院建设路径探究［J］. 卫生职业教育，2022，40（6）：1-3.

的必然选择。

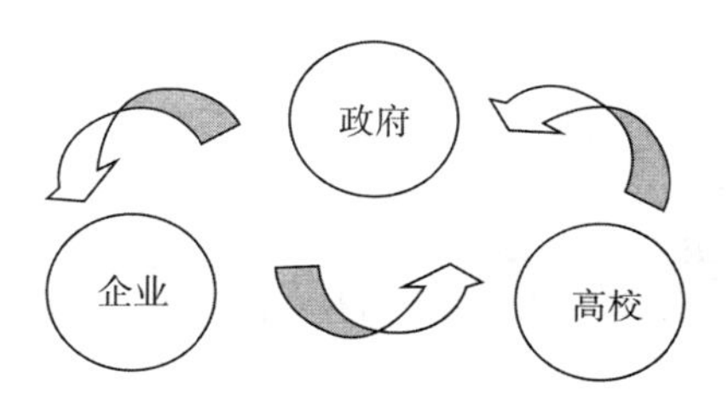

图 7.1　官、产、学联盟

（二）利益相关者理论

20 世纪 80 年代，美国学者罗伯特·爱德华·弗里曼（R. Edward Freeman）在《战略管理：利益相关者方法》中首次提出了“利益相关者”理论。他将利益相关者界定为“能够对组织目标实现产生影响和被组织实现目标的过程影响的人”。根据利益相关者理论的观点，一个组织如果缺少了利益相关者的支持与合作，那么它将无法生存下去。

本科高校应以培养服务于地方经济社会发展的人才为主要任务，它的利益相关者主要包括地方政府、行业、企业、科研院所等。现代产业学院能够为地方行业与企业培养出高素质的应用型人才，根据利益相关者理论，共建现代产业学院可以推动学校、企业与区域经济共同发展。

（三）系统理论

系统论认为，系统是各个要素按照一定的次序向同一目的迈进而形成的一个集合，如仅将各个部分进行简单相加或机械组合则不构成系统，系统具备了各要素在孤立状态下所没有的整体功能。

根据系统理论，产业学院是一个系统，它包括政府、行业、企业、高校、区域经济、社会等各个组成部分。其中，政府、企业、高校是三个主要的子系统，它们具有各自的目标、价值取向与运行机制，既相互独立，又紧密联系，通过产教融合、校企合作，能够使三者在协同互动中共同实现价值的提升。

（四）建构主义理论

建构主义理论是行为主义到认知主义的进一步发展，有着深刻的思想渊源。它突破了传统的学习理论和教学思想，能够总结出人类学习过程的认知规律，对教学方法设计具有重要的指导作用。建构主义理论认为，学习者对知识的获取并不是通过教师的讲授，而是学习者在原有的知识经验基础上，生成意义、建构理解而获得。建构主义理论强调学习者是认知的主体，个体的主动性在建构认知过程中起着关键作用，而教师只是建构过程的引导者、帮助者与促进者，起着辅助的作用。

本科高校通过建设产业学院，为人才培养提供真实的生产环境、生产流程以及项目案例；通过高校教师和企业导师共同执教，师生共学共做共创，针对企业实际的生产、技术、管理等问题进行探索，实现对学生全方位的培养。

二、现代产业学院建设的现状

（一）确定首批现代产业学院

为贯彻国家发展战略要求，跟随新一轮科技革命和产业变革的步伐，扎实推进新工科建设，教育部高等教育司决定开展国家级现代产业学院的申报与建设工作。2021 年通过各地高校自主申报，经专家综合评议等程序，最终产生首批国家级现代产业学院建设单位 50 个。

首批国家级现代产业学院涵盖从高水平研究型大学到地方本科高校共 50 所，其中“985 工程”大学 2 所、“211 工程”大学 9 所、双一流建设高校 16 所、博士点建设高校 36 所、硕士点建设高校 47 所。从整体上看，本科高校共 19 所，包括东莞理工学院、盐城工学院等；研究型高校共 16 所，包括中南大学、华东理工大学等；专业型高校 15 所，包括广州大学、南京信息工程大学等。应用型、研究型和专业型三类高校的数量占比均超过 30%，相对较为均衡。

（二）现代产业学院区域分布现状

首批建设的国家级现代产业学院区域分布广，但存在不均衡现象。从地域分布看，华东地区获批的数量列居首位，共 18 个；华南地区位列第二，共 8 个；东北和西南地区各获批 6 个，华北和华中地区各获批 5 个，西北地区获批 2 个。首批现代产业学院在七大区域的分布具体如图 7. 2 所示。

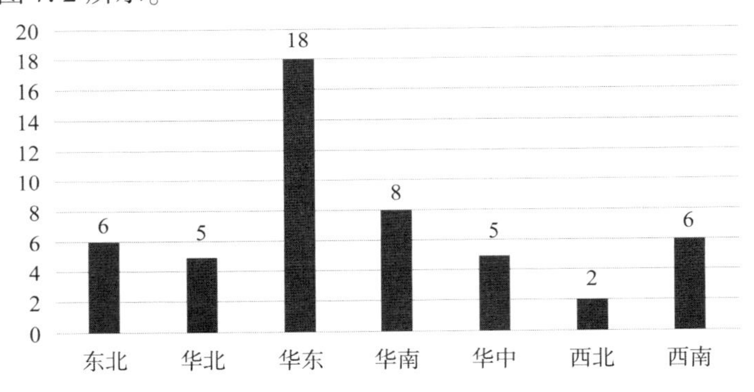

图 7. 2　首批现代产业学院在七大区域的分布

50 个现代产业学院分布在 24 个省（自治区、直辖市），其中，江苏省 10 个，广东省 7 个，两省合计占比超过三分之一；辽宁省和上海市各 3 个；河北等 7 省（自治区、直辖市）各 2 个；山西等 13 省（自治区、直辖市）各 1 个。

在全国范围内，广东省的省级产业学院建设开始时间较早，2018 年发布《广东省办公厅关于推进本科高校产业学院建设的若干意见》，随后全面启动省级现代产业学院的立项工作；江苏省的省级现代产业学院建设的启动时间稍晚，2020 年发布了《江苏省教育厅关于推进本科高校产业学院建设的指导意见》，在品牌专业建设的基础上，遴选出一些基础条件较好、产教融合深入、办学成效显著的省级重点产业学院建设点进行重点培养。广东、江苏两省通过早期的省级产业学院项目培育孵化，在首批国家级现代产业学院立项申报中取得优异成绩。而北京、山东作为我国教育水平领先的地区却没有入围的产业学院，说明评审过程着重考虑建设价值以及未来的规划，区域分布并不是主要因素。

（三）现代产业学院产业服务现状

产业的发展具有一个连续动态的演化过程，随着科学技术发展而不断迭代和创新①。在第四次产业革命和全球化竞争的大格局下，新兴产业、高新技术、信息化、网络化和智能化等成为现代产业学院建设优先考虑的领域。② 战略性新兴产业是以重大技术突破和重大发展需求为基础，对经济社会全局和长远发展具有重大引领带动作用，知识技术密集、物质资源消耗少、成长潜力大、综合效益好的产业。首批现代产业学院服务于国家重点产业发展的需求，覆盖了九大战略性新兴产业。首批现代产业学院服务于国家重点产业发展的需求，覆盖了九大战略性新兴产业，如表 7.1 所示，且相当部分产业学院具有交叉学科领域、跨产业服务的特征。

表 7.1　战略新兴产业分类

战略新兴产业类别	主要服务面向
新一代信息技术产业	新一代信息网络产业、电子核心产业、新兴软件和新型信息技术服务、互联网与云计算、大数据服务、人工智能
高端装备制造产业	智能制造装备产业、航空装备产业、卫星及应用产业、轨道交通装备产业、海洋工程装备产业
新材料产业	先进钢铁材料、先进有色金属材料、先进石化化工新材料、先进无机非金属材料、高性能纤维及制品和复合材料、前沿新材料、新材料相关服务
生物产业	生物医药产业、生物医学工程产业、生物农业及相关产业、生物质能产业、其他生物业
新能源汽车产业	新能源汽车整车制造、新能源汽车装置、配件制造、新能源汽车相关设施制造、新能源汽车相关服务
新能源产业	核电产业、风能产业、太阳能产业、生物质能及其他新能源产业、智能电网产业
节能环保产业	高效节能产业、先进环保产业、资源循环利用产业
数字创意产业	数字创意技术设备制造、数字文化创意活动、设计服务、数字创意与融合服务
相关服务业	新技术与创新创业服务、其他相关服务

数据来源：国家知识产权战略网

例如，中北大学紧跟国家大力发展信创产业的大势，整合了“电子信息、计算机科学与技术、测控技术与仪器”这三个国家一流专业以及“软件工程”专业，成立信创产业学院，开展信息安全、集成电路、人工智能、大数据、产业控制等重大关键技术的创新研究，致力于网络强国建设、国防现代化建设以及省市产业转型发展。

又如，东华大学新材料产业学院通过纤维与纳米、生物、仿生等学科的交叉融合，服

① 刘国买，姜哲，李宁，等. 组织创新视角下现代产业学院发展特征与变革路径——首批现代产业学院建设案例分析［J］. 高等工程教育研究，2022（5）：80-86.

② 张姿炎，范志彬. 本科高校现代产业学院多方协同育人模式研究与实践［J］. 沈阳大学学报（社会科学版），2022，24（4）：414-421.

务于航天航空、国防军工、生命科学、信息和环保技术、新能源等领域。

内蒙古师范大学金通民航学院不断探索学科专业的转型发展，将学科专业的设置与布局瞄准社会发展需求，集聚人文、管理、工程等多学科优势，重点培养机务维修、地勤保障、客舱服务等高素质服务人才，实现航空产业链、创新链、教育链有机结合。

首批现代产业学院瞄准当前具有巨大发展空间的行业和领域，其中冠以“智能”二字的现代产业学院共15个，如深圳大学的腾讯云人工智能学院、东莞理工学院的西门子智能制造学院等。

（四）现代产业学院区域分布与产业布局的联系

为分析首批现代产业学院区域分布与产业布局之间的内在联系，可根据首批现代产业学院在七大区域中服务战略性新兴产业分布进行进一步研究。如图7.3所示，华东地区优势明显，高端装备制造、新一代信息技术、新材料、新能源以及节能环保产业都处于领先水平，与区域经济发展水平和产业结构密切相关；华南、华中地区在新一代信息技术和高端装备制造具有一定优势；西南地区作为传统的产业区，虽然产业学院数量没有优势，但区域产业类型相对齐全，呈现“点多面广”的分布特征；东北和华北地区以生物产业为主，而西北地区仅有高端装备制造业和生物产业各1个。

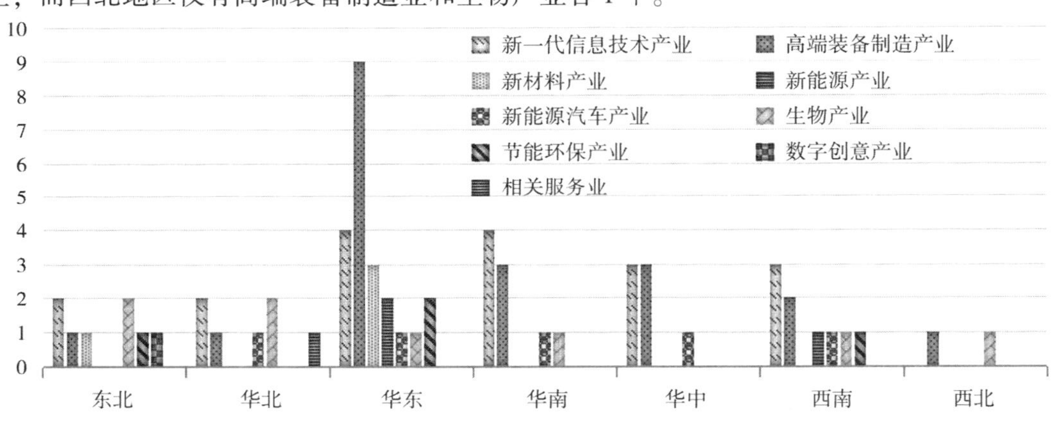

图7.3　首批现代产业学院在七大区域中服务战略性新兴产业分布

可见，在江苏、上海、广东等长三角、珠三角地区，由于产业比较发达，产业链对人才供给侧需求旺盛，已初步形成产业集聚人才、人才引领产业的共赢态势，加上这些地区现代产业学院建设起步较早，可以为其他地区提供经验借鉴。

三、现代产业学院的评价指标体系

（一）评价指标体系构建

对高等学校而言，进行人才培养、实施科研创新与开展地方服务是其核心职能。而在校企产学研协同创新机制下，人才培养质量、科研创新与成果转化水平、生产服务能力是现代产业学院绩效评价的核心要素，其综合反映了现代产业学院的管理功能、育人功能、创新功能、服务功能。本书利用专家咨询和德尔菲法，结合实证调研收集到的微观数据，利用SPSS软件对评价指标进行独立性相关检验，构建了一套适用性较强的现代产业学院评价指标体系，如表7.2所示。

表 7.2　现代产业学院评价指标体系

一级指标	二级指标	三级指标
现代产业学院评价（A）	外部（B1）因素	政府相关政策制度（C11）
		校企双方利益诉求（C12）
	内部（B2）因素	人才培养（C21）
		管理体系（C22）
		科研创新（C23）

（二）层次分析法与问卷法确定权重

一致性检验系数是随机一致性和一致性两种指标进行相比之后的比值。一般通过 $CR=CI/RI$ 这个计算公式进行验算。如果将满意一致性作为指标对矩阵进行判断，就必须将一致性检验系数的判定值设定为 0.1。假设这个值比 0.1 大或者等于 0.1，就意味着权重向量之下的各项指标的排序是合理的，矩阵就可以判定为满意。反之，假设其比 0.1 小，就需要重新进行测算和判断。但这个过程在进行简化之后，可以用“$CR<0.1$，$CI<0.1$”这一组具体数据来表示。如果符合这组数据，就意味着这个矩阵的一致性程度比较好。如果不能够契合这组数据，那么就意味着这个矩阵不可接受。然后就必须采用德尔菲法来对各项元素重新进行调整，直到这个矩阵满足这组数据的条件。

本书邀请现代产业学院产教融合部门相关人员及在企业管理领域有丰富经验的领导共 12 人参与填写《现代产业学院评价指标权重调查问卷表》（见本章末的附表），并对各指标要素之间的关联系数进行判断。使用 9 分制表示，1、3、5、7、9 分别表示重要性相同、后者稍微重要、后者比较重要、后者特别重要、后者极端重要，反之则用 1、1/3、1/5、1/7、1/9 表示。然后根据权重值的打分结果，搭建现代产业学院评价指标 A 和一级因素 B、二级指标 C 的关联性，用矩阵 $\boldsymbol{U}$ 以及 $\boldsymbol{UI}$ 来表示相互之间的权重关联矩阵。根据回收上来的问卷结果，经过对问卷分析调查整理，综合确定各指标间的关系矩阵，结果如表 7.3 所示。

表 7.3　不同阶判断矩阵 *RI* 指标的取值

矩阵维数	1	3	4	5	6	7	8	9
RI	0	0.58	0.90	1.12	1.24	1.38	1.14	1.46

通过使用 1~9 及其倒数的标度方法，组织专家对各一级评价指标的重要性进行评分，评分结果如表 7.4、表 7.5 所示，并采用 AHP 层次分析法计算出各一级指标权重。

表 7.4　B1–C1 判断矩阵及权向量

B1–C1	C11	C12	*W*
C11	1	1/5	0.055
C12	5	1	0.213

其最大特征值 $\lambda_{max}=4.0581$，而 $CI=0.0581/3=0.0194$，$CR=0.0215$；$CR<0.1$，所以这个矩阵是符合一致性检验目标的。

表 7.5　B2-C2 判断矩阵及权向量

B2-C2	C22	C23	W
C21	1/4	1/3	0.264 5
C22	1	1	0.510 5
C23	1	1	0.225 0

其最大特征值 $\lambda_{max}=3.0554$，而 $CI=0.0554/2=0.0277$，$CR=0.0477$；$CR<0.1$，故该判断矩阵也通过了一致性检验。

最后，构建能够显示矩阵全向量的表格，就能明确地看到每个层次的权重。层次二和层次一的权重相乘，就可以算出最终指标的综合权重，如表 7.6 所示。

表 7.6　综合指标和对应权重

层次一		层次二		最终指标	综合权重
指标	权重	指标	权重	指标	权重
外部因素	0.25	政府相关政策制度	0.055	政府相关政策制度	0.013 75
		校企双方利益诉求	0.213	校企双方利益诉求	0.053 25
内部因素	0.75	人才培养	0.264 5	人才培养	0.198 375
		管理体系	0.510 5	管理体系	0.382 875
		科研创新	0.225	科研创新	0.168 75

表 7.6 中，第 1 行的最终指标综合权重，其实是通过层次一中数值 0.25 的外部因素指标权重和层次二中政府相关政策制度数值 0.055 相乘得出的，最后算出的综合权重为 0.013 75，这个数值就是我们要求的校企双方利益诉求的综合权重。通过类似的计算我们也可以算出，校企双方利益诉求的综合权重为 0.053 25，人才培养的综合权重为 0.198 375，管理体系的综合权重为 0.382 875，科研创新的综合权重 0.168 75。

综上可知，设置现代产业学院评价指标体系的影响因素由大到小排序依次为管理体系、人才培养、科研创新、校企双方利益诉求、政府相关政策制度。

四、现代产业学院建设的瓶颈

现代产业学院作为人才培养、科技服务、成果转化、创新创业的重要平台，在深化产教融合背景下呈现快速发展的态势，但目前也存在一些亟须解决的问题。

（一）内部治理结构不完善，实际运行流于形式

本科高校现代产业学院作为一种新型办学模式，在实际运行管理过程中，往往习惯于传统的行政化管理手段，多方协同机制落实不到位，在一定程度上阻碍了现代产业学院的治理模式改革。

现代产业学院在学科建设与管理模式方面有自己的特色，例如采用多学科共同参与和混合所有制模式，因此学院的内部治理体系和治理结构更复杂。一些普通公办高校所建立的产业学院仍在行政管理的框架下运行，但是传统的行政管理模式已经不能适应现代多元共治的治理理念，未能充分调动不同学科的内生力量，也难以有效发挥各方的特色优势。治理体系运行不畅、治理效率低以及监督缺失等一系列问题相继发生。

目前，理事会模式已成为许多现代产业学院管理的首选，然而，大部分理事会的实际运作往往流于形式，主要原因是产业学院的决策权、管理权和监督权由出资最多的一方所拥有，合作各方之间难以形成相互制衡的局面。很多产业学院的实际治理权都是在院校这一方，企业通常是按照学校的安排参与相关工作，在不与自身利益冲突的情况下充当辅助者的角色。由于院校与企业两者在产业学院中地位不对等，理事会的职能形同虚设，内部治理失效，最终导致产业学院的决策方向发生了转变，由此衍生出产学和教育质量等一系列的问题。

（二）建设策略模糊，育人模式较为僵化

人才培养模式和规格的变化必然导致课程体系的变化，产业学院侧重整合学科前沿、产业技术、标准等深度融入课程，新课程符合“两性一度”的金课标准，遵循产出导向、学生中心、持续改进的原则，从源头上解决相关学科知识的选择、更新、组织和呈现问题，核心是对接行业能力构成整合教学内容和课程大纲，以知识应用为出发点和落脚点，实现与岗位需求、行业标准、生产过程对接，并据此全面调整课程目标、课程内容、课程评价的标准，使之统一于专业人才培养目标和毕业要求，形成整体协调一体化的课程体系，以保持课程内容的先进性。

本科高校现代产业学院服务于地方经济发展，但是在特色定位中局限于本地区的单一企业人才需求。这就导致学院人才培养出口依赖于单一企业，局限于本地区企业岗位，无法扩大人才就业范围。有些本科高校现代产业学院的人才培养模式仍沿用原有的课堂教学、实验室实习等方式，以校内教学为主，企业实训课程学分所占比重过低，没有打破传统育人模式，没有真正发挥出产教融合、资源共享、校企共建共育的优势。

（三）各方利益关系不均衡，合作共建动力不足

1. 校企双方的利益诉求不够一致

现代产业学院建设的出发点是满足行业企业对技术技能型人才的需求，归宿是人才培养质量的提升，它是多个利益相关者参与共建的组织，合作主体包括高校、行业企业、政府等，多主体共同治理。然而，随着产教融合协同育人的不断推进，各个主体之间特别是高校与企业的利益关系尚未完全厘清，由此造成不同的主体施加力量不均衡，影响产教融合教育模式的实际效果。

高校与企业作为两种不同性质的组织，有各自的职能与目标。高等学校是本科院校、专门学院和专科院校的统称，简称高校。一般认为，现代高等学校肩负着培养专门人才、发展科学知识以及为社会服务三种职能。而企业的主要目标是通过满足客户需求、建立市场份额、降低产品或服务成本等方式为其带来经济价值，其次目标是履行社会责任，以保障主要经济目标的实现。企业为了引进人才、寻求自身发展和提高社会影响力，选择了搭上“产教融合协同育人，共建现代产业学院”这条船，与高校展开合作。但是，由于现代产业学院建设的主体场域是高校所处的知识生产教育场域①，因此掌舵这艘船的往往是高校，作为需求方的企业，在整个过程中是被动的、被边缘化的，其利益诉求没有得到足够的重视，导致很多产业学院实质上就是一个松散的组织，校企合作的层次较低，双方力量

① 邱飞，钱光辉．场域理论视角下现代产业学院建设的现实困境与路径突破［J］．应用型高等教育研，2022，7（2）：28-34.

未能形成“1+1>2”的强大合力。

2. 企业参与协同育人的积极性不高

现代产业学院作为产教融合协同育人的重要路径，理应强调企业的教育实体作用，发挥企业在人才培养、技术创新等方面的积极性和主动性。但就目前来看，很多参与现代产业学院建设的高校教师提到“找企业难”“企业合作意愿低”等情况，可见，当前在高校中推进产教融合的教育模式，企业参与的积极性普遍不高。

出现这种情况原因有二：一方面，高校给予企业的主动权、管理权等不足；另一方面，企业作为第二主体的意识尚未形成，重视程度不够。现代产业学院的重要职能是人才培养，而企业作为用人单位一直独立于育人体系之外，造成企业积极性的缺乏，企业的教育实体地位不够突出。固有的分工使产教之间始终隔有一道鸿沟，无法真正融合发展。

（四）政策支持相对缺乏，存在一定法律风险

政府在现代产业学院的实际运作中不占据支配地位，而是通过提供平台和提供政策，成为各合作伙伴的服务提供者和协调者。地方政府应及时完善相关政策和措施，促进产学研合作，培养高层次应用型人才。由于职能的转变，政府作为背后的辅助力量，为产业学院的发展提供条件和支撑，包括稳定的政策支持、宽松的发展环境、充足的财政补贴等。

目前，地方政府扶持激励政策和激励措施不明确、扶持资金不到位，对被确定为产业与教育一体化的企业，优惠和激励措施未能及时实现，直接影响合作企业的内部动力。

现代产业学院建设也存在校企法律地位模糊、相关经营管理法律体系建设空缺、学生权利保障不足、教师法律地位模糊等法律风险。

五、现代产业学院多方协同育人建设路径

（一）以共建共治共享机制为关键，构建多主体协同治理结构

现代产业学院建设涉及多方主体，从各类主体的职能定位来看，本科高校侧重于现代产业学院教学组织与管理，地方政府侧重于出台鼓励政策、统筹地方特色资源支持办学，企业侧重于承担工程实践类主体教学与产品研发，而行业协会、产业联盟主要是发挥行业指导功能。由于现代产业学院的内部组织属性比较特殊，因此需要对传统二级学院的管理架构进行改革，引入理事会的治理模式。多方协同的理事会治理体制是现代产业学院在共担共赢的基础上，共同构建的科学高效、民主开放的组织决策体系。理事会由高等院校、合作企业、政府部门、行业协会等共同组建，下设院长办公室，全面负责学院具体工作，院长由理事会负责推荐和选拔，这是现代产业学院内部治理制度。此外，现代产业学院需要在机构设置、团队管理、人员聘用、专业设置等方面给予各方主体不同程度的自主权，保障各方的利益。

1. 建立治理组织架构

现代产业学院治理组织架构的建立必须摒弃高校管理体系中自上而下的行政化模式，强化多元主体共建共治的理念，遵循教育与市场运作双重逻辑，采用理事会领导下的院长负责制，创建决策权、管理权和监督权“三权分置”的现代治理架构，优化治理结构。

一是建立决策机构。高校、企业以及政府等多方主体共同参与产业学院理事会决策，就未来发展规划、产业学院定位、专业设置、成果分配、产权等关键问题达成共识。

二是建立指导机构。该机构负责研究当前国家政策、区域产业发展趋势、行业发展前瞻性问题以及教育改革路径，为产业学院的运行提供专业指导，同时参与产业学院专业设置、人才培养方案制订和产教融合平台建设等。

三是建立执行机构。现代产业学院的行政管理工作由院长全面负责。此外，理事会可以下设委员会，设置教学、学术、学生管理、行政等分项委员会或工作小组，完成日常运行管理与考核工作。

四是建立监督机制。监事会由理事会、院校、企业、行业等不同主体组成，监督产业学院的各项业务活动开展和职责履行情况，构建权力平衡的监管生态圈。

2. 完善协同治理机制

在现代产业学院建设的早期，高校、行业企业、政府等合作主体应基于平等自愿的原则，共同讨论并制定产业学院运作的章程，明确各方主体的职能定位、权利范围、职责义务和运行程序等，通过章程约束各个主体的实际行为，最终建立符合产业学院内在属性的决策自主、执行高效、相互监督的治理框架。同时，应明确高校、行业企业、政府等各方的实际投入以及产权的界定与归属，对于产业学院发展过程中产生的产权，应共同制定产权分配策略，避免以后可能出现的利益冲突问题。

在现代产业学院运行的过程中，首先需要引导内部形成平等合作、互惠共赢的理念，建立透明、高效、包容的利益分配机制，形成主体间互利互惠的正和博弈状态。同时，为了保障各方主体的利益，有必要完善协调机制，解决合作中的意见分歧。其次，产业学院需要构建畅通的信息交流平台，主动公开资产、财务、人事等相关数据，提升参与主体之间的信任度和话语权。最后，高校要以开放、包容的心态吸引行业、企业参与，在企业退出时要保障企业的合法权益，解决企业投资产业学院的后顾之忧。

（二）共构人才培养体系，共享优质教育资源

自党的十八大以来，“以本为本、四个回归”成为教育发展的新主题，高等教育改革翻开了新篇章。现代产业学院是一种新型的办学模式，它打破了企业与学校之间的壁垒，在办学中引入企业化的管理体制，将各类优质资源进行有机整合。通过对产业需求的精准定位，根据产业发展的前沿动态合理制定人才培养方案，使学生掌握就业所需要的技术技能，提高人才培养质量。

1. 实现共建共管共享

现代产业学院坚持产业为要，强化“产学研用”的理念，紧紧围绕地方经济社会发展的战略部署与行业发展新趋势，通过信息、人才、技术与物质资源共享机制，着力打造集产、学、研、转、创、用于一体，互利、互补、互动、多赢的新型人才培养体系。产业学院充分发挥院校、企业等办学主体的作用，积极打造融人才培养、科学研究、技术创新、服务企业、学生创业、社会培训等功能于一体的示范性人才培养实体。

2. 顺应行业和信息技术融合趋势

现代信息技术日新月异，大数据、人工智能、移动互联、云计算、区块链等技术已经渗透到各个领域，产业学院也要跟上时代的步伐。首先，通过打造“智慧+”的“高校一体化教学平台”以及“产、学、研、训、创”五位一体的集成实践平台，将先进技术运用于教学领域。其次，不断开发教学资源，打造专业“在线精品课程”，推行混合式、模块化的教学方式，改进课程考核办法。最后，加强对教师的培训，提升教师素质，努力打造一支专兼结合、德技双馨的“双师型”教师团队。

（三）以“生产与教学相融合”为手段，构建“校企命运共同体”

现代产业学院是多利益相关的组织，办学主体主要有高校、政府、企业。基于政府职能的转变，高校和企业成为真正办学的主体，参与到产业学院的建设当中。目前，校企合作、产教融合尚未深入，主要原因是高校和企业之间始终隔有一道鸿沟，划定了两个场域间的边界。新时代产业学院建设需要厘清高校和企业两个主体之间的关系，模糊两者之间既定的边界，拉近二者的距离，进而明确主体责任，共同担负育人使命，从而构建“校企命运共同体”。

高校从“人才培养、科学研究、社会服务”的三大职能丰富为加上“文化传承与创新、国际交流与合作”的五大职能，担负着重要的使命和责任。而企业作为营利性组织，目标是生存、发展、盈利，带动经济社会的发展，实现技术突破。二者各方面的差异，既是融合的障碍，也为融合提供了机会和可能性。构建“校企命运共同体”的主要举措有：

首先，要淡化高校育人、企业用人的固化分工，打造校企共商、共育、共融的新型伙伴关系，实现校企双方共谋发展、共同治理、共享资源。实现企业和学校多方位的融合发展，包括学校文化与企业文化相融合，学校的基础研究与企业的应用技术研究相融合，高校责任使命与企业利益追求相融合。

其次，要增强企业的主体地位，真正践行“双主体”的建设理念，让企业参与到人才培养的各个环节当中。当前，校企融合模式不够深入，且多流于形式和表面，要调动企业的积极性，提高企业的参与度，共同制定培养方案、评价体系等，实现课程内容与职业标准对接，教学过程与生产过程对接，“生产”和“教学”相融合。

最后，高校要适当“放权”于企业，给予企业更多自主权和管理权。“放权”并不等于“让权”，不是高校撒手不管，完全交给企业，而是企业作为一方主体，应该具备同等的权力，享有管理权、教育权、财务支配权等，这也是调动企业参与人才培养积极性的重要方面。行业企业要深度参与教学、科研、管理等核心环节，推动教学条件由校内资源支撑转向由行业企业资源支撑，让行业企业的文化、技术和知识成为应用型人才培养的主要知识来源。这对企业来说，可以吸引源源不断的人力资源，助力企业发展和开展行业竞争，提升企业的竞争力和影响力，达到企业参与高校人才培养的主要目的。对高校而言，可以拓宽资源获取渠道，激发办学活力，为人才培养、科学研究等提供力量支持。

现代产业学院建设的主体不应仅仅是高校，而是“双主体”，高校和企业应共同肩负起发展区域高等教育的时代使命，共同推动产业学院的良好运转。

（四）强化政府顶层设计职能，完善法律政策体系

2020 年伊始，产业学院建设由传统向现代迈进、由数量向质量转变，踏上了国家级示范项目推动的新阶段，即提质培优阶段。为此，教育部、国家发改委相继颁布了指导产业学院建设的文件，但是目前还没有一个完善的法律政策体系支撑产业学院的建设与运行，对现代产业学院的发展而言，会在一定程度上产生不利影响。因此，相关部门应加快完善法律政策体系，保障参与主体的利益，促进产业学院高水平发展。

首先，地方政府要尽快将国家政策“本地化”，对参与共建产业学院的企业给予适当的财政补贴和税收优惠，激发企业参与的积极性。

其次，地方政府要推进现代产业学院建设监管和风险评估，对现代产业学院建设主体合作过程进行监督、管理，并设计必要的惩罚机制，以增强校企合作的稳定性。

再次，地方政府应把参与人才培养内化为社会层面的公共责任，并指导企业参与高等教育活动，形成企业主动承担教育责任的良性环境，推动院校和产业、企业积极构建命运共同体。

最后，地方政府要完善现代产业学院建设准则、建设评估等制度，帮助建设主体摆脱传统机制束缚，突破过往合作困境，加强现代产业学院的科学性、稳定性、持续性。

附表：

现代产业学院评价指标权重调查问卷表

尊敬的专家：

您好，首先感谢您在百忙之中抽出时间来阅读我们的调查问卷。本课题设计了现代产业学院评价指标体系，还要确定各指标的权重。现代产业学院评价指标体系分为两个层次，第一个层次由3个指标构成，第二个层次由3个指标构成。

（1）请通过您丰富的理论基础和实践经验对表1罗列的指标依据李克特的五点量表法进行打分，1为不重要，2为一般，3为重要，4为比较重要，5为非常重要，感谢您的宝贵意见。

表1　现代产业学院评价指标重要性打分表

一级指标	二级指标	三级指标	打分（1~5）
现代产业学院评价	外部因素	政府相关政策制度	
		校企双方利益诉求	
	内部因素	人才培养	
		管理体系	
		科研创新	

（2）请通过您丰富的理论基础和实践经验对罗列的指标按照层次分析法的要求对表2采用1~9标度法进行标度。采用1~9标度法来确定指标两两之间的相互关系，即相对重要性时，其分值说明见表2。具体打分方法：请根据您对各个指标重要程度的理解，对表3至表5的指标进行打分。为了保证研究的科学性、客观性和准确性，希望您能够根据实际情况如实填写。再次感谢您的合作。

表2　填写说明

量化值	程度对比	因素对比
1	同等重要	两指标相比，同等重要
3	稍微重要	前者比后者，稍微重要
5	比较重要	前者比后者，比较重要
7	十分重要	前者比后者，十分重要
9	绝对重要	前者比后者，绝对重要
2、4、6、8		相邻判断中间值

表 3　现代产业学院重要性程度分析

一级指标	外部因素	内部因素
外部因素	1	
内部因素	—	1

表 4　外部因素指标重要性程度分析

外部因素	政府相关政策制度	校企双方利益诉求
政府相关政策制度	1	—
校企双方利益诉求	—	1

表 5　内部因素指标重要性程度分析

内部因素	人才培养	人才培养	人才培养
人才培养	1		
管理体系	—	1	
科研创新	—	—	1

第八章　产教融合体制机制改革

当前高等教育改革的现实需求要求高校积极探究产教融合机制设计，努力破解产教融合机理。因为体制机制改革是驱动创新发展、激发办学活力、深化产教融合的关键。但是产教融合的深度与产出在具体的实践中受诸多因素的影响。

一、影响应用型本科高校产教融合的主要因素

政府、行业、产业、企业在深化应用型本科高校产教融合办学体制机制改革中起着至关重要的作用，高校要拓宽思路，努力与它们建立深度融合的体系。在合作的过程中，高校要尤其注意影响产教融合长期稳定合作的问题，如制度保障、资源整合、利益分配等。

（一）利益关系

1. *政府利益*

政府作为高校产教融合的重要参与者，起着统筹领导的作用。因为产教融合涉及校企合作的实施计划、经费保障、资源分配、资源监管、风险管控、监督评价、师资培养、教学改革与创新、校外实习基地、科研成果转化等环节，而在这些环节中，政府发挥着重要的协调作用。政府的统筹优势主要体现在：一是统筹当地行业资源。政府结合当地产业发展情况联合行业协会和组织，统筹建立产教融合信息服务平台，使校企合作有序开展。二是统筹企业与学校的资源。根据当地经济发展和行业产业发展需求，有针对和有计划性地开展产教融合；成立专门的校企合作管理机构，统筹搭建校企合作平台。三是经费的统筹。如，设立校企合作产教融合发展专项资金，加强高等教育基础能力建设专项资金等。前者的专项资金主要用于外聘教师报酬、实习实训基地建设补助、奖励优秀校企合作单位和个人、学生实习意外伤害保险等。后者的专项资金可以支撑高等学校改善办学条件、提升基础设施建设质量以及高校数字化建设，从而更好地促进产教融合。因此在产教融合过程中，政府统一规划统筹，从而更好地维护合作各方的共同利益。

推动应用型高校深化产教融合有助于政府及教育行政部门政策的顺利实施。一方面，深化产教融合可以有机衔接教育链、产业链、人才链和创新链，有效推进这些链条上的相关行业的高质量产出与发展，与当地经济的高质量发展互为贯通，相互协调，相互促进，对高校教育质量的提升、地区经济及产业发展起着重要作用。另一方面，深化产教融合可以解决大学毕业生就业问题，帮助高校缓解教育的结构性矛盾，实现融入融合产业的特色发展。

2. 企业利益

企业参与产教融合的积极性与其能获得的利益直接相关。校企双方深入产教融合，作为合作主体的企业方需要在资金、设备、场地、师资、技术方面进行投入，有投入自然期望有回报，如果有利可图，自然会有意愿积极参与配合；相反，如果无利可图，企业的参加意愿会大大降低。从企业角度来看，它们愿意积极参与产教融合会考虑以下因素：第一，培养和储备人才。优秀的人才是公司的核心竞争力，在产教融合的过程中，学校可以按照企业的用人标准来培养人才，这样可以降低企业的招聘和用人成本。第二，共享和获取资源。企业通过与高校建立良好的校企合作关系，可以共享高校的资源，如为企业提供技术研发和服务，帮助企业提高自主创新能力，提升其在行业中的核心竞争力。第三，响应政策，享受政策红利。企业清楚参与产教融合后所能带来的既得利益，包括显性资源和隐性利益，如政府的优惠政策、企业在行业内荣誉的提高等。第四，盈利。有的高校与企业建立稳定的校企联合人才培养模式，学生的学费会按一定比例支付给企业，如学生数量多，也是一种盈利方式。清楚了企业在产教融合中的利益得失后，我们也要思考哪些因素会影响企业在产教融合中的作用发挥。如企业资本投入与回报时间的影响。企业在产教融合过程中需要投入资金、人力、场地、设备，这是一笔不小的开支，但是短期内，无法看到实际回报。高校对企业人才的输送虽然在一定程度上可以减轻企业的招聘和用人成本，但是企业前期也需要投入一定的培训成本，在此期间还可能面临实习生流动和不稳定的问题，这也是企业从自身利益考虑的原因之一。此外，产教融合涉及技术和服务方面的合作，周期长，创新投入大，现实生产力的转化时间长，也会影响企业参与产教融合的积极性。

3. 学校利益

企业和高校是产教融合的利益共同体，对高校来说，为了学校发展，它们结合当地经济的发展、发挥自身办学优势，积极进行产教融合，不断拓宽应用型人才培养路径。央广网发布的《产教深度融合促进学校特色发展》一文提出，学校参与产教融合的利益主要体现在以下四个方面：第一，产教深度融合，提高人才培养质量，适应经济社会发展，如校企可以共建，形成适应区域行业企业需要的学科专业体系；依托企业资源，全面提高人才培养质量；满足区域发展需要，提高人才培养层次。第二，发挥校企合作优势，促进大学生就业。在高校、企业共同参与人才培养的过程中，企业对毕业生的素质能力有了基本的了解，学生对企业的生产经营发展状况也有了较为清晰的认识，从而达成就业意向，促进了学生的对口就业。第三，借助校企合作平台，加快“双师型”教师队伍建设。教师通过在企业生产一线的实践，找准市场需求与课堂教学的契合点，丰富教学案例，提升专业水平和实践教学能力。第四，优势互补，助推企业技术升级，加快科研成果转化。校企可以共同开展科学研究，因课题本身来自企业生产实际，是企业亟须解决的现实需要，所产出的成果具有较强的针对性和实用性，又直接运用于企业生产，实现了科技成果的快速转化，并获得了较好的经济效益和社会效益。此外，校企资源互补、校企共同招生、共同投资等，直接或间接给高校带来利益，促进高校积极参加产教融合，与企业形成校企命运共同体。

（二）资源要素

1. 经费

教育部、国家发展改革委、财政部发布的《关于引导部分地方普通本科高校向应用型转变的指导意见》（以下简称《指导意见》）指出，鼓励应用型高校健全多元投入机制，积极争取行业企业和社会各界支持，优化调整经费支出结构，向教育教学改革、实验实训实习和“双师双能型”教师队伍建设等方面倾斜。应用型高校在资源与经费方面，从学校内部来讲，有教学设备、教学场地、教师、学生、学校管理人员、学校经费等资源的汇聚；从学校外部来讲，可以与外部的政府、行业企业、社区、其他高校进行资源交换。这些内外部汇聚的资源虽然能为应用型高校进行产教融合奠定一定的基础，但是从现实情况来看，匮乏的经费、单调的学科专业、缺乏经验的师资、缺乏先进设备的场地等依然是直接制约应用型高校在产教融合中的作用发挥的重要因素。许多应用型高校通过校内外项目的立项也能申请到一定的经费，但毕竟这些经费数额有限且费用申请时间长，极大地影响了高校参与产教融合的积极性和高质量产教融合成果的产出。

2. 学科专业

学科和专业是高校培养人才的重要载体，因此学科专业的数量和实力是影响应用型高校深入产教融合的重要因素之一。因为实力越强、与产业发展联系越紧密的学科专业，凭借其较强的科研水平和产品研发能力，就越能够在校企合作中占据优势，也越能跟企业开展深入的合作并为社会提供更好的服务。但是目前我国一些应用型高校专业设置存在以下问题：一是与社会经济发展脱节。专业设置跟不上经济的快速发展，专业建设没有特色，缺乏适应经济发展的专业设置调整机制。专业设置划分过细，适应市场能力较差，一方面设置了市场需求不足的专业，另一方面又缺乏市场需求旺盛的专业。二是专业设置雷同。这直接导致了专业资源无法发挥其最大效益，超过了社会发展的“需求度”。三是专业设置模式过于“刚性”。长期以来，我国高校专业设置的“刚性”很强。显然，理工类应用型高校的学科专业与企业开展深入产教融合的动力较足，也易出成果，相反，偏重人文社科专业的应用型高校参与产教融合的空间较小，就动力不足。因此，高校在进行学科专业建设时应遵循“分类发展、优势发展、特色发展、资源共享”的原则，兼顾公益性、经济性，围绕当地重点发展的产业链，既考虑当前急需，又兼顾长远发展，优化资源配置，着力打造若干具有共享特质的重点学科和特色专业、支撑专业，以便能在竞争激烈的校企合作市场中获得大型优质企业的青睐和支持。

3. 师资

“双师双能型”教师在产教融合中的重要作用是不言而喻的，然而短期内应用型高校难以培养或者组建稳定的教师队伍，这也会影响应用型高校深化产教融合的动力和积极性。影响双师队伍建设的因素主要有：第一，师资梯队结构不合理，高级职称占比低。因此，师资队伍的结构和比例需要进一步调整和优化。此外，虽然能够满足教学要求，但是大多数教师缺乏企业实践经历，随着产业的不断快速发展，这些教师便存在更新知识、开阔视野的迫切需求，高校需要采取有效措施做好这方面的工作。还需要指出的是，教师的年龄结构和职称结构不尽合理，缺乏发展后劲，有些教师缺乏积极自我发展的动力，教师队伍不够稳定，在某种程度上阻碍了与企业产教融合的发展。第二，学科带头人缺乏，实践能力不足。一些应用型高校师资力量普遍薄弱，专业教师实践能力不足，在学生实习期间，校内指导教师无法提供有效指导。高职称、高学历占比低，讲师职称的中青年教师居多，梯队结构不够合理。第三，企业兼职教师难引进，不实用。在产教融合的过程中，一些应用型高校比较重视企业兼职教师队伍的建设，从企业聘请一批符合条件的企业负责人或高层人员担任学校相关专业的兼职教师，希望能将产业需求和生产的尖端技术介绍给学生，深化产教融合。但由于工资待遇、工作性质和时间的关系，高校很难聘请到优质且稳定的企业兼职教师。此外，企业兼职教师的教学时间不固定，只能定期或不定期地开展讲座、参与少量实践课程的教学等，导致学生收获甚微，产教融合教学效果不明显。

4. 场地设备

场地设备是产教融合的重要因素之一。应用型高校与企业主要是在校内和企业两处开展产教融合，因此，高校需要配备实训实践基地、购买相关教学及实验设备。《指导意见》指出："加强实验、实训、实习环节，实训实习的课时占专业教学总课时的比例达到30%以上。按照所服务行业的先进技术水平，采取企业投资或捐赠、政府购买、学校自筹、融资等多种方式加快实验实训实习基地建设"。现实情况却是，一些应用型高校的场地设备匮乏，且随着产业的不断更新和升级，原有的教学设备已无法满足新的项目需求。此外，一些相关项目可以申请购买相关设备，但往往手续烦琐、耗时较长。这些问题使企业合作的积极性大打折扣，即使双方都有良好的合作意愿，但学校的场地设备未能给深化产教融合提供良好的条件，双方也很难深入进行产教融合。

（三）制度保障

1. 人事制度

教师编制对于引进优秀的企业老师有一定的吸引力，然而教师编制有限的名额和高要求对引进行业企业的优秀师资有一定的影响。一是教师编制可以使企业老师享受事业单位工作待遇，包括基本工资、各种津贴补贴、职称工资等，使工作更有保障、更稳定，因此应用型高校的普遍诉求便是增加教师编制。二是科学研究能出成果、出人才、出效益，提高高校的竞争力和社会声誉。显然，为了科研成果的高质量产出，高校将会调配大部分的教师编制用于引进各类高层次学术型人才，这使本就名额不多的教师编制更加短缺。三是引进的企业人员的职称与高校职称之间转换的问题。在国家实行职称改革后，对职称评审对象的要求更加严格，对职称评审的要求也更加规范，同时取消了一些不必要的职称。因此，应用型高校在面对引进企业师资时面临一系列的职称转换问题，如职称级别的对应性、绩效考核指标的公平性、薪酬制度的激励性等，如果不能实质性地解决这些问题，应用型高校在引进优秀的企业师资时将会遇到重重困难，这会直接阻碍校企双方产教融合的深入发展。

2. 薪酬制度

对于应用型高校来说，薪酬能吸引、激励和留住所需的人力资源，从而保证高校工作的正常运行，实现高校的预定目标。因此，应用型高校的管理人员和教师是否愿意积极参与产教融合，薪酬制度起着重要的激励作用。但现实情况是，在进行校企产教融合时，一些应用型高校没有改变管理人员和参与教师的薪酬制度，这直接影响了他们参与相关工作的积极性。主要体现在：第一，缺乏有效的薪酬制度，很难激励教师。随着经济的快速发展和企业对用人要求的提高，高校越来越重视实践教学。而产教融合也要求教师需要亲自参与企业实践，在教学过程中对教学内容和方法进行创新。显然，这会增加参与教师的额外工作量，高校需要在薪酬方面予以激励。然而，实际工作水平没有明显的体现，更别说在奖励性工资和绩效工资上的体现，加之严格的财务制度，都极大地影响一线教师参与产教融合的积极性。第二，缺乏有效的薪酬制度使学校管理人员主动寻求行业企业合作的积极性减弱。毋庸置疑，学校管理人员在深化产教融合的过程中起着非常重要的统筹和领导作用，而良好的薪酬激励制度可以激励他们主动寻求与优质行业企业合作，如果缺乏一定的薪酬激励，学校管理人员在该项工作中可能主要出于履行岗位职责和执行行政命令，工作积极性不高，效果不好。第三，变革薪酬制度的风险和成本过大。应用型高校要进行薪酬改革，首先要确保变革效果的最大化。在进行校企产教融合时，当发现企业薪酬制度有问题的时候，高校就应该进行改革，充分发挥所有人的积极性，让劳动力的效率和干劲儿最大化。在薪酬改革的过程中，要积极做好各种问题的防范措施，否则会出现人心不齐、不稳定的情况，存在一定的风险和成本。

3. 教学制度

教学制度对高校参与产教融合发挥着重要的作用，主要体现在人才培养目标、教学方法、课程设置、教学评价四个方面。应用型本科高校在产教融合过程中，其教学制度存在以下问题。

（1）人才培养目标不清晰，改革与创新不足

随着经济快速发展，行业企业对人才的要求更高。一些应用型高校采取的培养方案针对性弱，无法区分不同岗位对人才的不同要求，对产教融合相关专业人才的岗位选择以及发展定位不明确，对就业所面临的实际困难缺乏足够的认识，缺乏合理且有针对性的人才培养目标，培养原则不明确，人才培养的改革与创新力度不足，导致培养出来的学生就业竞争力弱。

（2）课程设置单一，课程体系有待完善

有些高校的课程设置单一，尚未合理整合其他专业资源，综合度不够，教学资源缺乏，教学模式陈旧。理论课程多、实操课程少，课程的横向宽度（开设课程数量）和纵向深度（课程的“国际含量”）不够，可选择性不足。所培养人才与社会所需严重脱节，课程体系有待重构。

（3）教学方法单一，培养途径不够多元化，教学平台不够立体化

高校教师的教学和科研大多还是纯理论的研究，采取的也是以教师教授为主的单一教学方法。随着信息技术的飞速发展，产教融合形式越来越多样化，只是依靠纯理论培养的人才无法匹配企业不断提高的用人需求。此外，在线自主学习、模拟软件、线上线下实训不能满足实践教学所需；语言实验室、实践教学设备不能很好地满足目前网络教学平台及现代教育技术应用所需；实训计划不够具体和完善，实习基地构建不全，功能简单，运作滞后。

（4）教学质量监管缺乏，教学评价体系不健全

关于教学评价，总体来讲，一些应用型高校有针对性的调研明显不足，对教学质量的

监管缺乏，教学评价指标不够明确，评价体系不够健全，缺乏严格的实践教学管理和考核制度。目前毕业生总量压力很大，所面对的就业形势较为严峻。针对用人单位、毕业生、在校生、教师展开的需求调研明显不足。

4. 科研制度

科学技术是第一生产力。时代的进步离不开科学技术的发展，而高校科研作为科学技术发展的潜在动力，有利于促进时代的变化，完成时代所需的教学科研目标，更加深入地进行产教融合，更好地服务社会。显然，应用型高校科研制度的优劣直接影响着产教融合的动力。然而，一些高校的科研制度对其参与产教融合并没有起到积极的推动作用。马陆亭老师在《如何重建高校科研学术秩序》一文中提到，除了解决科研经费的问题外，还要调整学术制度。学术制度的问题主要体现在科研工作重立项、轻过程，经费使用重物轻人、成果评价数量化、资源分配行政化倾向严重等。

二、深化应用型本科高校产教融合体制机制改革的举措

应用型本科高校应该结合其办学情况努力把握需求导向，主动调整专业结构和办学功能，更好地推进产教融合协同育人工作。

（一）调整办学功能格局

应用型高校在进行产教融合时要明确办学定位、凝练办学特色、转变办学方式、调整办学功能格局。《国务院办公厅关于深化产教融合的若干意见》（以下简称《意见》）指出，要面向产业和区域发展需求，完善教育资源布局，加快人才培养结构调整，创新教育组织形态，促进教育和产业联动发展。应用型本科高校要立足产业和区域发展需求，着力增强学校发展定位，科学规划学校事业发展布局，充分发挥人力资源优势、专业集成优势和所处区位优势，丰富办学功能，增强服务能力和竞争实力①。问题和需求是应用型高校调整办学功能格局的导向，要把服务地方经济作为重要使命，要不断提高高校科技创新能力，组织专门团队攻克核心技术和难题，加快推进高校技术向着和区域产业对路的方向升级，不断调整和完善办学机制。并通过主动调整内部机构，形成新的办学格局，实现产教融合、协同育人、校校合作、校企合作、协同创新的新局面。同时，高校应积极推进国际化发展，建设国际化办学的新格局。通过理念革新、顶层设计及内容深化等方面推动国际化发展的内涵式转型，包括跨校国际合作、涉外培训、发展留学生数量、建设高质师资队伍，以满足学生接受高质量高等教育的需求，提升学生的国际化素养。

在本科院校中，东莞理工学院在进行深入产教融合时调整办学功能格局的做法值得学习，如：与东莞市台商育苗教育基金会正式签署合作协议建立粤台产业科技学院，与东莞市长安镇人民政府共同建设先进制造学院（长安），与企业合作共建华为信息与网络技术学院、360 网络空间安全产业学院。相比之下，民办院校在产业学院建设方面因为缺少政府及相应的资金支持，建设进程落后，发展缓慢。

（二）调整办学机制

为调整办学机制，以更好地适应产教融合的需求，要强化企业重要主体作用，引导企业采用多种方式参与学校专业规划、教材开发、教学设计、课程设置、实习实训，将企业需求

① 淳柳，王书亭．行业特色院校“1+1+N”应用型人才培养模式探索［J］．中国成人教育，2016（16）：48-50.

融入人才培养。[①] 应用型高校在调整办学机制时要注意：抓住与企业深入进行产教融合的机遇，梳理并彻底解决产教融合体制机制的问题，注重学科专业的建设质量，深化教育管理体制机制、加强教育人才队伍建设，定位准确，特色鲜明，体制优化，突出高质量发展。

要规范发展、创新发展，更好地融入和引领区域经济社会发展新格局。具体来说，高校应秉承开放办学的态度，着力为企业深度参与产教融合开拓空间和提供动力。一是拓宽和强化校企合作思路；二是校企联合优化人才培养方案，联合开发实用新课程，完善专业教学标准；三是学校与企业共建、共管、共用实训基地，提升学生实习实训质量，加强规范化管理。此外，高校还要全面加强党的建设，做好思想政治工作，坚持依法治校、科学管理。

如表 8.1 所示，广东省的一些本科和高职院校积极探索与企业的产教融合合作办学模式，通过建立现代产业学院，结合双方实际调整办学机制，以更好地适应产教融合的发展。

表 8.1　广东省部分高校与企业建立现代产业学院

学校	办学层次	办学性质	现代产业学院建设情况	合作办学模模式
中山职业技术学院	高职院校	公办	古镇灯饰学院 南区电梯学院 纺织服装学院 小榄学院 红木家居学院	政企校行混合所有制办学体制，5 个产业学院均形成镇校二元或多元投资结构，构建了董（理）事会领导下的院长负责制，其中小榄学院的工商管理专业和南区电梯学院的电梯工程技术专业还率先试行了现代学徒制
广州城市职业学院	高职院校	公办	食品工程产业学院 物联网产业学院 中酒・铂尔曼 旅游产业学院 广州广电传媒 新媒体产业学院	合作开办现代学徒制班和冠名订单班
佛山科学技术学院	本科院校	公办	佛山科学技术学院-中国中药产业学院 饲料产业学院	地方生物医药产业+高校+企业（中国中药）模式； 实行校企合作“3+1”“三段递进式”的人才培养模式
广东工商学院	本科院校	民办	智慧冷链产业学院	由广州工商学院、广东省物流行业协会、广州拜尔空港冷链物流中心有限公司共同发起组建，独立招生
广东科技学院	本科院校	民办	冷链产业学院 跨境电商产业学院	实行校企合作“3+1”人才培养模式、订单班、产业班模式

（三）调整专业布局

市场经济条件下高校的优胜劣汰趋势日益凸显，因此应用型本科院校的人才培养应服务当地经济的发展。如何把事关地方高校生存的办学理念落到实处，如，具体探讨培养目

① 黄丽．中原经济区背景下商务英语应用型创新人才培养模式研究［J］．山东社会科学，2016（S1）：312-314.

标是什么、学什么、怎么学以及如何体现专业建设的应用型和地方性特色等，已成为教学改革的热门话题，也是在进行产教融合办好应用型专业时首先要认真考虑的问题。专业进行调整后，培养出的人才要能够“毕业即就业、上岗能上手、持续可发展”。首先要确定培养目标，接下来就是研究课程设置和标准。我们把这项工作比作一个涟漪，分核心课程、必修课程和选修课程。中央处是核心课程，作用是要有动力性和传导性，波及并推开外面的层层波纹。接下来是必修课程，应能够承接并充实核心课程，同时也更加注重实践。最外面是选修课程，其功能是满足、开发学生的不同兴趣爱好，让他们根据实际情况进行选择，最大特点是充分考虑学生未来的就业。这样的考虑既成体系、合情合理也符合客观规律，当然最重要的还是在课程体系中体现了这门专业的应用型和地方性。同时，将工匠精神的培养融入学生成长的全过程，深入推进产业文化进课堂，不断优化学生职业素养评价机制，校企共育“紧贴市场、紧贴产业、紧贴职业”的高素质专业人才。

产教融合背景下，应用型本科高校培养的学生必须具备较强的应用技能。在调整专业布局时，高校应从教学内容、课程设置、课时分配等方面进行改革，注重利用不同的教学方式、教学手段等提升学生的实践能力。一是模式重建：专业人才培养模式改革应以社会对人才的需求为中心，打破传统的学科界线束缚，培养复合型、应用型人才。比如，产教融合背景下的商务英语专业学生的培养目标，应基于电子商务产业背景对学生能力的要求，如具备基本的商务知识与电子商务技能，能在商务或电子商务环境中用英语从事复合型工作。二是课程重置：专业相关课程应该重新分类设置，可分为五类，包括三个方面的知识（基础、专业、拓展）、两个方面的技能（专业、实践），每个类别需设置具体的课程，落实培养目标。[①] 三是课时重配：通过改革与课时重配，满足对应用型人才培养的要求，适应学生就业创业的能力需求。专业课时配置上应该减少必修课时、增加选修课时，减少理论课时、增加实践课时，减少专业课时、增加拓展课时，减少基础的通识课时、增加紧扣专业的通识课时等。

（四）加强教师队伍建设

建立一支过硬的师资队伍对应用型高校产教融合有着十分重要的意义。根据相关文件的要求，高校要创造有利于优秀人才脱颖而出、施展才干的制度环境，从而全面提升师资队伍的综合素质和整体水平。高校应构建稳定的专业建设团队（双向挂职）及合理的专业课程教学团队（双向互聘）。依据专业岗位、教学能力、工作经历等需要，高等院校设定企业专家准入条件，层次化聘用教师（包括专职、兼职），利用多种途径培养和提升校内教师的专业知识。师资重构是产教融合背景下专业改革建设的关键，其具体实施路径为：一是观念转变，立足办学定位招选人才。高校根据自身办学定位和目标，调整和优化师资队伍结构，专兼并重，优势互补，注重引进有企业实践经历的优秀师资。二是活用平台，校企合力共育人才。校企双方要用好用活这一平台，为产教融合教师提供在校培养和挂职锻炼的机会，以提高产业学院师资的专业技能和实训实践能力等。三是形成机制，以制度保障人才管理的科学化。在制定相关管理制度，如聘任形式、绩效考核、科研成果转化、课酬标准等时，既要从学校的角度出发进行育人方面的管理，又要立足企业的角度根据任

① 何昌德．培养个性化“领班”人才的“1+N”课程包和实践教学体系的建立［J］．教育教学论坛，2015（15）：275-276.

务完成情况进行经济效益方面的考量。另外，要加快建立师资互认共享机制，建立地方本科院校、企业师资共享数据库，实现“人员共享、角色互认”，打通产教融合教师参与企业研发管理、企业研发人员和管理人员等承担产教融合授课任务的通道，使产教融合校企合作双方同频共振、共享共用，实现人才管理的科学化和有序流动，以达成互惠共赢的目标。

广东科技学院在与企业进行产教融合时形成了一套自己的师资队伍建设思路，具体如下：a. 确保教师师德水平高，能够胜任岗位职责、遵守学术道德规范；b. 确保专业师资数量满足专业教学需要；c. 确保专任教师全员具有硕士学位，并积极培养和引进博士学位教师；d. 为教师职称晋升积极创造条件，引进并逐步培养高级职称教师；e. 确保教师年龄、学历、专业技术职务等结构合理并实现可持续发展，“双师双能型”教师比例逐年提高，聘请高水平兼职教师且规范师资队伍管理；f. 确保教师培训措施到位、成效好，逐渐形成优秀教师队伍及教师培养机制；g. 在完成上述基本建设的基础上，组建专业教学团队，建设院级、省级优秀团队；h. 不断提高教师教研科研能力，在强调学得好的同时更加注重教得好，为申办硕士点奠定基础；i. 加强校际交流合作，在学习先进经验的同时扩大学校的影响力；j. 加强目标管理，落实具体做法和措施，向既定目标稳步推进。这些措施能够激励各专业教师积极参与产教融合，通过有效激励，让各方主动作为、齐心协力共同推进相关工作的开展。改进人才培养模式既是科研和教学融合的具体体现，也是人才培养质量的客观保障，还是人才培养目标、基本规格以及培养过程和方式的总体设计。为满足区域经济发展对复合型人才的需求，切实做好校企产教深度融合，应用型高校在改进人才培养模式时，首先应面向行业和社会需求，优化专业结构和课程设置，通过与企业、行业协会的密切沟通与商讨，确保该人才培养模式下能够培养出地区生产、管理、服务一线需要的复合型人才。其次是增大实践比例，强调应用型本科院校办学的目的就是为社会培养优秀人才、服务社会，但是现在很多学生在毕业之后找不到工作，这与学校只注重理论教学，而忽略了实践操作，导致学生就业能力差，无法满足工作岗位的用人需求有极大关系。因此，应用型本科院校在人才培养的方案中应增加学生的实践比例，这样培养出来的人才才能够适应产教融合的需求，受到企业的欢迎，学生的应用价值才能够得到体现。同时，高校应鼓励各门课程积极开展教学方法改革与创新，注重评价形式的多样化，提高学生学习自主性，加强校内外实训，保证教与学、知识与实践有机结合。

（五）调整科研体制机制

高校开展科研活动对高校发展最根本的意义在于，通过科研活动可以提高学校学科发展能力和水平，促进人才培养质量的提高。一是高校只有通过体制机制改革才能使科研活动和人才培养更加符合地方经济的发展需求，科技资源的使用效益才可以通过调整和完善科研管理的方式来实现。二是对高校科研经费管理机制进行创新，鼓励高校利用财政或自由资金促进高校科研成果的有效转化。同时，高校可以通过引入社会资金共同成立科研成果孵化基金。三是对高校科研人员的收入分配机制进行完善，对有重要贡献的人员，如科研负责人、骨干技术人员等进行合理的分配与奖励。四是创新高校科研评价考核机制，建立健全科研诚信体系，完善高校科研考核评价机制。五是通过科研体制机制改革，对学科发展方向和人才培养机制进行相应的调整，使之与经济社会发展需求结合更加紧密，形成有利于优势特色学科发展的政策环境和运行机制，为深入促进产教融合发展增添新动力。

广东科技学院积极鼓励教师在进行产教融合时以研促学，提升教学水平。近年来，学校通过不断健全科研奖励机制，尤其是校企合作科研奖励机制，通过制定政策文件和实施细则来保证产教融合科研项目的顺畅运行，不断跟进学术前沿发展方向、学习先进的研究方法，并将其运用于教学实践，为产学研合作教育发展奠定基础。如制定《跨境电商产业学院科研成果奖评奖办法》，对获奖成果完成人授予获奖证书并颁发奖金，将获奖结果记入获奖者档案，并将获奖结果作为考核、晋升、评定职称的重要依据。一方面，学院鼓励教师开展教学改革的理论研究，承担教学改革项目。同时，二级学院每周以教研室为单位积极组织教研活动，通过说专业、论课程、教学观摩等教研活动，鼓励教师将科研成果运用于教学实践。另一方面，制定相关制度措施，通过经费资助和奖励引导，鼓励教师从应用型人才培养需要出发，开展有针对性的科学研究，鼓励教师及时将研究成果充实到课程，并根据最新研究成果编写教学讲义、出版教材等。高校应从理论研究与应用研究两个角度出发，对课题进行深入的研究，促进科研的创新。

（六）改进人才培养模式

各地相关院校和企业在产教融合人才培养模式探索与实践方面取得了一些成绩，我们可以借鉴。例如，山东英才学院经过长期的探索与实践，形成了一套相对完善、具有特色的“一体两翼，多源驱动”人才培养模式。“一体”指学院人才培养模式的整体，目的是使山东英才学院培养的本科毕业生在同等同类院校中具有较强的社会适应性和竞争力。“两翼”分别包括市场导向和民营机制，是学院应用型人才培养目标实现的平台保障。“多源驱动”即人才培养目标完成的动力来源。其中把课程与教学体系、教学管理机制、质量保障体系、师资队伍、实践教学基地、社会实践等六部分作为主要研究对象。广东科技学院唐业富教授按“3+1”人才培养模式的构建思路，以及人才培养模式构成要素（培养目标、培养规格、培养过程、培养评价四要素），制定了如图 8.1 所示的人才培养运行机制。

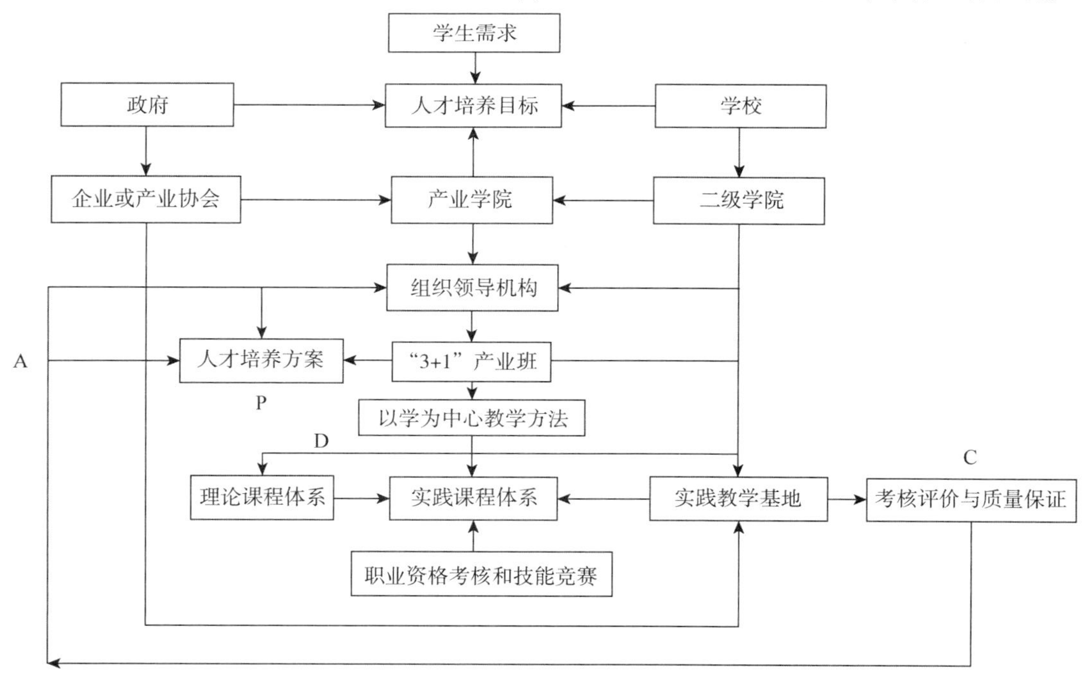

图 8.1　广科产业学院人才培养模式运行机制

为了积极推行该人才培养模式并取得一定的成果，首先，学校十分注重深入学习跟“3+1”人才培养实践育人项目实施相关的文件。一是政府层面的，如教育部、省教育厅等制定的有关政策文件。二是学校与企业层面为推进产业学院建设，推进产教融合和校企合作的实施与管理而制定的有关文件。三是在具体实施过程中制定的一些规章制度，旨在保障实施过程安全顺利，保证人才培养目标的实现和人才培养质量的提升。然后，学校非常注重“3+1”人才培养质量的保障制度。根据该实践育人项目的实际情况建立了有效的教学管理制度、教学质量监控制度和企业实践指导规范等。同时，针对新的人才培养模式运行过程中出现的各种问题，学校安排老师及时解决，从而保障人才培养质量，并使学生达到预定的培养目标。此外，学校对“3+1”人才培养项目相关激励制度给予了支持。学校期望通过建立相应的激励政策来调动老师们的主动性，比如提高“双师型”师资待遇、增加评先评优机会等。通过有效激励，各方主动作为，齐心协力，共同改进和完善“3+1”人才培养模式，实现产教深度融合、校企高水平合作。

（七）提高高校服务企业的能力

应用型高校要紧密结合地方经济的发展，探索产学研深入融合的合作模式。有专家认为，要推动技术创新，助力企业竞争力提升，方法有三种。一是发挥高校基础研究主力军和重大科技突破策源地作用，着力提升校企协同攻关能力。二是充分发挥高校高水平创新人才聚集的优势，组织专门的专家教授团队为有需要的中小企业发展提供技术指导和服务。通过深入的合作使高校科技成果不断产业化。三是高校作为人才培养的主阵地，其作用要得到充分发挥，如派驻博士生为企业解决实际问题。组织优秀博士生深入企业一线，为企业提供技术服务，协助企业解决技术难题，并发挥派驻博士生纽带作用，帮助企业对接高校创新资源，开展更深层次合作。同时，在服务企业过程中，实现博士生科研能力和解决问题能力的提升。此外，高校还要完善服务机制，对有重要贡献的员工给予物质奖励，激发教职员工的科研热情。

三、应用型本科高校产教融合体制机制改革实施的保障措施

应用型本科高校产教融合体制机制改革应该采取一定的保障措施，如完善相关的保障机制与体系、优化学校产教融合的环境、充分发挥合作企业的作用等，驱动产教融合的深入发展。

（一）完善产教融合的保障机制

1. 动力机制

产教融合发展的定位与目标就是政府参与并充分发挥与高校、企业、科研机构之间的相互作用，产生产学研合作教育的发展动力。首先，培养应用型复合人才的教育目标成为高校与政府、企业缔结合作关系，相互作用，产生合作动力的重要前提与基础。当然，产教融合能够持续发展，其动力离不开企业、学生、社会的参与和支持。其次，对企业而言，产教融合的实践育人项目可以弥补企业人员的不足，帮助企业储备潜在的优秀人才，因此企业也有动力参与产教融合的相关活动。最后，从学生角度而言，他们通过参加产教融合的活动或项目，可以获得一定的报酬，也能够修完学位要求的课程。如果符合相应的考核要求，学生还会被授予职业实践证书，这对于强调在职训练和实践能力的用人单位来讲，无疑增加了学生的就业竞争力。显然，参加产教融合项目的学生比未参加者在起薪上

要高，这也进一步激发了产教融合发展的动力。

因此，建立政府、企业、高校的动力协调机制非常重要。具体来说，第一，政府在加强顶层设计的同时，要以全面深化改革为动力，不断优化推进产教融合实施的法律环境、政策环境和市场环境，形成能够促进产教融合人才培养模式的体制机制；第二，高校要建立健全专业设置与产业升级协同发展的调控机制，结合学校产教融合的实际，着力构建与服务产业企业发展相匹配的专业教育教学体系；第三，企业要充分调动参与产教融合的积极性、主动性、能动性和创造性，着力构建动力机制和激励机制。第四，学校要制定保障学生积极参与产教融合项目的激励机制，如学分置换、评优评先等。只有各方合作，才能在各个要素同向发力的基础上，形成有效推动产教融合的强大合力和保证产教融合高效运行的动力机制、协调机制、创新机制。

2. 保障机制

为了保障产教融合发展目标的实现，需建立完整有效的动力传输体系，即教育、服务、管理、资源配置等保障体系。具体来说有三个，第一，高校需完善确保产教融合项目顺利实施的保障机制。学校可成立专门的产教融合合作教育的管理部门，该部门主要职能之一是收集和了解企业对学生表现以及学生对企业表现等方面的评价和建议，并将信息及时反馈到学生所在院系或企业，让高校和企业做出相应改进。第二，企业应对产教融合项目进行业务指导，而学生完成合作教育计划后将实践成果交给企业，企业则予以评价并给出成绩等级，同时反馈给校内指导教师，教师在这个数据的基础上结合面试对学生进行综合考察，决定该生是否通过产教融合项目培养标准。通过该管理模式，各方可有效控制产教融合项目的质量，并持续加以改进。第三，专兼结合的合作教育导师制是保障产教融合项目有效推进的重要基础，高校要有针对性地根据产业链环节需求设计相关课程，实施创新型实践教育模式，导入项目教学机制，推行“企业导师”教学管理体系，强调学生直接融入企业岗位实践项目等；构建“教育+培训+就业+创业”的完整人才培养服务链，真正实现教学过程与企业及园区产业的良性互动，达到教育与产业、人才与市场、学业与就业的无缝对接。

3. 反馈机制

随着产教融合的深入，合作成效、合作成果逐步显现，成效评价、成果分享成为驱动者与受动者共同关注的焦点，也是持续合作的动力源泉，因此建立成效评价反馈机制成为驱动者与合作各方的现实利益诉求。首先，高校应组织由教师、学生、企业代表组成的职业标准审查委员会，担负起对计划实施质量监督和成效评价的职能，形成有效的成果评价、成效反馈机制。同时，高校还应建立社会化成效评价与反馈体系，定期通过一些社会评价机构对其职业实践计划实施成效进行全方位反馈。例如，聘请合作教育专家采用学习评价标准测试该计划对学生能力的影响，通过大学研究机构对合作教育参与者就业后的起薪点、工作能力、GPA（平均绩点）等进行调查等。

4. 其他机制的保障

在产教融合发展的过程中，各方应制定监管考核保障机制，将高校向企业转移技术成果数及服务收入作为对各地市的考核监测指标。从高校内部来讲，应采取相应措施保障产教融合的顺利实施，第一，整合学科专业。面向产业需求调整专业布局带动专业融合。第二，下放自主权。鼓励学校参照“试点学院”管理模式，扩大学院人权、事权、财权。第三，加大资源投入。整合社会、企业、学校资源，保障和改善学院办学条件。第四，改革人事制度。完善教师聘核，引导教师合作，促进双师建设，推动高效流动。通过合理划分各方责权利，努力实现多方共赢，并大力突破体制机制障碍，真正推动开放式办学，积极营造“价值整合、多方参与、利益共享、责任共担”的多方协同育人良好生态环境，确保协同育人工作持续深入。

（二）完善产教融合的保障体系

政府构建保障产教融合深入开展的保障体系，促进产教融合深入开展。政府在产教融合中起到统筹协调作用，不仅能有效激发企业、学校参与产教融合的积极性，还可以有效地维护企业和学校的利益。

1. 加强经费保障

在经费保障方面，校企双方按产教融合项目配套要求，制定专项资金管理办法，实行建设专项经费专款专用。建设项目经费按照“集中使用，突出重点；项目管理，绩效考评”的管理原则，认真落实《专项资金管理办法》等管理制度。项目建设资金实行单独核算、统一管理、专款专用、专人负责。此外，政府扩大产教融合在当地经济发展中的比例，并在经济方面对产教融合给予支持，加强对应用型高校产教融合发展的资金投入，可以大大提升高校和企业参与深入产教融合的积极性。

2. 完善协调和监督机构建设

2022 年政府工作报告提出，要完善产教融合办学体制。山西工商学院院长建议，由教育部牵头，国务院相关部门共同配合，共同起草《产教融合促进条例》。同时成立产教融合促进委员会，构建产教融合协调沟通机制。此外，政府参与建立健全第三方机构，明确校企合作双方的责权利，制定相关的政策法规，能对企业参与产教融合产生一定的驱动力和约束力。大力扶持有能力的企业继续办好已有的校企合作实训基地。制定切实可行、有较强鼓励性的“双师型”教师聘任政策，能激发一线教师们参与的积极性①。同时，政府需要运用一些政策和制度鼓励在校学生自主加入产教融合的实践。深层次地推进应用型高校教育中的校企合作，通过构建校企合作的长效机制，为应用型大学教育稳定、持续发展汲取强大动力，以实现为社会培养高素质、高水平、高技能的实用型人才的办学目的。

（三）优化学校产教融合的环境

1. 提高高校对产教融合的认识

为提高对产教融合的认识，应用型高校需要转变观念，持续整合自身优势和产业资源，在与企业充分沟通的基础上，本着校企双方互惠互利的原则达成战略合作。同时，培养掌握扎实专业知识的高素质、国际化、复合型高端管理人才，从而让学生更好地适应国内和国际经济发展的需要。此外，充分利用高校内外部资源，实现地区产业集群与学科集群融合，打造区域科技创新体系，与区域经济社会同步发展。与知名的行业企业合作，建立产业学院。总之，应用型本科高校应借深入产教融合之机，打造自身办学特色与优势，联合企业进行开放办学，主动作为，做好顶层设计和体制改革，与企业构筑共荣共生、集成转化的产教融合新生态。

---

① 王静. 艺术设计专业中“1+N”多师制教学模式研究［J］. 才智，2012（22）：114.

南阳师范学院认识到产教深入融合对学校发展的重要作用，在进行定位和规划时紧密结合当地的特色经济及行业需求，深入开展与当地知名企业、政府部门以及行业协会的合作，形成了多项成果，提升了学校知名度及口碑。第一，与畜牧行业的上市公司牧原股份有限公司展开合作，成立了牧原学院。牧原集团用旗下28个子公司为学院学生提供实习场地，学院联合企业培养急需的生产、经营、设计、工程等各类高级专项人才，为中原经济区的崛起贡献力量。第二，成立玉雕珠宝学院。玉石产品是河南省南阳市的特色产业，南阳师范学院与镇平县人民政府共同建设了“玉雕珠宝学院”，配合开展生产经营、教学培训、研究开发、生活保障等工作。第三，支持地方产业发展。2016年以来，南阳师范学院支持地方产业的七大应用型专业群，即计算机及机电工程类、现代农业与生化工程类、土木建筑工程类、工商贸易服务类、珠宝玉雕工艺类、文化传媒类和教师教育类，每一大专业群都紧紧按照“围绕产业办专业，办好专业促产业”的思路，与区域内外龙头企业合作，先后与天冠集团、余店集团、防爆集团、牧原公司、天工集团、浙減公司、建业小哈佛教育集团、东方爱婴教育集团等建立了产业学院。第四，与行业合作。为了南阳市旅游产业“十三五”发展规划，南阳师范学院与河南省中旅集团，围绕渠首世界水博园项目、伏牛山天池旅游项目、卧龙岗文化旅游产业聚集项目等，共建“中旅学院”①。

2. 探索产教融合的新机制

应用型本科高校需要结合自身优势和办学实际，积极探索适用于产教融合的学校运行机制。有相关人士以“产教融合的探索与实践”为主题介绍了校企合作中普遍存在的“校热企冷”老大难问题，探索了建立切实有效的“产教融合”协同育人机制。一是创新了产教融合管理机制。加强当地政府对产教融合的统筹和协调作用，制定切实可行的政策，强化地方政府产业、行业主管部门对学校产教融合协同育人的指导作用。同时，学校通过“厅委共建”充分加强与各级政府及产业行业的深度互融，进而实现“产业布局到哪里，人才培养就支撑到哪里；产业发展到哪里，高校的社会服务就跟踪到哪里”。二是创新了产教融合的动力机制。学校与企业共同组建股权共持、利益共享、风险共担、优势互补的经营实体，实现了企业与学校的互融共生。三是创新了产业学院的运行机制。成都工业学院与富士康成立产业学院。学院采取“理事会领导下的院长负责制”，创新性地提出了“一院两制”的运行机制。涉及专业建设、课程建设、教学运行等的内容采取学校管理模式，涉及实习实训、社会服务、员工培训、技术研发等的内容采取企业化的管理模式。通过“产教融合”协同育人机制的探索与实践，学校逐渐形成了“政行企校”四方联动、产教深度互融共生格局②。应用型本科高校在探索产教融合的道路上不断学习这些成功的经验，建立与企业进行有效合作的机制，为产教融合的发展提供有力的保障。

3. 提高师资队伍建设

为了替深化产教融合提供必要的人才和智力支持，有必要提高教师社会服务能力。一是建成知识结构合理、具备较高教研素质的教学团队，教师的职称结构和学缘结构合理，能够胜任相关专业所有课程的教学要求。二是不断完善专业负责人和骨干教师的遴选机制并发挥其带头作用，激发其他教师积极进取勇于创新的积极性。三是认真学习贯彻“双一

① 李宝银，汤凤莲，郑细鸣．产业学院的功能设计与运行模式［J］．教育评论，2015，（11）：3-6.

② 郑则凌．产教融合背景下动画产业学院的运行机制研究［J］．湖南包装，2019，34（185）：133-136.

流”和“金课”标准，向高标准看齐，推进教学改革向纵深发展，不断提升教学质量，推进教学方式改革，提高教学的生动性和直观性，促进学习效率和质量不断提升，努力实现整个专业教学质量的全面提高。四是鼓励青年教师深入企业生产一线，了解企业、行业发展的前沿信息，参与产品的生产、研发、技术、管理、培训、推广等工作，通过赴企业进行一定时间的工作提升自己的实践能力。此外还应高度重视兼职教师队伍的建设，每年从企业聘请符合条件的企业负责人或高层人员担任相关专业兼职教师，确保产教融合相关工作的顺利开展①。总之，要重视优秀的教师队伍在产教融合发展中的重要作用，充分发挥他们参与相关工作的积极性。

例如，广东科技学院在深入产教融合时制定了《产业学院“双师型”教师培养与认定办法》《产业学院专业课教师挂职实践管理办法》，鼓励教师到相关行业挂职锻炼，以专业对接产业，提升教师实践能力；注重对任职教师专业技能和实践教学成果的考察，将考评结果与绩效津贴、职称评聘等挂钩，促进“双师型”教师的专业成长，在《产业学院首席（优秀）主讲教师遴选管理办法》中明确将“双师”资格作为首席主讲教师及优秀主讲教师的备选条件之一；激励教师考取行业证书，跨境电商产业学院主讲教师可考取跨境电商直播运营、电商平台销售与运营等证书。这些具体的措施都能提升产教融合师资队伍的质量。

（四）充分发挥合作企业在产教融合中的作用

1. 企业应当提高对产教融合的积极性

企业应当根据自身发展的需要寻求应用型人才，而应用型人才不仅是进行过生产实践，还应当了解具体行业的专业知识。这要求企业明确自身对高素质应用型人才的需要，并且认识到这一人才需要与应用型本科高校进行产教融合才能真正培养出来。企业在不同的时间对人才有着不同的需求，但是在人才市场上，企业未必能够在同一时间段内找到满足自身的需求的人才。这就要求企业必须与应用型本科高校实施产教融合，依据自身对人才的不同需求与学校制定相应的弹性学习制度。同时，企业还有建立学习型组织的必要，实施产教融合工作是企业为员工提供更多学习机会，揭示企业教育社会化的一个重要步骤。

企业是校企合作的主要承担者，需求的满足程度决定了校企合作的程度。以广东科技学院跨境电商产业学院为例，目前跨境电商产业学院合作的企业联盟有 3 个，其中东莞网商商盟拥有 370 家企业，东莞工贸发展促进会拥有 1 200 家企业，深圳网商商盟拥有 350 家企业。在遴选企业方面，学校会选择企业经营状况良好，在本行业中处于领先地位或强势发展态势，在行业具有代表性、先进性和创新性，符合国家产业发展方向，具有广阔的发展前景且愿意积极参与产教融合的企业。同时，这些企业要有高度的社会责任感，乐于奉献，乐于回报社会，认同产教融合校企合作培养人才的核心价值观。此外，企业需要确定保障学生工学结合的人力资源、组织资源、文化资源、物资资源和信息资源等，双方深入融合、互惠互利、共同发展。

2. 企业应当深入参与产教融合

作为产教融合主体之一的企业，应该积极地投身产教融合的实践，为学生实训实习提

① 田文菡，李周红．应用型国际商务英语人才培养途径的探索［J］．中国商贸，2010（8）：238-239.

供一定的保障与支持。应用型本科高校的实验实训设施应当与企业生产过程中的实际需求相适应，否则不利于产教融合的进一步开展。企业对应用型高校在实验实训设备上的支持，能够帮助学校解决所面临的教育与岗位工作的不适应问题。同时，企业还应当在制度上推进学校管理的创新。现代化的企业管理制度和治理结构是企业在激烈的市场竞争中拔得头筹的重要途径①。而企业积极参与产教融合的实践，将管理制度、质量经营意识和竞争意识引入应用型本科高校，有利于学校教育与企业生产相结合，也有利于产教融合工作的进一步深入。与此同时，企业内部也应该注重和培养企业文化内涵，这样才能使学校在企业的影响下培养出社会和企业急需的人才。企业的员工应主动将自身企业文化与校园文化相融合，将企业文化引入学校的教学中去，为学生创造了解企业的机会和途径。企业还应利用在校生到企业实习的机会，让学生感受到企业生产的过程环境，使学生对工作岗位有更直观的认识，培养他们立足岗位积极工作的意识。企业深入参与产教融合，为应用型本科高校在资金技术和专业方面提供相应的支持，才能使产教融合相关利益方实现共赢和良性互动。

① 陈年友，周常青，吴祝平．产教融合的内涵与实现途径［J］．中国高校科技，2014（8）：40-42.

第九章 产教融合背景下的“双师双能型”教师队伍建设

应用型高校的发展必须坚持产教融合的路径，基于产业发展需求调整优化办学，培养符合新时代新发展需求的人才。在产教融合的背景下，“人才培养新常态”对高校师资队伍建设也提出了新的要求，教师不再是单一的教学者，而应是具备多种能力的复合型人才。高校中这种人才多被定义为“双师”。“双师双能型”师资队伍的建设成为应用型本科高校转型工作当中的重要内容。

一、“双师双能型”教师队伍建设路径

（一）“双师双能型”教师的概念

“双师双能型”教师的概念并非既有的，而是经历了不断发展和丰富的过程，最初的提法是“双师型”教师。

早在20世纪80年代末至90年代初，已有不少高等教育研究者提出“双师型”教师的概念，并提出建设“双师型”教师队伍的建议。[①] 对于“双师型”的概念，许多学者也进行了不同的定义，有强调“双职称”者，也有突出“双证书”者，亦有“双元说”等。[②] 不过，“双师型”教师的概念得到官方的认可，是在1995年国家教委发布的《关于开展建设示范性职业大学工作的通知》中正式提出。此概念强调示范性职业大学的建设目标是实现“专业课教师和实习指导教师基本达到‘双师型’要求”，同时在申报条件中也明确“双师”是指具有一定的专业实践能力的教师，且“双师”占比需要在三分之一以上。1999年，中共中央、国务院作出《关于深化教育改革全面推进素质教育的决定》，提出要加快建设兼有教师资格和其他专业技术职务的“双师型”教师队伍。2022年，教育部发布了《职业教育“双师型”教师基本标准（试行）》，进一步明确了“双师型”教师的核心标准。由此可见，“双师型”教师强调的是教师职业以外的其他专业身份或专业实践能力，并且主要与高职高专等职业院校联系在一起。

2010年，部分高等教育工作者进一步提出“双能型”教师的概念，并定义为“在‘双师’的基础上具有产学研合作的能力，具有技术研发的能力”。[③] 这个概念并未得到广泛的讨论，不过到了2015年，由教育部、国家发展改革委、财政部发布的《关于引导部分地方普通本科高校向应用型转变的指导意见》中，正式提出了“双师双能”的概念，

---

① 王义澄．努力建设“双师型”教师队伍［J］．高等工程教育研究，1991（2）：49-50+53.

② 刘荣英．新型大学的发轫与建构［M］．开封：河南大学出版社，2019：101.

③ 丁家云，瞿胜章，艾家凤．应用型本科高校教育教学研究［M］．合肥：中国科学技术大学出版社，2016：9.

并将加强“双师双能型”教师队伍建设作为地方普通本科院校转型发展的一项重要任务。

虽然“双师双能型”师资队伍建设成为应用型本科高校转型的重要工作内容，在各级部门的文件中时常提及，但“双师双能型”教师一直缺乏统一的概念，此后在许多关于高职院校乃至本科高校师资队伍建设的文件中，仍更多沿用“双师”的概念。如，2018年1月20日，中共中央、国务院发布《关于全面深化新时代教师队伍建设改革的意见》中突出要“建立一支技艺精湛、专兼结合的双师型教师队伍”，同时提出“切实推进职业院校教师定期到企业实践，不断提升实践教学能力。建立企业经营管理者、技术能手与职业院校管理者、骨干教师相互兼职制度”。又如，2019年9月，教育部等四部门印发《深化新时代职业教育“双师型”教师队伍建设改革实施方案》，提出，建设高素质“双师型”教师队伍是加快推进职业教育现代化的基础性工作。可见，在政策上，许多概念的提法仍旧停留在“双师”层面，也就更容易让社会大众乃至从业者将“双师双能”等同于“双师”。

当然，“双师双能”与“双师”的概念有着重要联系，并非绝对区分的两个事物。不过，两者具有不同的指向性，“双师”更多与职业院校相关，“双师双能”更多与应用型本科相关。诚如教育专家别敦荣所指出的，应用型本科更加重视技术教育训练和解决实际问题能力的培养，而职业本科属于应用本科的一个亚类。培养重点、所属类别的差异，决定了“双师双能”与“双师”是既联系又有所区别的概念。

不少学者曾对“双师双能型”师资的概念展开探讨，虽然至今无官方定义，但目前达成广泛共识的定义是，“双师双能型”教师指既能够传授专业技术理论的知识，又精通专业、行业、企业技术与实操，不仅有对专业理论知识的驾驭和研究能力，又具有实践操作能力的教师。这种“双师双能型”教师的定义与“双师”的定义区别并不大，均未突出应用型的特点，笔者也期待在不断地研讨与实践中，能够凝练出更为精准的“双师双能型”教师的表述。

（二）“双师双能型”教师队伍建设现状

目前，国内高校补充“双师双能型”教师的途径主要有三种：一是采取认定的方式进行内部转化，二是采取招聘的方式进行外部吸收，三是采取培养的方式进行内部提升。[①] 而对于“双师双能型”教师队伍建设的现状，也有不少研究者进行过探讨和论述，指出了当前存在的主要问题。如，林权认为，“双师双能型”教师队伍主要在教师来源、激励措施、管理工作、培养机制四个方面存在缺陷，[②] 此看法较好地对问题的主要方面进行了归纳。郑家娜指出，“双师双能型”教师队伍建设滞后与国家政策支持不到位有关，应当更广泛地建立“双师双能型”教师培养培训基地。[③] 王润彤等人认为，造成这些问题的主要原因在于育人定位模糊、评价标准不当等因素。[④] 以上这些认识都具有值得借鉴之处。综合各方研究的观点以及相关工作经验，本书认为当前应用型本科高校的“双师双能型”教师队伍建设存在以下问题。

---

① 周二勇. 高水平应用型大学要素研究［M］. 北京：北京理工大学出版社，2022：180.

② 林权. 应用型高校双师双能型教师队伍建设研究［J］. 教育现代化，2017，4（3）：68-69.

③ 郑家娜. 转型高校“双师双能型”教师队伍建设路径探析［J］. 莆田学院学报，2019，26（1）：93-96.

④ 王润彤，朴雪涛. 地方本科高校转型与“双师双能型”教师队伍建设研究［J］. 煤炭高等教育，2016，34（6）：71-75.

一是专任教师普遍缺乏实践经历与技能。基于高等教育发展的特点，高校师资以硕士、博士等高学历人才为主，结构单一。这些人才大多毕业于综合型或学术型高校，且大多数在毕业后直接进入高校任教，因其学习经历和知识背景，大部分人具有较好的教学科研工作素养，但是这种“走出学校又回到学校”的特点，也决定了其社会经历和实践能力相对缺乏，也就制约了“双师双能型”教师队伍的建设。虽然部分高校也有聘用社会或企事业单位高级技术人才，但是该部分教师比例相对较低，且多为兼职形式到校授课，专职聘任者数量极少。[①] 专任教师缺乏实践经历与技能，知识背景与结构相对单一，不仅不利于相互间的实践教学研讨，也不利于指导学生开展实践教学，从而难以实现应用型人才的培养目标。

二是专任教师实践能力的培养缺少引导。高校的教学科研工作有较强的独立性，即便是强调团队合作的研究项目，也多是小团队合作，这决定了不少教师处于“自主发展”状态，而缺少有效的职业规划。即便在这种状态下能够涌现出部分具有较强实践能力和“双师双能”特质的教师，这类教师所占比例也较低。其成长也多是靠个人奋斗，而缺少有效的引领。同时，由于部分院校在自身发展过程中，受到传统教育教学理念影响，对实践教学和产教融合的关注度不够，未构建促进教师提升实践教学能力的平台，如许多高等院校与企业没有建立一套完善的协同机制，专任教师缺少深入企业一线实践锻炼的机会。[②]

三是企业兼职教师的教学能力亟待加强。当前许多高校的“双师双能型”师资队伍比例，主要是通过引进企业兼职教师来提高的，这也是国内外高校补充“双师双能型”师资的主要做法和有效措施。不过，企业兼职教师虽然大都具有专业技能技术和行业工作经验，但绝大部分未经过专业的师范训练，大多缺乏教学基础技能，授课经验相对薄弱，因兼职的缘故也难以按时参加教研活动，无暇钻研教育教学方法。因此，企业兼职教师能否有效达成教学目标，为学生教授专业知识技能以及正确引导学生价值观念，存在一定的不确定因素。

四是针对“双师双能型”教师的激励政策有待完善。虽然大部分高校出台了针对“双师双能型”教师的激励制度，但是这类政策一般是以津贴的方式进行物质奖励，而缺少其他相关的配套措施，比如“双师双能型”教师在职称的评审上并不具任何优势，因此对教师无法形成更为有效的激励效果。再者，尽管大部分高校已提高在师资队伍建设中的经费投入，但是这部分投入对教师的激励却收效甚微。究其原因，是各高校在师资力量中的投入较为分散，涉及项目多、领域宽，以至于真正落到产教融合师资培养工作中的投入微乎其微，难免有杯水车薪之感。

五是“双师双能型”教师名不副实的情况仍旧存在。如上文所述，由于在“双师双能型”教师的认定上沿用了过去职业院校的标准，而且在具体条件上有唯证书和资格论的倾向，有许多取得认定后的教师实际上未再继续从事相关的专业工作，也缺少相应的成果来支撑“双师双能”的资格。高校应建立相应的持续性评价机制或有期限的认定机制来消除此种现象。学者刘琴认为，“双师双能型”教师指的是那些既具有教师素质，又具有某

---

① 黄新波，刘毅力，郭昆丽．关于提升高校教师实践教学能力的机制探讨［J］．中国电力教育，2014（4）：3.

② 侯长林．先进理念引领　助推应用转型　铜仁学院教学服务型大学的理论研究与实践探索［M］．湘潭：湘潭大学出版社，2017：167.

种职业素质或在企事业单位工作多年的教师，这是提高教学质量、促进职业教育发展之关键。[①] 如今，应用型高等院校的比例普遍偏低，甚至一些教育者对“双师”“双证”的理解存在偏差，试图通过一个技术含量低或没有技术含量的职业资格证书来应付学校的“双师”审核，[②]“双师型”或“双师双能型”师资队伍“注水”，名不副实的情况依然普遍存在。

（三）重构聚焦应用创新能力的评价标准

当前各高校的“双师双能型”教师主要有认定、招聘、培养三种路径，其中认定是当前最常见的做法，主要是鼓励教师在教学之余考取相关职业资格证书，从事相关行业工作，然后进行“双师”资格认定，并给予相应的待遇；而招聘主要是面向企业、行业吸收具有多年从业经验和资格的人员，以兼职或专职的形式赋予“教师”资格，从而充实“双师”队伍。

这两种方法最为简便，也可以在短期内迅速取得效果，提升学校“双师”比例。然而，缺点也是明显的，如完全不明确“双能”的定位，唯“资格”是重，所谓的“双师”多流于形式，空有其名，对学校的发展并不能起到实质性作用，以“双师双能”的身份领取津贴却不能发挥应有的作用，无法有效支撑应用型人才的培养。加之能够“教有余力”去考取相关证书的老师往往只是少数，而且考取证书也是基于能力和需求的。当两个因素都不具备或者动机过低时，自然无法激励教师主动向“双师双能”转化，因此大部分应用型本科高校的“双师”比例不高，即便是一些比例较高的高校，仍主要是基于评估或其他统计的需求，因此该数据仅具有统计的价值，并不能真正反映一所高校在“双师双能”方面的建设成效。

培养固然是重要途径，但由于成本大、周期长、管理难，因此无法成为能够推广的建设路径。以企业实践为主要途径的培养方式，也面临诸多困境，比如教师自主意愿的问题、校企之间需求差异的问题等。有关应用型本科高校教师企业实践锻炼现状的调查结果表明，教师和学校对去企业实践有相对普遍的热情，然而企业相对冷淡，因为企业基于自身利益和生产的连续性考虑，许多核心和重点工作不会让高校教师参与，因此所谓的假期下企业实践，往往只能流于形式。[③] 而且，培养体系的建设作为一个系统工程，不仅需要高屋建瓴的设计，更需要通过实践来不断修正，因此必然是不容易的。无论如何，“双师双能型”师资队伍建设的关键路径，应当是多种方式的融合体，而非单一的路径，当然也应有所偏重，才能取得点上的突破，形成真正的办学特色。

以广东科技学院为例。广东科技学院成立于2003年，作为一所脱胎于职业技术院校的应用型本科，一直非常重视“双师型”师资建设，一直以来在工资待遇体系上，对“双师型”教师给予专门的津贴，并且部分专业采取了聘请行业专家担任导师的方法，近年来也十分注重教师在暑假期间跟岗实习的工作，鼓励教师下企业实践。不过目前这类工作也存在几个问题：一是没有冠以“双师双能”的名头，即未与国家政策形成对应；二是对“双师双能”的内涵研究尚不够深入，没有形成与广东科技学院发展目标和特色一致的

① 刘琴. 信息化背景下现代职业教育“双师型”教师培育研究［M］. 北京：高等教育出版社，2018：167.

② 王凤领. 地方本科高校产教融合应用型人才培养研究［M］. 北京：中国水利水电出版社，2020：42.

③ 石晶红，夏美茹，李亚珍. 应用型本科高校教师企业实践锻炼现状调查分析——以河套学院为例［J］. 科技视界，2020（4）：65-67.

“双师双能”概念定义；三是相关配套政策与发展目标之间尚未形成有效的联动，现有的工作政策不具有强烈的引导性和激励性；四是缺少青年教师的培养方案作为配套措施，未能形成长期有效的培育机制。[①] 类似的问题在新办地方本科院校或应用型本科高校的转型过程中，都是普遍存在的。

2018 年广东科技学院通过教育部本科教学工作合格评估以来，开始提出以高水平应用创新型大学为中长期发展目标，“应用创新”是非常具有特点也非常能够突出重点的。过去，我们更多的是听到“应用技术型大学”或“应用型大学”，而鲜有以“应用创新型”为定位的高校。这也反映出广东科技学院在应用型转型的道路上，具有异于他人的思考和理解。

所谓“应用创新”，单从字面上来理解，即是“应用型”与“创新型”的组合，也就是在强调实践应用的同时，也强调创新突破，从而走出具有特色的发展之路。我们所强调的“应用创新”必须是以学习为基础的，不是脱离了学习去盲目地实践，我们的学生必须首先在基本知识、专业技能的学习上过关，具备合格大学生应有的文化素养，而我们对教师的基本要求更是如此。当然，“读有字之书”是学习，“读无字之书”也是学习，因此我们大力鼓励师生开展各类实践，无论是教学实践还是科研实践，是校园内的活动实践还是社会上的工作实践。总而言之，只要是能增长见闻、提升能力的实践，都是我们所提倡的。

实践是应用的基础，没有实践，我们所学习到的知识技能就不存在“应用”。同时，我们强调既要把学习到的知识应用到实际，也要从实际中加强学习，也就是说学习是贯穿整个“应用”的过程的。当通过学习形成了一定理论积累，通过应用实现了经验积累后，最为重要的事情便是“解放思想”，只有通过思想上的突破，打破僵化的教条，我们才能实现创新，而创新不止可以为发展带来活力，也可以为我们的学习创造新的资源，所以学习是贯穿应用创新全过程的。这也就是我们所提倡的“应用创新”的内涵所在。

总的来说，“双师双能型”师资队伍建设的具体实践问题，依然是一个非常迫切的问题。本书提出以“应用创新”为导向进行“双师双能型”教师队伍建设，目的是希望打破传统的、源自高职高专的“双师”定义下的教条，同时在实践探索中去发现、总结真正符合应用型高校发展需求的“双师双能”型教师的路径，从而实现分类发展、各有所为的远大目标。

（四）突出“（引+聘+培）×（内+外）”的发展思路

为了能够有效打破传统理念，实现“双师双能型”教师队伍建设的有效创新，本书结合实际提出了“（引+聘+培）×（内+外）”的理念，即是校内外联动，引进、聘用与培育相结合的建设发展思路。

1. 引进

大力引进高层次人才，鼓励创新团队的加入。鉴于“双师型”人才的培养难度大，培训周期长，从校外或企业引进高层次的“双师双能型”人才，是扩充高校师资最为简单的途径。[②] 在引进高层次技术人才和创新团队的过程中，应当注意以下两方面。一是改变专

① 周二勇. 高水平应用型大学要素研究［M］. 北京：北京理工大学出版社，2022：181.

② 许士密. 行业学院模式下地方高校产教融合专业群建设研究［M］. 青岛：中国海洋大学出版社，2019：196.

业课教师从高校毕业生和其他高等院校引进的单一渠道，开放多种招聘人才渠道。传统的高校招聘教师方式，大多从其他高校直接招聘，较少从企业优秀人才中选聘，该部分具有经验的教师比例低。二是我国的应用型本科高校可以参考国外先进经验，打破传统的招聘方式，利用行业资源，引入行业专家担任学校的专兼职教师，投入重金引进企业经验丰富、实践技能强的教师，会同学校现有的专业负责人和专业带头人，组建一支结构合理、理论和实践结合程度高的高素质高层次的教学团队。

2. 聘用

大力实施人才柔性引进措施，柔性引进是指相对于在编全职聘任的一种引进方式。其特点是在不改变员工同原任职单位隶属关系的前提下，打破户籍、身份、人事关系等人才引进刚性约束，人事关系、工作时间和方式自由灵活，形式多样。[①] 有助于实现“不求为我所有，但求为我所用”的用人理念。人才柔性引进包含了多种形式，如聘请行业著名专家学者、行业精英担任顾问或荣誉职务、兼职教师、学生实习实训指导教师等。同时，应用型本科院校在柔性引进教师的政策事实上，应当提高对行业、企业合作共建模式的重视，即通过与行业及相关企业建立友好的合作关系，搭建战略合作框架，建立教学实践实训基地，推动建设产学研合作平台，在师资队伍建设上实现“双聘”或者“多聘”，实现人才资源共享和人才双向流动。可以采取聘用行业精英人才担任学生实习实训指导教师，开展行业知识和实训知识讲座报告，或安排校外兼职教师带领学生到实训基地亲身体验生产过程，学校为这部分老师支付一定的劳务报酬。

3. 内部培育

内部培育即指加强校内原有教师，特别是青年教师的“双师双能”培养，促进教师快速成长为“双师双能型”人才。充分依托以岗前培训为主要框架的培训体系，优化培训课程，提升教师的教学能力和实践水平；为新入职教师和青年教师配备老教师和校外企业导师，做好“传、帮、带”工作；以教学竞赛为抓手，以赛促教，以赛代训，全面提升教学能力。同时，依托校外企业导师资源，建立结对帮扶体系，邀请校外的企业导师来校开展讲座、报告，同时尝试为校内的专业课教师提供一对一的实践能力提升指导。校内“双师型”教师，应当承担更多的帮带义务，在新教师入职等环节，帮助教师提高实践能力，协助开展实践教学，对未取得“双师”认证的教师进行针对性的指导。以上做法和措施，有利于校内教师间、企业精英人才同学校教师间的互帮互助，共同成长。

4. 委外培训

委外培训指的是建立教师外送培训机制，完善教师外出培训体系。应用型院校应当积极同政府、企业、行业建立合作联动关系，将校内的教师送出校园，走向工厂和企业，甚至走出国门，到一线挂职锻炼，提高教师的实践水平和国际化视野。以山东省某应用型高校为例，该校积极设立教师国际化培养基金，选派骨干教师到国外重点高校和企业开展对口深造，推进国际化培养工程。教师访学和攻读更高层次学位也是外送培训的一种重要手段，推动教师到国内外重点高校开展访学活动，积极创造条件支持教师攻读更高一级的学位，整体提升师资的结构和层次，使教师提升与新时代产教融合背景下“双师双能”内涵所匹配的，以此适应应用型高校内涵。

---

① 潘玉驹，廖传景．基于社会需求的应用型本科人才培养及评价［J］．高教发展与评估，2014（5）：6.

二、产教人才双向流动机制

产教人才双向流动指的是高校专业教师在相关的企业、工厂、公司从事生产工艺、管理、技术等实践性工作，企业的技术人员到高校相关专业从事专业课程的教学、实训以及短期培训等工作。① 产教人才的双向流动不仅可以提升高校的教师队伍整体水平，还可以使学校与企业共享优质资源，提高学校的办学水平，促进学校和企业的可持续发展。在实际操作中，产教人才双向流动确是必要且可行的。这里主要提供了三种思路。

（一）校企、校地联动的产业人才灵活聘用

在产教人才双向流动中，应用型院校和企业以及政府间，都需要建立双向流动机制。全国各省市、高校均有相关政策，开展校企、校地联动，共同推动产教深度融合发展。例如，2019 年，广东省率先成立了省产教融合促进会，在扩大就业创业、推进产业转型升级、培育区域经济发展新动能等方面开展了积极有效的工作。2021 年年末召开的广东省产教融合大会，也充分探索了如何实现校企合作、协同育人，创新推动高等学校人才培养和产业发展深度融合。2018 年湖南省人民政府办公厅关于深化产教融合的实施意见出台。鼓励三大产业园配套建设职业学校，强化企业的育人主体作用，将工匠精神培育融入基础教育，实施产教融合发展工程。做好校城融合，推进“职业院校建在园区里”，共建高水平职教园；做好校地融合，推进“机制建在实践应用中”，共筑高质量发展支撑。2021 年 12 月，上海发布深化产教融合协同育人行动计划，提出三个主要目标：一是支撑上海国家级产教融合型城市建设，形成国内产教融合协同育人的示范高地；二是依托上海产业和教育高端人才集聚优势，打造国内外协同育人优质资源的汇聚中心；三是推动行业企业主动参与协同育人的体制机制不断完善，建设国内有影响力的协同育人创新平台。

有学者认为，有必要在政府、学校、企业和行业组织的参与下建立一个协同发展中心，政府、学校、企业共同作为该中心的主要负责人，承担不同的责任。同时，还可以建立信息共享平台，提高流动人才的专业水平和素质，保障双向流动机制的顺利运行。② 学校在引进专兼职教师时，可以重点考虑将行业、企业的优秀人才招聘进校，承担产业化项目的教学任务，同专业课教师一同承担学生培养工作，实现专业课教师同该类有企业生产经验的教师“优势互补”，不断优化教师队伍结构，提升教学质量。

地方政府出台政策，保障人才双向流动的顺畅。对于高校教师和行业、企业的优秀人才双向流动方面，政府可以采取生活补贴、专项津贴、房屋购置优待等措施，鼓励校企、校地人才双向流动。对于高校教师到企业任职，企业人员到高校承担教学工作的情况，政府可为该类人才给予一定程度的政策倾斜，打破企业人员和高校教师的身份限制，使高校、企业、社会的人才流动通道畅通。

（二）专任教师企业挂职与社会实践的管理

根据教育部等六部委《关于加强高等学校青年教师队伍建设的意见》（教师〔2012〕10 号）文件精神，大部分省市和学校都对教师企业挂职与实践出台了相关文件。以福建

---

① 何世松，贾颖莲．行业企业职工与高职院校教师“双向流动”的现状与对策［J］．职教论坛，2017（8）：11-14.

② 李琦．产教融合背景下专业教师和专业技术人员校企双向流动的研究和实践［J］．质量与市场，2021（3）：159-160.

省为例，2017 年福建省教育厅等七部门联合印发了《福建省职业院校教师企业实践管理办法（试行）》。该办法规定：职业院校专业课教师（含实习指导教师）要根据专业特点每 5 年必须累计不少于 6 个月到企业或生产服务一线实践。没有企业工作经历的新任专业课教师应先到企业实践不少于 8 周后再上岗。公共基础课教师也应当每年到企业进行考察、调研和学习至少 1 周。再以陕西某公办双高计划高职院校为例，该校规定：本校的专兼职教师每年至少 1 个月在企业或实训基地实训锻炼；提升教学双师素质和实践教学能力，逐步组建高水平、结构化“双师型”教师团队，多措并举打造学校“双师型”教师队伍。又以东莞市某民办本科高校为例，该校要求入职 3 年内的青年教师每年到企业参加不少于 4 周的实践活动，并将企业实践纳入教师绩效管理和职称评审体系中，目的是让青年教师了解企业的生产组织方式、流程及产业发展趋势等基本情况。如企业的生产经营管理模式及流程；熟悉企业相关岗位职责、操作规范，掌握岗位工作技能；明晰所授课程与培养企业典型岗位所需能力的关联度。

不难看出，全国很多高校均出台了相关政策来规范教师的企业挂职实践工作。其根本的目的是提升教师的实践能力，引导教师了解最新的技术和知识。

建立专任教师企业轮岗挂职机制，为高校教师定期到企业、工厂开展业务学习和技能实践提供岗位。鼓励学校教师考取执业资格证书，并且参与企业相关技术职称评审，为这部分教师在职称、职务晋升、待遇报酬等给予适当倾斜。通过企业实践和挂职轮岗锻炼，加强“双师双能型”教师队伍建设，提高教师的专业技能，有效利用师资培养社会资源，切实提高青年教师实践动手能力，更好地将理论与实践相结合。

（三）宽口径、严要求的人才双向流动机制

科学有效的人才流动制度，是学校教职员工职业发展规划设计的重要保障。打破现有人才聘用机制，结合现代人力资源管理的特点，放宽高校教师的入口，鼓励企业和产业界人才到高校任职。大学教师在业余时间对企业进行指导，企业的技术人员以全职、兼职的形式参与到大学教学中，同时建立分级分类的企业人才入校考核培养机制。对于创业初期的企业家，允许其到大学担任助理教师，同学校的专任教师共同承担一门课程的教学任务。学校可以为其创业提供帮助和支持，使得创业初期的企业家在学校和企业得到双重锻炼。对于成功的企业家，可吸纳为学校的专兼职教师，也可在职称评审或人才待遇方面适当倾斜。同时要建立考核机制，对于能够适应大学教学工作的助理教师，可以考虑接收为正式的学校教师，给予额外的待遇报酬。对于无法适应或在规定期限内依旧无法承担教学工作的企业导师，可不再续用。通过宽松的口径、严格的培养程序，筛选出最适合担任“双师”的人才，打造开放式的大学，推动大学向企业开放，促进大学与企业互动，实现校企人才的双向流动。

产教融合背景下的高校教师与行业技术人才间双向流动，既是实现校、企、行深度融合的新尝试，又对推动应用型人才培养发展具有重大意义。基于此，新阶段下的人才引进应当更加灵活，打破传统的人才聘用桎梏，完善在职教师的企业实践管理，制定相对应的保障机制。只有结合宽口径、严要求的运行模式，在引进、聘用、内部培育和外部培训的组合措施下，不断创新人员流动机制，才能真正实现产教融合人才双向流动的长效发展。

三、校企导师联合教学模式

校企导师联合教学模式指的是校内专任教师与企业指导教师联合培养学生的育人模

式，该模式最鲜明的特点是针对学生的个性差异因材施教，以更好适应新时代“以学生为中心”的素质教育要求。在该模式下，校企导师联合教学主要有以下三种实现路径。

（一）校企携手搭建实践教学平台

各应用型高校应当积极推动产教融合、校企合作。学校和企业联手搭建实践教学平台，是新时代高校转型发展的现实要求。教育部等部门多次提到学校和企业应当建立校内外的实践教学平台，其中《教育部关于深化职业教育教学改革全面提高人才培养质量的若干意见》提到“推动校企共建校内外生产性实训基地、技术服务和产品开发中心、技能大师工作室、创业教育实践平台”。学者毛莉敏也指出，在院校的转型发展中，实践性教学处于关键环节、意义重大，院校应积极与企业深化合作层次、拓宽合作领域，通过体制机制的建立形成“产教融合”的实践教学平台，在促进自身转型的同时，也促进学生能力、素质的提升①。由此不难看出，应用型本科高校发展过程中，建立实践教学平台，尤其是集技能教学、社会培训、研发制造、技术推广和创业教育实践等职能的校企深度合作的平台，开展实践教学，具有特殊意义和重要地位，也是应用型高校人才培养质量的重要保障。

基于上述背景，应用型本科高校应当积极共建校外实践基地，最大限度地利用企业现有资源，同校外企业、行业签订合作协议，设立校外实践基地，安排学生进行有针对性的实训，让学生将校内所学的理论知识同校外实践基地实训结合起来，打造“厂中校”的实训基地，让更多学生在校外接受完整生产流程的实习、实训、实践，在企业和工厂的完整链条中提升综合素质，共同探索校企联合培养应用技术型人才的新模式。与此同时，也可利用社会资源，根据学校的现实需求，因地制宜，同企业共同建设校内的教学平台，打造“校中厂”等多样化的校内实践教学平台。通过培养高质量的应用型人才，赋能当地经济社会发展转型，推动现有的校企合作格局向纵深发展。

（二）导师互助促进提升专业技能

构建校内外导师“互助互学、取长补短”机制，充分调动导师间的协同积极性。该举措可以很大程度上促进校内专任教师和校外兼职企业导师的沟通交流，从而达到导师间共同进步、共同发展的目的，达到“1+1>2”的效果。校内导师具有较扎实的专业理论基础和较丰富的教学经验，通过向校外兼职企业导师学习实践知识和生产技术，提升实践水平，能更好地开展针对性教学。校外兼职企业导师则具有较丰富的实践和生产经验，通过向校内专任教师学习教学方法、理论知识，可以系统地了解和掌握理论知识，使理论基础更加扎实。同时，由于企业导师缺乏课堂教学经验，通过教学观摩、合作备课、教学资源共享等方式，能不断提升校外企业导师的课堂水平和教学能力，这使得企业导师站上讲台并站好讲台。

（三）产学共融提升人才培养质量

应用型高校应当深入推进“产学共融”，提升学校的人才培养质量。产教共融是指应用型高校结合教育现状与产业要求，融合理论教学与生产实践。应用型高校应当整合现有的教育资源与行业优势，形成校企厂一体、产学共融的人才培养体系与系统整体的发展模式。以实践为导向，推进教育教学内容与生产实际相融合，校内外教学资源相融合，形成

① 毛莉敏. 基于产教融合的高等院校实践教学平台建设路径研究［J］. 中国成人教育，2021（12）：48-51.

教育和产业融合发展的大格局。

当前，应用型本科院校和高职院校在推动产学融合发展中，仍存在许多问题，这对提高人才培养质量产生了不利影响。首先，缺乏对校企合作工作的重视，应用型高校开设的课程以理论知识讲授为主，以实践教育为重要补充，但在推动新型校企合作、产学共融方面缺乏有效手段。课程虽多，但较为分散，缺乏合作育人架构下的培养模式和方案，校企合作平台建设推进较为缓慢，从而造成产学共融工作浮于表面。其次，对校企合作、产学共融的投入较为缺乏，重点体现在校企合作资金、技术投入力度等，未能使学生有一个持续性的锻炼实践，常常是短时间前往企业实习实训，随后便回到学校上课。这使得实践巩固理论的效果大打折扣。最后，校企合作实训基地利用程度不高，许多高校同企业签订协议，建设校企合作实训基地。但很多时候仅仅停留在表面，校外实践基地“空有其名”。在企业实训基地的课程设置不合理，进而出现校企合作实训内容与实际的社会生产脱节，无法起到提升实践技能的作用。

对于上述问题，应用型高校应当构建一种新型的校企合作机制，推动产学融合升级。首先，重视校企合作和产学共融发展，从根本上强化对合作育人工作的认知，充分发挥产学共融在实践教学中的优势。学校也应当通过适当的宣传手段，在学校范围内扩大宣传，加强老师、学生对校企合作工作的重视。其次，加大校企合作教学力度，加大对校企合作教学的资金、人力、场地等投入，合理设置课程内容和时间，让学生在相对集中的时间段前往企业进行实践，并通过学生所学知识进行创新，关注社会动向和需求，确保学生所学知识与社会发展同步。出台相应的管理制度，合理规范产教共融、合作育人的行为和人才培养方式，防止出现人才培养浮于表面的问题。最后，优化校企合作实训基地，充分发挥校企合作基地的作用，尽可能让学生到真实的企业环境中实践，提供一定的岗位给应届毕业生，解决就业难的问题。通过上述几点措施，将产教融合、产学共融工作落实到实处，建立新型的校企合作机制，从而提升应用型高校的人才培养质量。

应用型高等院校的人才培养改革，应当以现代产业发展需求为导向，以产学研紧密结合为依托，以培养实践能力和创新能力为核心。以广东科技学院为例，近年来，广东科技学院与华为、腾讯、西门子等龙头企业和行业协会共建了 11 个现代产业学院，与东莞证券等知名企业合作开设了 89 个创新班，同固高派动（东莞）等企业建立了 606 个校外实践基地。通过不断深挖产学共融人才培养的优势，协同多方力量共建产业学院、实训基地，培育现代化高素质产业人才。与此同时，广东科技学院依托同行业、企业共建的优势，把握产教融合内涵特征，创新产教协同育人途径，从产学共融延伸到助力大学生平稳就业，每年有大量毕业生被行业头部企业录用，充分体现了学校在推动产教融合人才供给侧结构性改革中取得的阶段性成果。

第十章　产教融合与产学研一体化构建

2015年，教育部、国家发展改革委、财政部发布《关于引导部分地方普通本科高校向应用型转变的指导意见》，要求各地各高校深化产教融合、校企合作，主动融入产业转型升级和创新驱动发展，积极争取地方、行业、企业的经费、项目和资源在学校集聚，合作推动学校转型发展。2017年，国务院办公厅发布《关于深化产教融合的若干意见》，提出“将产教融合作为促进经济社会协调发展的重要举措，融入经济转型升级各环节，贯穿人才开发全过程，形成政府企业学校行业社会协同推进的工作格局”。应用型高校转型发展的有效途径是深化产教融合，推进产学研合作协同创新。

一、应用型高校产学研合作模式

（一）产学研合作的主体及作用

在利益多元化的今天，产学研合作过程中逐渐形成了多元利益主体，包括企业、高校、科研院所、政府、师生群体等，这些主体有着不同的利益诉求，而背后体现的是迥异的价值差异，只有深刻把握这些差异，才有可能求同存异、共谋发展。

从产学研合作的基本形式来看，企业、高校和科研院所是产学研合作的核心主体，离开了这三者，产学研合作也就不复存在。

1. 应用型高校：提高人才培养质量

高等学校的核心职能是人才培养，应用型高校更是要围绕产业链和创新链设置专业，实现专业链和产业链的对接，课程内容和职业标准的对接，教学过程和生产过程的对接，以服务新产业、新业态、新技术为切入点，培养产业急需的应用型人才。产学研合作是将企业生产过程融入教学，让学生能够真正参与企业生产实践，增强实践应用能力，从而提高学校的人才培养质量，达到培养应用型人才的目标。

2. 企业：强化和突出企业的技术创新主体

企业作为产学研合作的主导，发挥产学研合作技术平台的作用，实现技术持续创新。企业作为产业经济社会和生产经营主体中大多数经济活动的直接参与者，在市场中处于最前沿，能够准确把握用户需求和技术发展趋势。通过产学研合作，整合高校、科研院所和企业的优势资源，为提高成果转化率和市场盈利能力提供有市场前景的产品和服务，正确把握研发方向，开展市场化的研发工作。因此，在产学研合作的过程中，要增强创新的内驱力，不断提高科技创新能力，由企业主导人才、技术、资金等要素。

3. 科研院所：提供优质科研成果，实现知识价值

科研院所作为科技创新的主体，拥有人才、设备、资金和科研成果的优势。然而，由

于对市场了解不够，科研成果的转化率不高。在产学研的合作中，科研院所要与企业的市场优势进行整合，促进贴近市场的成果转化，获取更大的经济利益。科研院所参与产学研合作，不但可以优化科研队伍，提升科研的理论水平，还可以对成果转化后产生的问题进行进一步研究，不断促进科研成果可持续发展，实现知识价值持续增值。

（二）产学研合作的模式分析

产学研合作的模式有以科研院所为主体，也有将企业作为技术创新的主体。不同利益主体、不同阶段、不同目标、不同利益分配方式，都会导致产学研合作的模式不同。根据不同资源融合方式，产学研合作模式可分为委托研发模式、成果（技术）转让模式、战略联盟模式和科技园区模式[①]。

1. 委托研发模式

委托研发模式是指以重大项目为依托，企业受自主拥有的研发机构的设备或者研发团队的研发能力的限制，无法在短时间内突破核心关键技术。通过与高校或者科研院所合作，利用其在人才、试验设施等方面的优势，委托完成关键技术的研发。如上汽集团与上海交通大学、同济大学等单位合作，开展新能源汽车关键技术研究，在燃料电池汽车、混合动力汽车和电机、电池、电控等关键零部件方面取得了一系列突破，推出了面向市场的产品。上海石化和复旦大学瞄准国家重大需求，合作攻关双轴拉伸聚丙烯（BOPP）等高档专用料，不仅取得了一系列基础理论突破，还开发出性能达到甚至超过国外同类产品水平的专用料，部分替代了同类进口产品，取得了良好的经济和社会效益[②]。虽然这种模式有比较成功的案例，但前提条件是企业具备独立的研发机构和一定的研发能力，显然大多数企业不具备这样的条件。

2. 成果（技术）转让模式

成果（技术）转让模式是科研院所通过相关研究，已经获得新技术、新产品、新工艺等的专利权、专利申请权、专利实施许可权、技术秘密等科研成果。企业通过签订技术转让合同，将这些科研成果应用到生产，提升生产效率或产品竞争力。成果（技术）转让模式比较传统，也比较成熟。然而，实践证明，这种模式的成功率非常低。其主要原因是企业内部技术力量薄弱，承接能力差，科研成果往往达不到量产的标准，很多参数需要进一步优化或完善后才能市场化。

3. 战略联盟模式

战略联盟模式是指通过合作互补、平等公正、共同发展的基本思路，以企业、高校及科研机构为主体，为实现各自的发展战略目标，结合各自的资源优势，以股权或契约的方式，形成的利益共享、风险共存、互惠互利的一种共生格局。

战略联盟的主要任务是建立协同创新平台，各主体以产业发展为指引，有效分工与合理衔接，突破产业技术创新的关键问题和核心技术，实行知识产权共享。由于其科技创新成果是以产业需求为依托的，可以快速实现成果转化，提升产业整体竞争力。高校可将研究成果转化为教学内容，企业参与人才培养，为产业持续创新提供人才支撑。

---

① 韩启飞，朱小健．高校产学研合作的主要模式与思考［J］．中国多媒体与网络教学学报（上旬刊），2021（11）：108-111.

② 袁志彬．以企业为核心的产学研合作模式［J］．高科技与产业化，2017，（6）：25-29.

这种模式优势在于产学研各主体充分发挥自身的优势，综合利用资源，结合度高、互动性强，成果更符合产业需求，研发成本和转化成本较低，具备持续发展的潜力，是产学研合作发展趋势。

该模式的合作方式非常灵活，可以以技术入股、联合共建、项目孵化等方式进行合作。

4. 科技园区模式

科技园模式是打破高校、科研机构、企业与政府之间的壁垒，将技术创新与经济发展结合为一个连续的有机体，由拥有科创园的政府或高校发起，联合多家企业共同参与，以开发高新技术产品、成果转化等为主要任务的科技园区。

总体看来，产学研合作已经成为提升企业创新能力的主要路径。但也存在一些问题。

一是产学研合作的理念存在差异，科研院所往往热衷于有利于评奖评职称的课题研究，信息产业企业则瞄准有市场需求的项目开发，导致两者需求难以有效对接。

二是产学研合作中，各主体的信息不对称，缺乏信息交流的平台。

三是产学研合作中，企业在成果转化的“二次创新”不足，很多企业依赖科研院所的“交钥匙工程”。

四是产学研合作中融资渠道不够顺畅，科技创新需要大量人力和财力的投入，科研院所和企业都缺乏资金支持。

二、产学研协同创新平台建设

产学研协同创新平台根据依托主体的不同分为高校或研究机构主导、企业主导和政府主导三种。三种平台参与形式不同，产学研合作模式也不同。

以高校主导的产学研协同创新平台是依托高校或科研院所及其他学术机构，构建的产学研协同创新平台。这些机构拥有丰富的科研资源和良好的科研基础，拥有一大批高水平的科研人才和设备精良的实验室。高校主导的产学研协同创新平台可以依托这些优势与企业共同进行技术攻关，有较强的技术前瞻性，能服务或引领区域经济发展，打破组织壁垒，在技术研发和成果转化两大环节中寻找平衡，是这一产学研协同创新平台的愿景和目标。这种形式一般由政府指导，高校和政府共建，其他相关产业共同参与。

以企业为主导的产学研协同创新平台，一般依托行业内具有较强研发实力、更加注重特定领域技术开发和应用的领军企业，是一种较为普遍的产学研合作形式。企业主导型产学研协同创新平台，一般是以项目为载体，由企业牵头，与高校或科研单位合作，或与高校或科研单位就某一领域签订长期合作协议，协助企业进行技术攻关。这一类型的平台更贴近企业生产实际，以服务企业为宗旨，能够更快地转化成果。

政府主导型产学研协同创新平台是根据区域经济和社会产业的需要，由政府或相关业务主管部门组建的产学研协同创新平台。这类平台以促进产业共性技术研发应用为目的，由政府管理运营，承担政府分配的任务，汇聚区域科技资源。虽然政府主导的协同平台有较强的区域产业对接能力，但对充分开发知识资源以及形成跨区域创新网络有一定的限制①。

① 陈鑫．高校主导型产学研协同创新平台运行研究［D］．武汉：华中科技大学，2017.

（一）产学研协同创新平台概述

1. 产学研协同创新平台的内涵

产学研协同创新平台是以政府引导，科研机构、高校和企业为主体，将科研创新和社会需求相结合，构建人才、设备、信息、资源等多方面的保障系统，实现资源共享、优势互补，为产学研协同创新提供优质服务，达到成果转化、科技创新的目的，推动区域产学研协同发展。

我国产学研协同创新正在经历高速发展期，已经在北京、江苏、广东、浙江、上海等地，兴建产学研协同创新平台，并通过整合人才、科技、资金、市场等方面的资源，建设科技创新园区①。

2. 产学研协同创新平台的功能

（1）实现资源共享

产学研协同创新平台的基础功能之一就是资源共享。基于国家层面的发展战略和全方位协同，适应国家政策、制度和经济环境变化，实现科技资源共享活动与国家创新战略的协调发展，根据不同主体之间的优势资源差异进行整合，以协同有序的配置方式进行资源分配和共享。

（2）促进科技人才交流

产学研协同创新平台是服务型平台，科技创新对人力资源有较大需求，应根据政策导向、区域经济、产业需求，充实平台科技研发人才资源，促进科技人才交流，为平台提供智力支持。实施人才柔性流动，打破各主体人才聘用制约，实行市场化、社会化的人才流动。人力资源开发配置要与产学研协同创新平台相适应，特设岗位与设立兼职岗位相结合。

（3）信息服务

信息服务是产学研协同创新平台的主要职能。针对企业、高校之间信息流通不畅的问题，协同创新平台要收集高校和科研机构所产出的科研成果以及企业对科技创新的需求，整理后发布至产学研协同创新平台，保障高校、科研机构跟企业之间的信息对称，为各主体提供接洽线索，缩短接洽过程，提高合作成效率。

（4）沟通协调功能

在科技创新成果对接过程中，存在一些不成熟的因素，会出现科技创新成果不适应市场的情况，需要产学研协同创新平台发挥沟通协调功能，梳理参与主体间的关系，解决平台在运行过程中产生的分歧，让平台运行更加顺畅、科技创新成果发挥最大的价值。

（5）降低风险功能

美国学者戴维斯（Duncan Davies）收集多家主体联合研发的科技创新项目相关资料，经过多年对投入-产出等数据的研究，认为产学研协同创新过程存在新技术不成熟、市场不稳定、资金投入过高、人员不稳定等风险，特别是在协同创新的初期，风险较高。产学研协同创新投资收益如图 10.1 所示。

---

① 严红，许水平，石俊．区域产学研协同性动态评价［J］．系统工程，2020，38（5）：66-74.

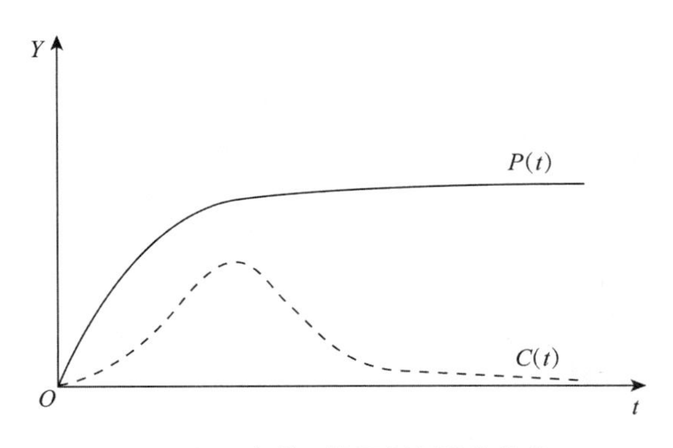

图 10.1　产学研协同创新投资收益

图 10.1 中，X 轴是时间 t，资源投入 C（t），效益收入 P（t），从图 10.1 中可知，协同创新的初期资源投入较大，而收益收入较小，故投资风险较高①。

3. 产学研协同创新平台的类型

（1）战略联盟型

战略联盟型产学研协同创新平台的组织结构如 10.2 图所示。首先是由高校、研究机构、企业、政府和中介等主体，以合同或其他契约形式组成战略联盟。战略联盟共同组建管理委员会，主要负责行政管理，如平台的日常管理、协调各主体之间的关系、协调平台内的优势资源、组织各类交流活动等，不负责具体的研究工作。战略联盟型产学研协同创新平台具体合作内容包括共建科研机构、共同经营实体、协同科学研究等。

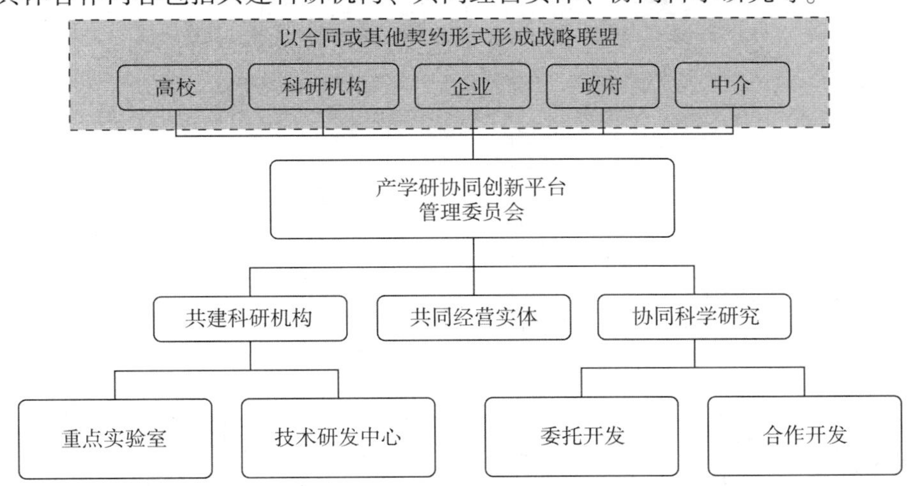

图 10.2　战略联盟型产学研协同创新平台的组织结构

（2）项目型

项目型产学研协同创新平台的组织结构分三个层级，如图 10.3 所示。第一层为科技行政主管部门。第二层是负责对接科技行政主管部门、协同创新项目日常管理、监督管理项目研发过程中各个环节的产学研协同创新项目的项目领导小组。第三层由项目发布咨询部门、项目申报部门、项目审批部门、检查监督部门、项目评估验收部门五个部门组成。

① Davies. Actions to strengthen university-industry cooperation［J］. Technology in Society，1983，5（3）：317-323.

通过这一平台申报项目并完成研发的，是高校、企业和科研机构。

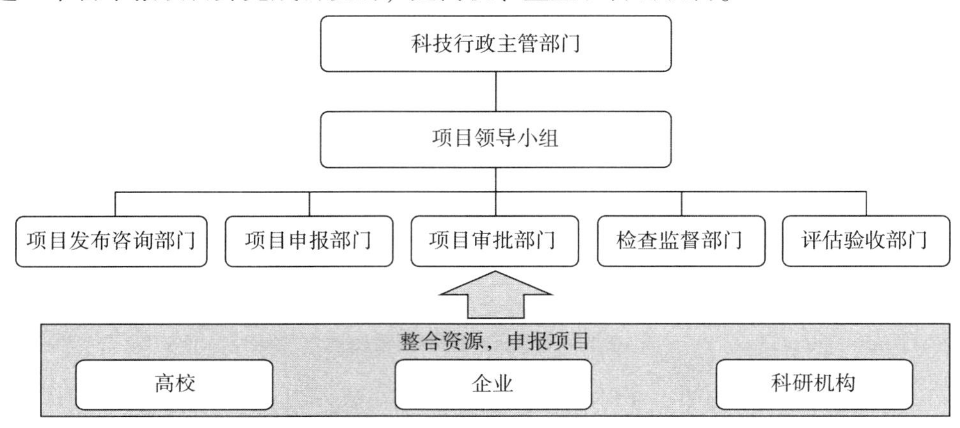

图 10.3　项目型产学研协同创新平台的组织结构

（3）网络型

网络型产学研协同创新平台是利用网络信息技术，建设能够完成技术交流、合作沟通、利益协商、成果交易等活动的用户自助服务，可用于信息采集、发布、获取和匹配的综合网络系统。其功能主要是创新优势资源。网络平台的中央管理系统由信息服务、资源整合和主体交流三个平台构成，如图 10.4 所示。

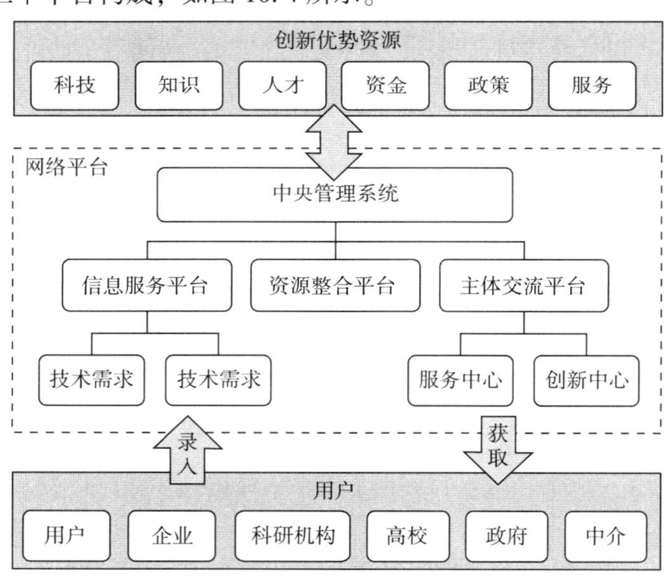

图 10.4　网络型产学研协同创新平台的组织结构

（二）产学研协同创新平台运行机制

1. 知识转移机制

知识包括由文字、图片、影像、报告等规范形式体现的显性知识，也包括某种个人表述所意会的隐性知识。由于各主体拥有的知识结构不同，知识的数量和质量也有较大差异，在产学研合作过程中，通过建立知识转移机制，可将知识从高层次向低层次转移，让知识得到更广泛的传播、更深入的互动和更大的增值。

2. 利益分配机制

产学研协同创新平台成立的一个核心目的是要构建一个“多赢”的利益分配机制，使各主体通过优势互补，达到利益最大化的目的，来保障各主体参与协同创新的积极性和可持续性。由于各主体参与协同创新的目的不同、需求不同，所拥有的优势资源也存在差异，因此各主体在利益分配中所占的份额也不同。构建产学研协同创新平台利益分配机制，创新成果主要考虑是否真正解决了社会经济和科技问题、能否带来生产率的提高和能否增加经济效益三个方面。各主体还要综合考虑自身参与产学研合作的目标是否达成。

3. 风险分担机制

创新不可避免地伴随着风险，创新主体无法预测未来技术的突破方向、时间和进展，无法预测利用新技术，能否开发出性能稳定和性价比高的优质产品，无法预测产品量产的利润率，无法预测新产品市场化后的被接受程度。如创新风险全由创新主体独自承担，无疑会抑制创新主体的积极性，不利于更多社会主体投身创新创业，制约创新发展。基于创新的特殊性，要支持创新驱动发展，建立有效的创新风险分担机制尤为重要。

创新风险的不确定性，不能通过“合并”处理，只能通过“分散”应对。常见的分散机制有有限责任公司制度、政府财政分散和创新融资平台。有限责任公司不但可以集中资本，维持公司合理规模，还可以只需承担有限责任，限制了风险。政府财政主要支持科学研究、国防技术等难以通过正常的技术转让或出售获得收入的创新活动，其风险由全体纳税人分担。创新融资平台主要是通过私募股权基金和科创板、注册制为创新发展提供资金支持，同时也为创新风险提供分担机制。

4. 绩效评价机制

为衡量产学研协同创新的既定目标是否达成、创新成果是否提高生产效率、创新成果是否增加经济效益，需要建立科学合理的绩效评价机制，这也是产学研协同创新平台运行过程中的关键内容。绩效评价机制要综合考虑专利、论文、获奖等方面的成果，同时结合新产品销售收入，在公正、合理的导向下，建立动态、科学、合理、有序的评价机制。

5. 激励机制

激励机制能够有效地激发协同创新各主体人员的积极性，提高创新成果的产出。对参与人员的内在需求、心理特点进行分析评估，设计出科学合理的激励机制，真正做到激励管理有的放矢。激励主体可以是政府，也可以是产学研各方，还可以是刚刚组建起来的科研队伍。激励手段包括佣金和奖金的发放、科研人员的荣誉称号或职务晋升等。项目完成后，再对不同激励机制的效果进行跟踪、对比、持续改进，最终达到激励效果的最大化。

6. 驱动机制

当前产学研协同创新各主体在理念、思维、内部管理体制、管理方式等方面存在显著差异，产学研各主体既可能是相互合作，又可能是相互竞争，导致各主体缺乏动力，参与协同创新的积极性不高。研究产学研协同创新平台驱动机制，构建“多方共赢”格局，能够不断增强各主体协同创新能力。产学研协同创新平台的运行既有内在的推动机制，也有外在的推动机制。内在驱动机制包括利益激励政策、内在发展需求等。而外部驱动机制由因政策红利、技术更新、市场需求、竞争对手等外部因素带来。可从以下三个方面来构建驱动机制。

（1）文化认同

产学研协同创新平台要构建清晰的发展战略，明确平台的愿景、发展目标等顶层设计，形成鲜明的平台文化体系，构建良好的科技创新环境，让各主体对平台的战略愿景高度认同，引导不同主体积极参与协同创新，形成完整的创新产业链。文化的认同是各主体能达成协同创新的前提和基础，也是参与创新的重要驱动力。

（2）市场需求

市场对新技术、新工艺、新材料等的需求，对产学研协同创新形成了倒逼，市场所释放的需求信号，为各主体提供了研发要求，增强了科研与产业需求的契合度。市场需求越大，协同创新的意愿越强，也会更加促进深层次的合作。

（3）政府支持

政府是产学研协同创新平台建设与运行的推动者，国务院办公厅的《关于深化产教融合的若干意见》明确提出，“建设市场化、专业化、开放共享的产教融合信息服务平台”，依托平台向各类主体提供“精准化产教融合信息发布、检索、推荐和相关增值服务”，汇聚区域和行业人才需求、校企合作、项目研发、技术服务等各类信息。

（三）产学研协同创新平台运行问题及原因分析

由于产学研协同创新平台牵涉主体多，在运行实践中存在信息不对称、科研成果转化效果不明显、管理机制不完善等问题。主要问题可归纳为以下四个方面。

1. 目标价值认同不一致

产学研协同创新平台的各主体对合作的目标价值观、对协同创新的文化认同度等因素，都会影响产学研协同创新平台的运行。科研文化与企业文化的差异，会使这两类主体因目标价值、利益协调等方面的差异，在价值观、文化认同感、合作关系的持久度上，发挥正相关作用。但主体间由于文化价值的差异，各方立场不同、宗旨不同，在价值取向、目标预期等方面就会存在差异，导致平台高校、产业界两大主体在协调、配合时，存在一定的难度。

（1）高校与企业价值导向的差异

企业比较关注产学研协同创新所带来的经济效益，侧重于把研究成果转化为产品，通过更先进的技术获得更高的回报，追求快速的技术迭代以保持领先地位。而高校和科研机构在高质量人才培养为目标的基础上，更多地侧重于理论研究、技术创新、高校或机构的声誉和成果转化等，而且研究人员主要是由教师和学生组成的，而教师需要将大部分的精力投入教学工作，不能全身心地投入科技创新上，导致研发周期较长，不能满足企业对经济效益短期回报的要求。

（2）成果转化的过程矛盾

2021 年，中国高校（含港澳台高校）的中国专利公开量为 54.48 万项，其中发明、实用新型、外观设计专利分别为 36.62 万、15.89 万和 19.61 万项。据《2021 年中国专利调查报告》数据显示，高校有效专利产业化率仅为 2.3%，其中发明专利 3%，实用新型专利 1.5%，外观设计专利 2%[①②]。

高校专利数量高增长与较低的专利产业化率反映出，有矛盾在成果转化过程中产生。成果转化除了面临外部多变的竞争环境外，还涉及众多创新主体之间不同的目标定位，随着合作不断深入可能会导致多方面的矛盾，如资源投入不足、人际关系不协调、利益分配不当等，而利益分配不均是阻碍协同创新深入合作的重要因素。

（3）各创新主体协作模式不健全

协作模式是指各主体在产学研协同创新平台中，参与协同创新的具体形式。协作模式不健全主要表现在合作不够深入、各主体没有形成深度协作良性循环的长效机制等方面。在资金层面，平台的具体创新项目资金投入主体不明确，项目取得收益后的资金管理制度、分配制度等未能有效支撑协同创新平台可持续发展。在技术层面，各主体的目标不同，各主体对创新要素的理解不一致，导致技术的研发与市场需求未能有机结合。另外，在沟通方面，协同创新平台存在信息不对称的问题，各主体内部之间的沟通存在障碍，对外部获取的信息也未共享。这些矛盾均是由于协同创新平台整体协作模式的不健全。

2. 协同创新的深度和广度有待提升

（1）各主体的合作需进一步深化

产学研协同创新平台的合作深度，主要体现为实现单一或多个项目合作，开展跨机构、多项目合作，各方达成资源共享的一般性协议；或打造战略联盟，实现最高境界的深度融合。战略联盟的具体实现路径是整合各类资源，构建产学研协同创新平台，提升产学研合作深度。但目前，协同创新平台主要以项目为抓手，没有发挥各主体的优势，没有形成利益共同体。产学研协同创新平台应从利益、责任、命运三个维度，打破组织间的壁垒，提升深度合作的成果转化效率，强化各主体之间的长期信任关系，促进产学研深度合作。然而，目前各主体之间往往是以横向项目为纽带，并没有突显合作的深度。因此，产学研创新平台能否成功运行，关键要看各主体的利益诉求是否高度契合，各主体是否积极主动地承担起相应的责任。

产学研协同创新平台可以参考沙因“睡莲模式”，包括主体合作形式、合作产出等多种形式。协调各主体的桥梁是平台的各种体系，包括合作机制、组织结构、管理体系等，而各主体行为和价值理念达到统一，形成高度凝聚力，才有深度合作的可能。

（2）开放式协同网络需大力拓宽

通过对教育部首批认定的 14 所高校协同创新中心的实证研究发现，各协同创新中心的合作广度和规模与认定前基本没有变化，还是原有合作产出成果。应充分发挥协同创新中心辐射带动和枢纽连接作用，丰富合作的广度，充分吸纳各方面优势资源，把协同创新

① 国家知识产权局战略规划司项目承担方：国家知识产权局知识产权发展研究中心 . 2021 年中国专利调查报告［R］. 北京：国家知识产权局，2022.

② 深圳大学知识产权信息服务中心 . 深圳市高校知识产权资讯简报［R］. 深圳：高校国家知识产权信息服务中心，2022.

中心平台打造成一个开放的平台。

3. 平台治理体系不够完善

（1）科技创新能级急需提升

对标中央、国家新要求，地方政府要巩固在创新驱动发展等方面的基础，坚持制度创新和技术创新双轮驱动，高标准建设高能级科技创新引领区，努力构建更健全的创新创业服务体系，持续营造国际一流的创新创业生态环境，将双创生态优势转化为经济发展新动能，将科教人才优势转化为区域核心竞争力，将制度开放优势转化为先行先试突破点，实现科技创新全方位提质增效，为打造国内大循环中心节点的增长极和国内国际双循环战略连接的创新源提供动力支撑。

（2）内部管理理念相对落后

长期以来，企业的管理行政化倾向严重，行政决策权力较为集中。这种管理理念同样也反映在产学研协同创新平台上，造成创新意识不强，服务水平较差，平台内部沟通不畅，不能发挥协同效应，不利于平台的长远发展。

（3）考核评价机制不够健全

促进协同创新平台自我完善、自我发展的一个重要因素，是考核评价机制健全。对首批认定的各协同创新中心官网进行调研发现，多数平台考核手段单一，多停留在简单计分和年审阶段，考核指标随意性强，没有建立科学有效的绩效考核指标体系，各平台在评价指标时存在不公平、不公正的现象；在考核评价方式方面进行探索的平台不多，有对平台的合作主体采取了虚拟股份制的评价方式，但效果并不明显。

（4）沟通协调机制运行不够顺畅

有效的沟通协调机制是协同创新平台的润滑剂和黏合剂，它能有效提高成员间的信任度。但目前平台各主体在目标和价值观等方面不一致，导致日常管理、业务培训等非正式沟通的渠道不畅通。

4. 体系布局有待优化

教育部认定的两批“协同创新中心”的地区分布为北京 9 个，江苏 5 个，上海 4 个，浙江与湖南各 3 个，天津、福建、陕西、湖北各 2 个，黑龙江、辽宁、四川、重庆、河南、安徽各 1 个，在体系布局上还有待优化。此外，各省份在政策支持上对协同创新平台的支持力度也不尽相同，在运行效果上差距较大。协同创新中心需要结合区域产业经济与教育，发挥地缘优势，在发展中缩小差距。产业发展与教育资源的集中情况，会直接影响协同创新中心的发展，发达地区创新氛围更加浓郁，产业发展已经具有一定规模，产业链较为成熟，高校或研究机构在产学研合作等方面拥有较多的产业资源，所以协同创新平台更加有活力。而在产业发展相对滞后、教育资源相对匮乏的地区，协同创新平台的建设和运行就相对更困难，成效不明显，可持续发展的能力也较弱。

（四）产学研协同创新平台的发展策略

通过研究产学研协同创新平台在发展过程中存在的问题，并参考相关实证分析资料，对产学研协同创新平台的发展策略进行了如下设计。

1. 提高原始创新水平

要组织优势力量，立足国家战略需求，在高校、科研院所和企业自主布局基础研究，形成一批在基础研究和应用基础研究方面具有原创性的成果，在原创性上实现“从0到1”的突破，努力成为“科学规律的率先发现者”；发挥重大科技基础设施对原创性科技成果产出的关键支撑作用，加快形成科学发现新高地，使重大原创性布局攻关不断深入，科技创新成果不断涌现。

围绕形成重点领域核心基础原创能力，形成具有战略性、前瞻性、变革性、基础性、系统性的重大创新，持续布局重大科技基础设施建设，探索构建地方支持国家重大科技基础设施建设的制度体系。加快构建多主体参与建设和使用的协同创新网络，持续提升重大科技基础设施对基础研究、技术攻关和经济社会发展的支撑引领作用，加快构建多主体参与建设和使用的协同创新网络，加快构建多主体参与建设和使用的协同创新，推动形成以科技创新基地体系为支撑、以国际一流科研机构为标志、以科研基础条件为保障，战略目标明确、运行机制高效、资源整合有力的基础研究体系。积极争取国家级科研基地平台，完善省、市级科研基地平台体系，面向科研与工程研究、技术创新与成果转化、基础支撑和条件保障，优化科研基地平台布局方向和管理体系。围绕重点领域，探索优化组织模式、管理体制和运行机制，围绕加快创建一批高水平的调研成果。以自主可控、高效利用为目标，着力加快构建重点科研仪器仪表、基础科研软件与科学数据库、国际学术期刊等方面的布局。

2. 提升技术创新能力

推进高质量发展，构建现代经济体系，创新是引领发展的第一动力和战略支撑。当前，我国科技创新特别是企业对基础研究重视程度不够、重大原创成果缺乏、底层基础技术和基础工艺能力不足等方面，还存在一些亟待解决的突出问题，需要进一步加大科技创新力度。通过产学研协同创新平台，强化和凸显企业主体地位，并能真正发挥龙头带动作用，使企业在确定研究方向、参与成员、有效组织开展创新活动等方面既能担任科研项目的“出题人”，又能担任合作项目的管理者。一是加强创新资源统筹，加大企业在创新资源配置中的主导权，充分发挥企业在技术创新决策、研发投入、科研组织和成果转化应用等方面的主体作用，按照创新发展规律、科技管理规律和市场经济规律办事。二是完善技术创新激励政策，引进或联合一批新型研发机构、技术转移机构和以企业为主体的技术服务机构，实行跨区域协同创新合作，真正做到创新开放、合作开放、合作共赢。三是把知识产权作为解决利益分配机制问题的中心环节，建立产学研长期合作的信用和约束机制，坚定合作各方的信心和投入的决心，解决创新要素向企业集聚的“信用”和“利益”问题。

3. 增强产业发展动力

协同创新平台要紧紧围绕产业基础高级化、产业链现代化，抓住重点领域、关键环节和核心问题，瞄准世界科技革命和产业变革方向，在准确把握发展方向和原则的基础上，找准着力点和突破口，采取切实有力的措施，围绕产业优势领域和产业薄弱环节，大力推进铸链补链延链强链工程、深耕细作。通过串珠成链、打造特色、放大优势，推动产业高端化、绿色化、集群化发展，使产业链的“主线”更长、“支线”更密，使产业链的供应链稳定性、竞争力不断增强，形成具有较强竞争力的现代产业体系。全面深入实施创新驱动战略，充分发挥科技创新在全面创新中的引领作用，加大重要领域和关键环节改革力度，不断增强发展动力。着力构建引进来与走出去相结合的对内对外开放新机制，促进产业发展各种要素跨境、跨区域流动。不断优化人才发展体制和政策环境，以“最大限度激发人才创新创造创业活力”为总目标和总要求，建立健全科学合理的选人、用人、育人机制，按照传统产业、新兴产业、优势产业、未来产业进行分类，针对创业期、上升期、成熟期、平台期等企业不同成长阶段分层，实现精准施策、精准扶持。加强工作沟通，完善政策体系，强化政策协调。

4. 推进体制机制改革

科技创新的战略性、长期性决定了这项工作必须有完善的制度机制作为保障。不断深化科技创新体制机制改革，搭建符合产业实际的科技创新体制机制“四梁八柱”，建立以更加高效的科研体系、创新人才培养体系、创新服务体系，更富活力的开放创新机制、成果产业化机制、创新治理机制为核心的特色鲜明、要素集聚、活力迸发的行业科技创新体系，破除一切制约产业科技创新的制度性障碍，将产学研协同创新平台的制度优势转化为科技创新整体效能。在完善创新管理机制的基础上，积极改进产学研协同创新项目组织管理方式，完善科技评价机制，全面建立创新平台中长期绩效评价制度，发挥创新考核导向作用，强化科技创新政策落实，充分释放政策红利。

三、产学研合作评价与激励机制

（一）平台评价指标体系构建的原则

评价的关键是评价指标体系，平台如要在协同创新运行过程中健康发展，需要按照以下原则，多层次、全方位、广视角地权衡各方面因素，建立科学合理的指标体系。

1. 系统性

产学研协同创新平台是由多个主体、多个体系、多种文化构成的有机整体，各个指标之间具有独立性，在设计指标的时候要多方位、多层次考虑。

2. 科学性

指标体系一定要能体现出产学研协同创新平台内部运作的内涵和规律、效率和本质。科学的评价指标不但要能评价各主体贡献度，还能激发创新驱动力。

3. 可操作性

产学研协同创新平台评价体系可得出客观的评价结论。

4. 动态性

在一个能够厘清平台发展现状和趋势的时间段内，评估运行效果。不能局限于某一个时间节点上。

（二）产学研协同创新平台评价指标体系构建

针对产学研协同创新平台的运行能力，结合产学研合作实际，设计产学研协同创新平台评价指标体系。该指标体系分一级指标、二级指标和评价标准三个层次。一级指标有6个维度，包括组织架构、管理制度、硬件设施、资源配置、项目运作、科研成果；二级指标根据一级指标6个维度展开，总共包括18个二级指标。产学研协同创新平台评价指标体系如表10.1所示。

表 10.1　产学研协同创新平台评价指标体系

一级指标	二级指标	评价标准	阶段
1. 组织架构	1.1　组织架构合理性	部门数量、功能模块是否完备	平台建设期
	1.2　组织运行效率	各部门分工、工作人员数量与合作项目数量的比例	
	1.3　项目管理能力	项目协调能力、团队沟通能力、人员调配能力、风险管控能力	
2. 管理制度	2.1　制度的完备性	人事制度、财务制度、项目监督机制、激励机制、分配机制等	
	2.2　流程的规范性	项目新增流程、项目变更流程、财务报销流程等	
	2.3　执行的有效性	各种制度是否有效执行	
3. 硬件设施	3.1　科研基地的规模	科研基地功能、科研基地面积	
	3.2　科研仪器设备的先进性	仪器设备的类型、数量和价值，是否具有先进性	
	3.3　实验室的级别	共建实验室数量；重点实验室比例（国家级、省级）	
4. 资源配置	4.1　人才储备梯队	平台管理人员、科研人员、科研带头人、科研团队、企业工程师等数量	平台运行期
	4.2　资金保障	政府资金投入金额、企业投入金额；社会融资金额、人均科研经费、维护运行经费	
	4.3　信息共享程度	信息化程度、科技知识学习方式、人员培训次数	
5. 项目运作	5.1　过程管理	合作方协同配合能力、项目关键里程碑风险管	
	5.2　关系管理	关系契约、心理契约	
	5.3　结果管理	项目交付、项目质量、项目收益、利益方的满意度	
6. 科研成果	6.1　成果的技术创新水平	项目成果数量、成果交易额	平台收益期
	6.2　成果转化率	专利申请数、专利授权数	
	6.3　市场盈利率	产品利润额/产品产值	

产学研协同创新平台可以用 6 个指标来评价。这 6 个指标既相互独立，又有紧密联系，构成了协同创新平台运行的支撑体系。

（1）组织架构

组织架构是产学研协同创新平台的顶层设计，是影响平台有效运行、激发创新活力、实现合作目标的重要因素。在产学研协同创新的实践中，为了开展某个项目会临时成立一个虚拟的创新群体，这样的群体是临时性的组织，缺乏满足产业技术创新的持续性①。而科学合理的组织架构有利于加强产学研协同创新平台的治理，加强平台内部控制，实现风险控制。对产学研协同创新平台组织架构的评价标准主要看组织架构职能与岗位的设置是否合理，在组织管理过程中运行是否高效，项目管理能力水平如何。

（2）管理制度

产学研协同创新平台科学完善的制度体系，是保障平台日常运行的基础。评价管理制度的指标有制度体系的全面性、完整性、制衡性和执行刚性。

（3）硬件设施

科研基地规模、科研仪器设备先进性和实验室水平，是评价产学研协同创新平台硬件设施的重要指标。

（4）资源配置

成立产学研协同创新平台的初衷是整合各主体优势资源，获得更多的资金支持，通过信息化的手段共享知识、信息等。

（5）项目运作

产学研协同创新平台在日常运行过程中，最重要的是项目的运作。评价项目运作的指标包括项目的过程管理（包括项目合作方协同配合的能力、项目关键里程碑风险管控能力等）、关系管理（包括项目的关系契约、心理契约等）、结果管理（包括项目交付、项目质量、项目收益、利益方的满意度等）。

（6）科研成果

评价产学研协同创新平台运行结果，最直观的是平台产出的科研成果及获得的经济利益。对科研成果的评价，主要评价成果的技术创新、成果的数量、交易的金额；考核专利申请和授权的数量来评价成果的转化情况；考核产品的利润额与产品产值的比率来评价科研成果的市场盈利率。

① 周启海，郑树明，李燕．创新领导团——“产学研政联盟”组织架构的实现框架［J］．经济导刊，2010（7）：84-85.

第十一章　应用型大学文化与企业文化的双向融合

一、校园文化与企业文化的契合点

（一）应用型大学文化的内涵

大学文化是一所大学在办学过程中所积累的精神成果和物质成果的总和，是学校的核心竞争力所在。不同类型的大学，由于其办学的理念愿景、目标定位、发展阶段不同，所体现出来的文化样式和特色也会有很大的差异。传统的大学文化研究，多数侧重于“浅层的物质文化、中端的制度文化和深层的精神文化”三个维度，在实践路径上，强调加强文化建设的顶层设计、加强校园环境氛围的营造，强调精神文化与学术文化的融合、制度建设的完善规范等。而应用型大学文化在各维度上均独具特色，具有自身的独特性。

高水平应用型大学文化是高水平应用型大学在教育教学过程中由师生共同创造的文化生活形式的总和，是一种以学生为主体，以校园为主要空间，以丰富多彩的课内外文化活动为抓手，集中体现学校精神，以教书育人为基本导向的群体性文化。高水平应用型大学文化体系，在物质层面、制度层面、精神层面、行为层面至少演变出六个具体维度，即物质文化、制度文化、精神文化、学术文化、双创文化、社团文化。

（二）企业文化的内涵

企业是社会经济活动中生产、经营、管理和服务的主体，其在生产、管理和服务过程中逐渐积淀形成起来的一种为全体员工共同认可并自觉遵循的、具有企业特色的价值观念与行为规范[①]，即属于企业文化的范畴。企业文化是指在一定的社会大文化环境影响下，经过企业领导者的长期倡导和全体员工的积极认同、实践与创新所形成的整体价值观念、信仰追求、道德规范、行为准则、经营特色、管理风格以及传统和习惯的总和。[②] 可见，企业文化是企业为了取得预定的经济效益和社会效益，组织企业员工在企业生产、管理和服务过程中，教育、管理、协调、凝聚企业员工经过长期积累沉淀出来的亚文化，具有很强的组织文化特征和管理文化要素，共同指向员工这一中心点。

（三）校园文化与企业文化双向融合的契合点

企业文化与校园文化分属不同的文化领域，在文化目标、内涵、特点等方面各有不

① 姜学，柳青，王孟博．高职院校校企文化深度融合发展路径探析［J］．常州信息职业技术学院学报，2020，19（2）：7-10.

② 顾明远．职前就业训练［M］．北京：北京师范大学出版社，2008.

同，差异较大。具体而言，企业文化属于实践文化形态，具有外向性和经营性特点，追求经济利益，核心为竞争创新，以经济效益最大化为指归；而校园文化属于教育文化形态，具有内向性、育人性的特点，追求实现最大的社会效益，以培养社会所需人才。但同时，校园文化和企业文化也有许多共同点，或者说是能够实现双向融合的契合点。例如，两者同属于精神文化范畴，均以人为中心，重视人、凝聚人、发展人，以提高人的素质为目标，促使人实现自身价值，追求集体的目标达成和核心竞争力的增强。正由于两种文化存在不少相互融合、双向融通的地方，校企文化才有了双向融合的契合点。

1. 契合点一——文化熏陶感染激励人的作用一致

校园文化和企业文化同为精神文化，学校和企业在加强精神文化建设方面的内容和方式具有共性。通常，企业在推动文化建设时，除了强化文化对员工约束规范的作用之外，还十分重视企业核心价值和理念对员工思想和精神的影响，注重在潜移默化之中感染每位员工，引导人、培养人、造就人、感染人，增强企业目标、理念认同，从而提高员工的积极性、主动性、创造性和责任感，激励每位员工达成任务目标，创造经济效益。应用型大学要实现“应用型人才”培养目标，就需要把企业文化的理念和核心价值观融入学生日常的教育培养当中，潜移默化地将企业倡导的创新、团结、合作、竞争等精神与学生日常教育教学以及文化活动相结合，培养学生的职业道德和职业素养。促使企业文化的核心要素不断融入校园文化，提高学生的职业素养与专业技能，提升学校人才培养质量，打造学校核心竞争力。因此，应用型大学应主动强化与企业和产业的联系，寻求与企业的深度合作，通过改变育人模式，不断提高学生的应用能力。

2. 契合点之二——理念的认同和价值增值作用相同

从文化学的视野来审视，文化作为人类社会的集体性产物，并非个体主观经验或体验的产物。因此人的经验，从本质来说是一种文化实践经验，是一个创造文化和共享文化循环往复的过程。“人正是在这样一个无限参差驳杂的现实世界中，在无数个体与群体的社会互动中，在主体与客体不断交互中，发展自己的文化价值意识。”[①] 人在不同社会领域中的流动，造就了无数独特的文化环境、氛围及生活细节，从而形成了独特的文化价值。

马克思主义文化理论揭示了这样一个道理：虽然文化是人类所创造的，但是文化同样也可以塑造人[②]。文化最深层次功能，是强化人对于相关理念和价值的认同，本质上是育人功能。所以无论是校园文化建设还是企业文化建设，都要强调文化的育人功能，两种文化的有效对接，不仅可以使两种文化相互借鉴和融合，还可以强化文化所具有的育人功能[③]，使校园文化育人作用更有成效。

3. 契合点三——就业是双向交流融合的重要纽带

企业文化对校园文化具有较强的渗透作用，校园文化对于企业文化也具有很强大的辐射引导作用，这中间，就业是纽带。应用型大学办学的根本出发点和最终目标是培养高水平应用型人才，为了让学生就好业并实现持续稳定发展，学校必须主动与企业产业环境、就业市场零距离适配，让学生接受企业在长期的生产经营管理中凝聚的共同理念、价值观

① 司马云杰．文化价值论［M］．济南：山东人民出版社，1996：53.

② 华玉武．马克思主义与文化育人［J］．思想理论教育导刊，2012（3）：90.

③ 王佳桐．地方本科院校校园文化与企业文化对接研究［D］．温州：温州大学，2016.

和职业准则的熏陶，提高大学生岗位能力的适配性，促进学生成长成人成才。同时，通过就业，学生由“校园人”转变为“职业人”，从而实现应用型人才的输出和输入，培养和应用的无缝对接，毕业生带着校园文化的元素进入企业，赋予企业文化新的内涵。这种具有新内涵的企业文化又会进一步渗透到校园文化中。就业就如薪火相传的火种，使两种文化不断循环渗透、影响，实现两种文化的真正融合①。

二、校园文化与企业文化双向融合的意义

（一）凸显职业角色，增强学生核心素养

当前，就业市场结构性矛盾长期存在，企业需求与毕业生能力素质之间存在比较大的差异，部分毕业生进入企业后不能快速融入团队、融入企业，不能适应工作岗位，这些不适应导致毕业生被迫频繁换岗，甚至辞职，一定程度上打击了毕业生的就业信心，也阻碍了毕业生知识技术能力的充分发挥。

要想减少甚至避免上述情况的发生，高校应主动加强与企业的合作。深化校企合作育人就是一种有效的解决途径。因此，应用型大学要坚持走产学研结合的道路，让企业深度参与学校人才培养，把企业优质人力资源和优秀文化引入教学过程，让大学生体验企业文化制度，学习企业的生产、经营以及管理理念，接受优秀企业的核心价值观，强化职业角色定位，尽早适应企业和产业需求，顺利由“校园人”转变为“职业人”“企业人”。

（二）促进文化品牌建设，提升校企综合竞争力

《中国教育现代化 2035》提出要“创新人才培养方式，推行启发式、探究式、参与式、合作式等教学方式及走班制、选课制等教学组织模式，培养学生创新精神与实践能力”，这对高校校园文化建设提出了明确的方向性要求，即要积极弘扬创新文化。而创新文化通常是企业文化建设的核心内容，推动企业文化和校园文化双向融合，可以将企业文化中的创新、包容失败和竞争基因融入校园文化之中。通过深化校企合作、产教融合，把重视创新敢于冒险的企业精神文化带入校园，推动大学校园形成“大众创业，万众创新”的氛围，培养出一批敢作敢为，具有创新精神、创新思维的年轻大学生，使企业家积极的道德价值观和行为理念在大学中传播，给大学文化注入新的活力和新的基因。而通过就业和人才输出，一大批守法、讲民主、有个性、有想法、敢改革的大学生加入企业，必将对企业思想文化、制度文化、行动文化产生影响。这些影响可以丰富企业精神文化以及制度文化，从而对员工起到凝心聚力的作用，提高员工工作效率，使其创造出更好的经济效益，从而丰富企业物质和精神文化成果，对优秀企业文化品牌的形成起到积极的促进作用。

（三）丰富大学文化内涵，提升社会服务能力

高水平应用型大学的培养目标，是培养面向基层、面向生产管理第一线的，具有创新精神和实践能力的高素质应用型人才。相比研究型高校的学生，应用型大学的学生更加贴近企业，更加深入市场。在产教融合的背景下，校园文化与企业文化双向融合，有利于应用型大学在开展校园文化建设同时，引进企业文化中关于诚实守信、团结协作、注重实践、吃苦耐劳的精神内核，构建出与学校发展实际和人才培养方向相匹配、符合市场需求

① 李良．高职校园文化与企业文化融合研究［D］．苏州：苏州大学，2011.

的校园文化体系，通过特色校园文化引领、人才培养模式创新，让学生在接受理论知识和专业技能训练的同时，受到企业文化的熏陶，让他们及早树立岗位竞争意识，提升实践能力，发掘自身优势，提前做好职业规划，成为适应社会需求、服务经济社会发展的高素质应用性创新型人才，反哺社会经济发展，推动社会进步。

三、校园文化与企业文化双向融合的途径探析

（一）强化顶层设计，做好校企文化双向融合的规划

近年来，普通本科院校坚持以经济社会发展需要为导向，主动服务“中国制造 2025”等国家战略，紧密对接经济带、城市群、产业链布局，全面深化综合改革，推进产学研合作办学、合作育人、合作就业、合作发展，促进人才培养供给侧和产业需求侧结构要素的全方位融合，加快培养各类卓越拔尖人才。[①] 高校强化顶层设计，做好校企文化双向融合的规划具有现实意义。

1. 善用国家政策，打好校企文化双向融合的理论基础

产教融合、校企合作是应用型大学教育的重要办学模式，是办好大学教育的关键所在。2017 年 12 月，国务院办公厅印发了《关于深化产教融合的若干意见》，将产教融合、校企合作上升为国家教育改革和人力资源开发的基本制度安排[②]，从国家层面进一步强调了产教融合、校企“双元”育人要求，强调大学要主动与具备条件的企业在人才培养、技术创新、就业创业、社会服务、文化传承等方面开展合作。

2. 构建办学愿景，筑牢校企文化双向融合的坚实根基

应用型大学教育应当与先进的企业生产实践相结合，以更好地实现人才培养目标。脱离企业生产实践文化的教育是不完善的。大学应将现代各行业发展特点及人才需求，融入学校的办学愿景和治学理念中，做好校企文化双向融合的规划，彰显顺应时代潮流的改革理念。大学和企业可以结合实际在人才培养、技术创新、就业创业、社会服务、文化传承等方面开展合作，发挥企业在实施大学教育中的重要作用，推动形成产教融合、校企合作、工学结合、知行合一的共同育人机制[③]，推动建设知识型、技能型、创新型劳动者大军，完善现代教育教学制度。

3. 完善专业建设，做好校企文化双向融合的“助燃剂”

在专业人才培养方案中融入企业文化是学生成长成才的重要保证。大学各专业的人才培养方案作为人才培养过程中的重要指示与依据，应涵盖教育的全过程，包括学校的教学、校内外实训实习、课外实践活动等。有针对性地将企业文化深入各专业必修课程，可以让学生在专业课的学习中接受企业文化的熏陶，有利于学生进一步了解职业道德、企业文化、职场礼仪、团队合作等重要内容。在做好校企合作“访企拓岗”的同时，结合企业行业岗位需求，积极交流反馈，促进人才培养专业建设。

4. 重视师资培养，练好校企文化双向融合的“排头兵”

教师是传播校企文化双向融合的“排头兵”，提升教师企业文化素养与知识，是构建

① 许国超．大学教育与产业的融合——应用型课程项目式教学研究［J］．现代交际，2021（1）：16-18.

② 杨玉泉．关于深化校企合作的几点思考［J］．北京政法职业学院学报，2021（2）：87-91.

③ 周泳，吴聪毅，向平．新时代技工院校构建产教深度融合体系的挑战与对策［J］．职业，2022（6）：21-24.

校企文化双向融合的过程中不可忽视的环节。大学可充分依托中国国际“互联网+”大学生创新创业大赛等赛事，为指导老师与企业导师共同濡染学生提供可能，直接将校企文化的双向融合输出于学生端口，使学生在校园和课堂接受企业文化的熏陶。或者通过聘请企业、生产一线的行业专家担任兼职教师，派专业教师到企业挂职锻炼等方式，在积累实践工作经验、提高实践教学能力的同时，加强企业文化的补给，加强知识与实践的转化，为高质量的教育提供师资保障。

（二）建好对接机制，健全校企文化双向融合的体制

优秀的企业文化在职业精神和职业素养的养成上，对学校人才培养有积极的促进作用，使学生尚未走出校园就能够有效地接受企业文化的熏陶，提升就业竞争力。职业院校文化融入企业，即将校园文化蕴含的人文精神、批判精神等有效融入企业文化，从而丰富企业文化内涵、提升企业文化品位，推动企业健康持续发展。为实现合则双赢，建好校企文化融合的对接机制尤为关键。

1. 强化校企文化协同育人理念

文化育人就是利用文化的正向价值导引功能，教人成为符合社会主流价值观的、有道德、有理性、懂得真善美的社会人。校企文化融合就是利用学校文化和企业文化在教化人上的共同价值，最终达成协同育人的目的。这一理念，要深入学校和企业的合作行为，成为共同遵守的准则。在走向融合的过程中，学校和企业要健全对接机制，积极寻求双方共同的价值和文化内在的融合点，截取最大公约数，以扩大文化育人的成效。学校要加强自身文化建设，形成有特色有化育潜能的校园文化，为校企文化双向融合提供基础；要扭转对企业的认知，不能简单否定企业文化价值。而是要引导学生深入分析企业文化的价值。企业不能只站在自身立场，强调实用主义，而是要深入理解文化育人的要义，理解人才培养的意义，积极配合学校修订人才培养系列制度；企业不能只是被动接受、消极跟随，要充分认识到企业文化与学校文化融合产生的育人价值，主动作为，与学校文化有机渗透。

2. 完善校企文化融合育人的制度

校企文化融合，是要在整合资源的基础上形成新的产出，因此需要政府、企业、学校多方联动构建保障机制。政府层面，要有专门的机构进行统筹监督和协调，能够调动多个企业和高校的资源，实现全方位多角度的对接。同时政府要牵头出台指导性意见，推动校企文化融合育人的指导性方案和具体细则，并加强对校企合作成效的考核评价，协调解决推进过程中存在的问题。高校则要根据实际情况完善内部制度和管理机制，积极对接专业相关且文化互补的企业，引导企业参与学校人才培养工作。企业则要主动参与、积极作为，帮助学校完善育人方案和课程体系。

3. 制定科学合理的人才培养方案

人才培养质量优劣，取决于培养方案是否完善、科学，是否紧密联系了社会实际。校企文化融合育人，核心是校企共同参与，制定职业素质教育与专业教育融通的人才培养方案，以专业技能和企业文化素养培养为主线，强调产学结合、理论教学与实践教学相结合，将职业通用素质、职业核心技能、适岗就业能力以及专业拓展等有机结合，打造理论教学、实践教学和职业素养综合培养体系。

4. 建立校企文化融合的课程体系

要打造理论教学、实践教学和职业素养培养体系，就必须以就业岗位需求为导向设置课程体系。学校与企业共定核心课程的课程标准、内容，围绕就业岗位所需的专业技能及职业素质设计课程教学内容，将企业生产管理制度和产品质量标准要求等引入课程①，促进企业文化精髓与专业课程深度融合，将职业资格标准纳入专业课程体系，鼓励和引导学生考取相应职业资格证书。学校可以聘请企业核心技术人员和管理人员来校授课，用企业真实案例深化学生对专业知识的理解，促进学生职业能力和职业素质的培养。

5. 以适岗为导向抓实教学改革

改变纯学院式教育模式，形成“工学结合、校企合作”培养模式，在教学中有效植入企业文化基因，将职业精神、职业情感和先进价值观教育渗透到专业课程教学中，注重将学习生活行为与职业习惯养成教育相结合，促进学生职业素质的养成。推行“实战化”实训教学，专业实训课安排在合作企业车间或实训基地。改革课程考核方式，实行过程考核、项目考核、实践和作品考核、以证代考、以赛代考等新的工学结合考核方式。

（三）搭建融合平台，打造校企文化双向融合的载体

根据企业特点，大学应分别与中小微企业、大企业、国际知名企业开展不同形式的合作，搭建校企协同育人、协同创新的双向融合平台。通过搭建校政、校行、校企平台，打造校企文化双向融合的载体，不断创新产教融合，完善校企合作平台运行机制，推进校企协同育人、协同创新。

1. 立足区位优势，搭建线下校企文化双向融合平台

东莞地处粤港澳大湾区的地理中心，素有“世界工厂”之称，有发达的制造业和快速发展的服务业，急需大量高素质的应用型与技术技能型人才。搭建线下校企文化双向融合平台，为粤港澳大湾区的企业和全国各地的院校牵线搭桥，促进教育链、人才链与产业链、创新链有机衔接，共同培养高素质的应用型与技术技能型人才，符合国家发展战略与经济发展趋势。区域产业联盟可以通过组织开展技能竞赛、产教融合型企业建设试点、优秀企业文化传承和社会服务等活动，进一步推进粤港澳大湾区优秀企业与各地高校的校企合作，推动大湾区与各地区的人才流动，提升人才培养质量和水平，促进高校和企业携手构建互联互通、资源共享、精准协作、互惠共赢的校企合作共同体，服务学校教育与地方经济发展。

2. 依托互联网，搭建线上校企文化双向融合平台

学校与各类型企业开展深度校企合作和协同育人，是对学校人才培养模式改革的新一轮探索。受限于时间、地点等客观因素，时常导致线下校企文化双向融合平台参与度不高、影响范围小。为突破上述局限，搭建线上校企文化双向融合平台具有重要意义。搭建线上校企文化双向融合平台，需要建立在校企深度合作的基础上，校企双方共同设计、共同开发、共同管理、共同维护，方可见成效。平台的类型则可多种多样，比如可以以企业内部在线讨论社区为基础平台，在权限设置上进行一些调整，允许学校相关专业的学生和教师进入并参与讨论，深度感受企业文化，了解企业的运营管理模式等；或者校企双方共同建立网站、开发 OA 系统等，及时将校企双方的信息在平台上进行发布，实现学校师生、企业员工即时互动，从而达到快速、直接推动校企文化双向融合的效果。

① 程峥嵘. 高职院校校企合作中企业文化对接的探索［J］. 黑龙江教育（高教研究与评估），2015（12）：85-87.

3. 实现层级联动，强化二级教学单位深化校企合作的主动性

二级教学单位是学校办学和人才培养的主体，二级教学单位参与校企合作的主动性，直接影响校企合作以及校企文化双向融合的整体成效。因此，在推动校企合作方面，要积极加强二级教学单位的主动性。学校层面，要牵头制订校企合作和文化双向融合制度体系，为二级教学单位开展校企合作、推动校企文化双向融合提供学校的政策及制度支持。二级教学单位层面，要建立与相关行业企业信息融通、资源共享的平台和定期对话交流机制，充分依托企业优质资源，将企业先进的生产技术、管理经验等融入人才培养过程，提升学生实践能力和综合素质，提高学生发现及解决企业生产中实际问题的能力。

4. 突出专业优势，探索实践教学、实训培训基地建设

学校要采取“引企入校、入企办学”的方式，根据各学科专业的不同特点，积极同与相应学科专业高度匹配，且在行业内有较大影响力的企业合作，按照行业企业的生产标准和要求规划建设校内外实践、实训基地。同时，加大实践教学、实训环节在人才培养体系中的比重，让学生能够有足够多的时间在真实的企业生产环境中进行实践、实训，增强实践、实训的针对性和有效性，从而提升学生的专业能力和实践能力。

（四）改革考核运用，推进校企文化双向融合的深度

校企文化双向融合，应该是在物质层面融合的同时深入推动精神文化融合，是双方文化精髓的互融互生、互促互进。我们要坚决否决形式大于内容的表面融合、形式融合。

1. 立足于促成合作的需要，提高校企文化融合的精度

首先，校园文化建设要做到准确定位其方向，要坚持以就业为导向，突出职业教育的特性，要把优秀企业文化融合进校园文化建设中①，在提升学生文化素质的同时，有效提升学生的职业能力和职业素养，使学生个人素质匹配企业要求，为企业培养高素质技术技能人才提供强力支撑。其次，学校要精准识别优秀的企业文化。优秀企业文化凝聚物质、精神、制度、行为层面文化，能赢得员工的认同，有利于引导员工、塑造员工。校企文化的深度融合不是简单的拉郎配，而是双向择优的结果，学校要善于区分和选择符合自身人才培养目标的优秀企业文化，对那些有教育情怀、有社会责任感、有共同价值观的企业文化表示热烈欢迎，并积极主动与之深入交流，以实现校企文化深度互融。

2. 满足于就业岗位需要，完善人才培养指标体系

校企文化深度融合，是推动校企深度协同育人、促进职业教育高质量发展的重要内容。过去很长一段时间，学校自导自唱自定的人才培养目标，与企业用人需求严重脱节，因此增加了学生适应企业文化的时间。在校企深度融合的背景下，学校要根据企业文化内涵，与融合企业商定培养目标，科学制定人才培养指标体系，开展有针对性的教学。

3. 服务于学生成长需要，改革教师教学评价维度

新时代全国高等学校本科教育工作会议指出，高校推进四个“回归”，就是要回归大学的本质职能，把“培养人”作为根本任务，把人才培养的质量和效果作为检验一切工作的根本标准。对高校教师来说，要回归本分，潜心教书育人。对于教师的评价，要在坚持

① 高维峰．融合企业文化、推动高职校园文化创新发展研究［J］．黄河水利职业技术学院学报，2013，25（1）：70-72.

以师德师风作为教师素质评价的第一标准的前提下，把教学质量作为教师专业技术职务评聘、绩效考核的重要依据，多维度考评教学规范、课堂教学效果、教学改革研究等教学实绩。在推进校企文化融合、培养高质量应用型创新人才方面，教师要摒弃急功近利的功利思想和实用主义价值观念，真正沉下去，从有利促进学生成长成才的立足点出发，深入了解企业，将企业文化与学校人才培养紧密结合起来，真正落实立德树人根本任务，实现教育者育人的价值。

4. 着眼于未来长远发展需要，坚定校企合作韧度

企业文化的深度融合，从前期的谋划到实施到出实际成果，它是一个漫长的过程，需要时间的沉淀才能得到检验。在前期互选融合对象实施文化“配对”的阶段，学校与合作企业之间应该有深入的了解和长时间的交流，对彼此的需求和短板（痛点）有清醒的认识。如果彼此价值观念一致，需求上能够互补，融合的愿望强烈，“牵手”之后就要坚定走下去，就算合作期间出现一些不如意甚至超出预期的问题，也不能半途而废、分道扬镳。对于存在的问题，校企双方应本着妥善解决不留隐患的心态积极寻找解决方案，而不是拆台扯皮。在不断解决问题的进程中，双方合作基础会越来越牢固，维持合作关系的韧度也会更强，最后的结果才会更接近合作的预期。

5. 基于巩固成效需要，强化校企合作交流的频度

校企文化深度融合，需要长时间的合作发展才能收到成效，不是蜻蜓点水，更不是一锤子买卖。部分校企合作，刚开始的时候，学校和企业都热情高涨，双方都对未来充满期待。但是，随着时间的流逝，热情慢慢冷却，那种渴慕彼此的情感逐渐淡化，直至消失无痕。对于产教融合背景下的校企文化融合，校企双方都应该始终保持激情，保持频繁互动，对融合取得的成效及存在的问题及时沟通，在不断总结经验、解决问题的过程中，加强对彼此需求满足的主动性，最终推动校企文化融合达成初衷。